反殖民的左翼鬥士

天的一邊，地的一角，
隱隱約約，有旗飄揚，
被壓迫的大眾，
被榨取的工農，
趨趨！集集！
聚攏到旗下去，
想活動於理想之鄉。
——賴和〈流離曲〉

藍博洲——著

人間

目錄

自序

首先，借用臺灣坐牢最久的政治良心犯林書揚先生（1926-2012）的分析，為「左翼運動」下一個清楚的定義：

「在一個階級支配的社會，對於社會上不平、不公、不正的現象及關係，自然會有被支配、被壓迫的人們，起而反抗支配及壓迫者。如果這種反抗只是針對政治領域的抗爭，那麼這種運動的目標也只是針對政治情況做部分改善的一種改良運動。往往，在殖民地社會，會有如地主及殖民地新起的本土工商資本家這些經濟上的有產階級所推動的政治改良運動，這就變成了殖民地運動中的右翼。他們在運動上的要求往往僅限於政治關係的改良。而所謂的左翼運動，就是把這種社會中被壓迫、被支配關係的根上溯至社會結構中最基礎的部分，也就是階級結構中最基本的部分，有意從此部分來加以改造。這種運動的目標及理念便是左翼的、激進的、革命性的反抗運動。換句話說，也就是把殖民地中經濟上的剝削關係，列為首要的攻擊目標，這就是所謂的左翼運動。」

日本帝國主義在佔領臺灣之初，為了消滅臺灣人民的民族意識，鞏固殖民統治；也為了培養下級辦事人才，作為剝削臺灣人民的工具；就積極推動並普及殖民教育。但是，由於政治壓迫、經濟剝削和社會上的各種不平等待遇，臺灣人民的民族意識不但未能消滅，反而日益增強。

歷經二十年的武裝抗日，噍吧哖起義失敗之後，臺灣抗日民族解放運動進入文化鬥爭階段。一九一九年年底，以林獻堂、蔡惠如為代表的臺灣進步地主結合留學日本的青年學生，在東京成立啟發會，不久改名新民會，以「專研臺灣所有的應革新事項以圖提升其文化」目的，以改革臺灣統治狀況、發行宣傳啟蒙的機關誌（《臺灣青年》）與聯絡祖國同志為主要運動方針，陸續展開六三法撤廢運動與臺灣議會設置請願運動。一九二一年十月十七日進一步結合以蔣渭水醫師為代表的臺灣進步知識份子，在臺北正式成立臺灣文化協會，做為臺灣民眾啟發與策動的常設組織，有計劃地在全島推行「喚起漢民族自覺、反對日本民族壓迫」的啟蒙運動。主導是地主階級。意識型態則是漢族主義及由漢族主義所引導的三民主義。

與此同時，那些留學日本和北京、上海、廣州、南京等地，絕大部分是地主階級子弟的青年學生，紛紛回臺巡迴演講，協助策劃文宣，成為實踐資產階級改良主義運動的推行者。但是，這些青年學生求學期間受到第一次世界大戰後蓬勃發展的左翼反帝思潮與五四運動後祖國大陸民族民主革命運動的巨大潮流影響，敏銳地自發研究社會科學，更多地接受了以俄羅斯蘇維埃革命（一九一七年）、第三國際的建立（一九一九年）為契機的馬列主義的世界觀、歷史觀、社會觀，投身以其為方法論的反資本帝國主義世界支配的廣泛的國際人民左翼的革命實踐運動，而逐漸匯聚為共產主義及無政府主義兩大系統，以新的姿態批判日本殖民統治，進行民族主義思想的啟蒙及宣傳教育，並逐漸掌握運動主導權。

在「工業日本、農業臺灣」的殖民政策下，日本殖民當局利用臺灣農村的封建剝削關係掠奪土地，進行資本的原始積累。殖民地臺灣的地主雖然也受到殖民當局的剝削，但將部分轉嫁至佃農身上。廣大臺灣農民受到雙重剝削而陷於極端困苦狀態，甚至破產而淪落為貧苦工人。比起先進資本主義國家的工農，他們除了在半封建、舊式生產關係下受到地主剝削外，還受到日本資本家的剝削，是雙重剝削關係的受害者。

這些進步青年看到臺灣的工農大眾正受到雙重剝削的苦，因此要求文化協會啟蒙運動的發展方向轉變，將反殖民運動的目標指向社會結構中最不合理的部分，直接要求經濟的生產關係的改造。臺灣的農民和工人也因此開始民族的和階級的自覺，各地農民組合和各種工會組織如雨後春筍紛紛建立起來，臺灣歷史上首次出現了農民運動和工人運動蓬勃發展的局面。臺灣抗日民族解放運動的文化鬥爭階段也由初期溫和的殖民地改良運動，逐漸轉為高度意識性的左翼反帝運動。

一九二五年，文協理事、臺中州彰化郡二林庄開業醫師李應章揭竿而起，團結四百餘名蔗農，組織臺灣第一個農民組織二林蔗農組合，反抗日本官員勾結製糖會社財閥的壓榨，爭取蔗農權益，從而造成近百人被集體逮捕處刑的「二林蔗農事件」。

一九二六年全島性的臺灣農民組合因此成立，結合自身的經濟利益和民族的、階級的利益，提出「支持中國工農革命、反對帝國主義戰爭、打倒日本帝國主義、被壓迫民族解放萬歲、全世界無產階級解放萬歲」等鮮明的戰鬥口號。至一九二八年底第二次大會時，組織發展增至三十個分會，成員超過五萬人，動員群眾達十萬至十五萬人（當時臺灣的總人口不過四百萬人）。

一九二七年一月，臺灣文化協會左右分裂。左派取得領導權。代表地主資產階級利益的蔡培火、林獻堂與蔣渭水等舊幹部退出，另創臺灣民眾黨，主張「確立民主政治、建設合理經濟組織、革除社會不良制度」。一九二八年七月二大宣言強調：「我們欲求臺灣人之解放，對內先要喚起全臺灣人之總動員，對外與世界上之弱小民族和無產階級聯繫，共同奮鬥，如此始能達其目的。」因此，今後「特別應以農工羣眾為解放運動之主力，重點放在對農村與工廠的宣傳，使工農階級組織化實為最緊要之事。」同時提出「以農工階級為中心，展開農工商學共同戰線」的口號。林獻堂等人再度退出民眾黨。陳其昌此時擔任民眾黨的秘書長，開始導向左翼化的發展。一九二九年十月，陳其昌擬稿三大宣言的「今後的方向」又強調：「在外則連絡世界無產階級及殖民地民眾，參加國際解放戰線，以期與世界解放的潮流匯合。」一九三一年二月四大改組，反對總督統治、宣傳階級鬥爭，突遭官憲闖入會場，宣佈「禁止結社令」，使該黨非法化，並逮捕黨幹部十六人。同年八月蔣渭水病逝，遺囑：「臺灣社會運動已進入第三期，無產階級的勝利迫在眉睫。凡我青年同志須極力奮鬥，舊同志要加倍團結，積極援助青年同志，期望為同胞之解放而努力。」

一九二八年四月，在大陸的臺籍中共黨員和留學日本的共產主義者，繼承孫中山革命精神，在中共幫助下，於上海成立了臺灣的共產黨組織──「日本共產黨臺灣民族支部」，並以民族主義和社會主義為統一的實踐內容，展開各種各樣的經濟、文化或政治鬥爭，臺灣民族革命運動進入高潮。文化協會於是又發生第二次質變，由日本山川派社會主義成了蘇聯式布爾什維克主義，完全成為臺共思想團體的一部分。然後便是農民組合，在臺共的黨團成員運作之下發展最為成功。一九二九年二月十二日，農民組合遭到日警全面檢舉，重建的農組與臺共的聯繫更加密切且日益地下化和激進化。苗栗大湖青年農民戰士劉雙鼎重建大湖支部，組織貧窮佃農，展開各種組訓和潑辣的農村鬥爭。隨著日本軍國主義侵華野心的膨脹，一九三一年三月起，殖民當局開始對臺灣共產黨進攻。臺共份子遭到全面檢舉，勢力頓挫。儘管如此，同年五月，劉雙鼎又在三灣庄建立永和山支部，積極準備武裝起義。

然而，九·一八事件之後，日本軍國主義體制充分完成，對外發動侵略，對內則對各種社會運動加以鎮壓，殖民地的反帝鬥爭都遭到全面撲殺，運動組織也趨於瓦解。從此，臺灣進入全面的戰時體制。一九三三年九月劉雙鼎被捕，因嚴酷刑求而瘐死獄中。日本特警同時在新竹州各客家庄展開徹底搜捕，前後計有百餘名客家農民牽連入獄。

臺灣左翼運動的第一週期也告一段落。

一九三七年七月七日，日本帝國主義發動盧溝橋事變，全面入侵中國大陸。中華民族終於建立抗日民族統一戰線，展開全面抗戰。臺灣人民看到了光復的希望。臺灣人民的抗日民族革命運動也擺脫了長期以來孤軍作戰的狀態，納入國共兩黨重新合作的中國抗日民族統一戰線，並且成為世界反法西斯統一戰線的重要組成部分。據統計，為實現臺灣光復，前後有多達五萬多名臺灣愛國青年冒著生命危險，間關萬里，潛回大陸，艱辛追尋重慶、延安等抗日大後方和根據地，積極投身抗戰洪流，與大陸同胞並肩作戰。

一九四五年八月十五日，日本帝國主義無條件投降。二戰結束。在大陸的臺灣反日帝團體中的國民黨系統者，主要以中央執政黨的黨、團工作者身分參與南京國民政府的入臺接收部門，或展開基層組織的建設工作，以「建設三民主義模範省」

為群眾宣傳的主要口號。其中，陸續有各地早期運動家自發成立的人民團體：三民主義青年團臺灣區團籌備會、臺灣政治建設協會（臺灣民眾協會）、臺灣憲政協進會（原臺灣革命同盟部分成員）等等。臺灣學生也成立了以普及國語、宣傳三民主義為主的學生聯盟。

另外，具有更大的組織基礎和經驗的臺灣左翼也同時展開活動。例如，大多由出獄的左翼運動家參與的臺灣人民協會及其機關報《人民公報》；成員多屬舊農組關係者，有文協會員與部分舊臺共參與的農民協會，會員曾達一萬以上，後被軍統劉啟光（原名侯朝宗，農組領袖之一）一派滲透破壞。此外還有臺灣總工會籌備會與中國共產黨臺灣省委員會籌備會（謝雪紅等人）。

就在這些本島舊左翼人士自發進行組織活動之際，早已建立對臺工作的政策執行機關，一九三八年至一九四五年之間的《新華日報》（重慶）和《解放日報》（延安）總共刊載過五十六篇臺灣問題論說的中共中央，也在延安成立了臺灣省工作委員會。蔡孝乾被派任主持，隨即經山西、河北、山東，於年底到達蘇北淮安華中局，組成領導機構。

一九四六年四月，嘉義籍的張志忠等五名領導幹部從上海搭乘臺北號赴臺。六月，張志忠代表臺灣省工作委員會和籌備會代表楊克煌、楊來傳、廖瑞發、林樑材，在臺北舉行中國共產黨臺灣省工作委員會和中國共產黨臺灣省委員會籌備會聯席會議，決定即時解散籌備會，其組織和成員均接受臺工委領導。七月，蔡孝乾化名陳碩峰返臺，正式成立臺灣省工作委員會。

臺灣左翼運動經過十二年的斷層，正式進入難度更高，地下化的第二週期。

臺灣省工作委員會初期的「策略與活動方式」包括如下幾條：第一，緊密團結工人、農民、革命知識份子，以反美帝、反國民黨官僚，實行民主自治為綱領，號召全省各階級人士（包括外省人與高山族同胞），組織廣泛的愛國愛鄉統一戰線。第二，展開外省同胞工作：驅除排外心理，爭取團結外省人士，站到反蔣的愛國統一戰線。第三，調查中心的產業部門，以建立與工人的關係找出工人的共同要求，領導工人鬥爭。在工運方面，亦應團結外省工人，以改善生活的經濟鬥爭，提高本省人之政治警覺。第四，以「臺人治臺」的政治口號號召，藉此團結爭取臺灣社會各階層人士，從而改造之。

與此同時，那些以前的農民組合成員都還保持著運動理念，對國共兩黨在大陸的階級鬥爭也都很清楚。他們認為，戰後臺灣的農村生產凋蔽，解決生活問題乃燃眉之急，趁著內戰還沒有爆發的時機恢復農村生產，是最為現實且急迫的首要任務。他們預備在國民黨開始推行三七五減租、公地放領等土地改革政策的時候，再利用合法做組織工作，重建隊伍，壯大勢力。但是，一九四七年二月，二二八事件發生了。

蔡孝乾說：「二二八事件發生時，全省不過七十餘黨員，對於二二八事件實起不了整個領導作用。對於北部的武裝暴動，還沒有力量可以控制。新竹地區的林元枝部那時也未有聯絡。只有張志忠在中南部領導的武裝工作，組成了自治聯軍，並由謝雪紅在彰化一帶領導武裝群眾數百人，參加了二二八的暴動」（一九五〇年八月二十九日《訊問筆錄》）。

二二八事件的發生讓情治系統提高警覺，開始追蹤日據時代左翼運動的人和事。他們深恐動亂再度發生，國內的階級內戰蔓延臺灣，因而準備要在臺灣開闢類如大陸的，地下的，情報的另一個戰場。於是同年十月，臺灣省政府依據中央所頒「後方共產黨處理辦法」，令本省境內共產黨員於月底前登記，逾期依法究辦。與此同時，日據時代左翼運動第一週期一批相當優秀有能力的幹部，因為在事件的混亂中應群眾要求以個人身分領導運動，暴露了自己的身分而慘遭迫害。

以蔡孝乾為首的中共臺灣地下黨的組織原則，就是不跟第一週期已經暴露的人掛勾，而以青年一代為主要發展對象。現在，一場突然的二二八事變使得客觀形勢急速轉變，更迫使臺灣青年苦苦思索「臺灣往何處去」的出路問題，從而通過對整個中國政局的瞭解而認識到：二二八的性質其實跟整個中國覺醒民眾反封建官僚的鬥爭一樣；民眾訴求的民主與自治，只有加入全中國的民主統一戰線，讓整個中國擺脫半封建、半殖民地的狀態，才有可能實現。這樣，就有了臺灣青年從白色祖國到紅色祖國的認同轉變。於是在一九四八年六月，蔡孝乾與臺灣的主要幹部出席在香港召開的工作會議之前，全省黨員已達到三百名左右。

香港會議最後由華東局代表章天鳴綜合會議決議撰成〈關於臺灣工作〉一文，並由蔡孝乾親筆抄錄，帶回臺灣，作為省工委今後在臺灣工作的策略總則。其中「臺灣工作環境的特點」強調：臺灣人民為中華民族的一部分，雖有和國內人民不同的類似弱小民族的特性，但還沒有形成一個臺灣民族。「臺灣的革命性質、對象、動力」則強調：目前，在臺灣的革命性質應表現於民主自治運動；其打擊對象不同於大陸，對地主資產階級採取戰略的聯合，對託管派、傾向政府士紳孤立之；其革命的動力寄托於工農、革命中小資產階級、自由資產階級及革命知識份子等。「臺灣目前的形勢與發展前途」預估：國民黨在大陸軍事崩潰後，臺灣會再發生新「二二八」事件，並估計到美國會援助國民黨固守臺灣的可能。據此提出「目前具體工作」為加強群眾工作，開展統戰運動等項，而以群眾工作為中心，統戰工作為橋樑。最後強調「須加強團結，走群眾路線」的建黨方法。

「香港會議是臺灣工作的一個轉捩點，」蔡孝乾認為，「自這次會議後，我們的工作，尤其是群眾工作方面有了很大的轉變，黨員數目也大為增加。」

一九四九年。

年初，歷經遼瀋、淮海與平津三大戰役以後，大陸上國共內戰的形勢有了決定性的轉變；國民黨在大陸的統治面臨全面崩潰的局面。三月，中共中央將解放臺灣納入日程並確定由粟裕負責攻取。四月，臺灣省警備司令陳誠鎮壓臺北學運（「四六事件」）。臺灣省工作委員會由於當局加強控制和組織上的弱點暴露，以此事件為臨界點，發展工作也從「最高峰時期」開始「走下坡」。同月，南京解放。國民政府遷往廣州。五月，臺灣省警備司令部宣佈：實施軍事戒嚴令，禁止一切「非法」集會、結社、罷工、罷課、罷市；並制定新聞、雜誌、圖書管理辦法。立法院頒布實施針對「匪諜」的《懲治叛亂條例》。上海解放。臺灣省工作委員會的組織發展與外圍團體的活動進一步擴大。六月，毛澤東明令三野負責武力解放臺灣，點將粟裕主持對臺作戰，把解放臺灣作為幾個月內的「四大工作」之一。中國國民黨總裁蔣介石為展開反攻大陸的軍政準備於臺北市召開東南區軍事會議。《戡亂時期檢肅匪諜條例》頒布。近萬名臺灣軍人被派赴大陸打內戰。臺灣銀行實施幣制改革，新臺幣每元折合舊臺幣四萬元。七月，臺灣省級公務員推行聯保制。臺灣省工作委員會在臺灣全島各重要地區發動宣傳攻勢，散發省工委、臺盟、解放軍駐臺代表聯名的《告臺灣同胞書》等傳單。八月，美國發表《中國問題白皮書》，聲明不再介入中國內戰，停止援蔣。「由於臺大法學院支部的暴露，引起《光明報》的破獲和基隆中學組織的破壞。在這連串的破壞中，臺灣省工委的組織始終在國防部保密局的監視與控制之下，首先由於基隆中學事件波及於高雄的組織，繼而新竹、臺北、臺中等地相繼破壞，省工委的全部委員先後被捕。」九月，謝雪紅、楊克煌、李偉光、王天強、田富達等五人正式代表臺盟參加中國人民政治協商會議第一屆全體會議。十月，中華人民共和國成立。十一月，臺灣防衛司令部公佈：通匪或隱匿匪諜不報、造謠惑眾、煽動軍心、破壞交通與電訊者皆處死刑。

一九五〇年六月廿五日，韓戰爆發。廿七日，美國第七艦隊駛入臺灣海峽，干涉中國內政。歷史進程的軌道轉變了。流亡的蔣介石政權通過出賣民族主體性換得美國的保護權，進而在星條旗覆蓋下的寶島臺灣，以反共之名，全面展開長達四、五年的左翼力量與思想的肅清作業，臺灣正式進入五〇年代白色恐怖時期。

一九五二年四月下旬，重整後臺灣省工作委員會的領導機構在苗栗縣三義鄉魚籐坪基地被破壞，領導人陸續被捕。日據以來的臺灣左翼運動，無論是左翼鬥士的肉體，或者思想與運動理念，至此遭到全面而徹底的鎮壓。這段激越的歷史從此被臺灣社會的集體記憶刻意湮滅，從而喪失了能夠穿透社會矛盾的「左眼」，以及可以景仰學習的最富理想主義的臺灣人的典範。

本書收錄的李應章、伍金地、許月里、廖清纏與陳其昌等五位反殖民左翼鬥士的抗爭史實，就是筆者幾十年來在荒湮漠土中挖掘留存的幾頁臺灣史的殘跡，希望能夠對延續臺灣人的正派氣概起到一點作用。謹此作為紀念臺灣光復八十周年的獻禮。

二〇二五年五月二十一日於五湖山村

臺灣農民運動先驅
李應章
（1897-1954）

一九二七年四月二十日李應章（右）與臺灣農民組合中央委員長簡吉（左）被檢束紀念。

一八九七年十月八日，日本據臺兩年後，李應章出生臺中州北斗郡二林庄。父親李木生繼承其父的中藥鋪行醫，「能以術行其仁，二林之人無不愛而敬之者至」。李木生雖是嚴父，但「性溫和，未嘗有疾言厲色」，常與獨子應章談起李家福建開基祖與奸黨堅決鬥爭，由山西介休到福建定居，奮鬥不屈的故事，給他留下了深刻印象。他也因此知道，祖父李森浮十六歲（一八四〇年）時從福建同安浦園村渡海來臺，先做人家長工，後改做中藥鋪學徒而成中醫，與藥鋪老闆的女兒結婚，育有三子二女。李應章常與寵愛他的祖母一起食宿。祖母非常痛恨日寇，經常講述日軍占領臺灣時期的殘暴情狀，並且強調「死後，骨頭要還回唐山。」這樣，再加上經常目睹日本警察騷擾中藥鋪，百般凌辱，或罰款沒有中醫正式執照的父親，李應章自然產生了反抗日本殖民統治的民族情感。

在殖民教育下覺醒的民族意識

一九〇四年，七歲的李應章入私塾學漢文，無束脩，作堂兄的伴讀，回家再由父親和大堂兄李增塹（1881-1949）補習四書五經。李木生對應章監督很嚴，使他養成了用功讀書的習慣。一九〇六年，二林公學校成立。九歲的李應章應齡而於三月入學。在學期間，由於日人歧視與欺凌壓迫，他的民族思想有了萌芽，遂和同學謝悅（謝春木之兄）、蔡淵騰（蔡子民之父）結拜兄弟，誓要反抗日寇。因為學習成績優異，一九一一年三月跳一班，五年就畢業後，即在自家的中藥店當學徒，學習中藥的配製，自學《傷寒論》《脈學》等中醫書籍，也看了不少詩詞文學，閱讀了《水滸傳》《飲冰室文集》等書籍，思想活躍起來，也很苦惱，心感不能自足，不甘心在農村埋沒下去而屢向父親要求繼續讀書。一九一四年四月考入彰化商業實業科，從此更發憤讀書，刻苦用功，每天夜讀至十時半，早晨五時又起床攻讀。學校的思想很活躍。他也參加了許多課外活動，還與幾個喜愛詩詞的同學組織藝吟社，時常參加校外社會人士吟詩作對的集會。隔年八月余清芳領導的臺南噍吧哖起義遭到日寇鎮壓屠殺。李應章受此刺激，民族意識更加強烈抬頭，在作文課寫了一篇短文〈嗚呼慘矣哉〉，隨即被校長叫去訓斥罰站，差點被開除。儘管如此，當他得知陳獨秀主編的《新青年》（原名《青年》）在北京創刊（同年九月十五日），立即要求學校圖書館訂購，從而瞭解祖國的時事，學習進步思想。

臺灣總督府醫學校學生

一九一六年四月，彰化商業實業科畢業的李應章考入臺灣總督府醫學校。

日據時期，殖民地臺灣的醫學教育從一開始就充滿著侵略者的殖民色彩。一八九七年三月，殖民當局於臺北病院內設立醫學講習所（土人醫師養成所），試辦初步醫學教育。一八九九年四月，以培養臺灣人醫師與公醫候補者暨利用臺灣的地理環境研究熱帶醫學為目的，正式成立臺灣總督府醫學校，入學資格為公學校初等科（約為小學二年級程度），聽懂日語，由地方長官、公學校校長、各地官立醫院院長或各地公醫等具名推薦。但臺灣民眾對「西醫」的認識不很清楚，修學年限長得不可思議，家長不願子弟接受日本人所辦的教育，

臺灣總督府醫學校的李應章。

而且民間謠傳：「有一天，清國會來反攻，屆時受日本教育者會被處死，並且罪及三族。」因而招生困難。一九〇一年七月，臺灣總督府又訂定「臺灣醫生免許規則」，規定凡漢醫、洋醫皆屬醫生，必須向地方當局申請評定才可以獲得許可證。所以雖經臺灣總督府民政部衛生課派員到各地遊說，臺灣總督府醫學校第二屆才招來四、五名新生。一九〇二年，臺灣總督府醫學校改採「入學從寬，畢業從嚴」的招生政策。結果，第一屆畢業生只有三個人；前三屆畢業生一共僅只十四人而已。第四屆九人。一九〇三年，第五屆開始考試甄選，而且規定需要公學校畢業才具報考資格。本屆畢業生激增為二十三人。一九〇四年修正「醫學校規則」，變更學期期間、每週教授時數，以及教學科目。一九〇五年，特設日本赤十字社臺灣支部醫院（簡稱日赤醫院），作為醫學校學生實習的教學醫院，「以醫學校教授為主治醫師，與該校有關之醫師從事醫務。」

李應章在臺灣總督府醫學校當班長，對功課仍舊很用功。另一方面思想波動，受民族意識的影響，隔年和幾個同學組織弘道會（臺灣革命黨），準備進行反日活動，不久因臺北師範學校放火事件的影響即自行解散。第三年，從小受父親及堂兄詩詞教導的他在課餘組織詩社，常看大杉榮、山川均等日本左

一九一九年的李應章與謝愛。

派的著作，並以學寮的學生會開展反對舍監貪汙的活動而被學校處罰。第四年，也就是一九一九年，受到祖國五四運動的影響，又受到第一次世界大戰後的民族自決潮流影響，奠定了民族意識的基礎，開始認識到群眾團結的力量和革命道理，乃於日本開始殖民臺灣的六月十七日，和廈門來的留學生在醫學校內秘密舉行「六・一七」島恥紀念日的集會，向祖國的五色國旗行禮，表示抗日決心。同年，父親向銀行借債，在鄉下買少量地出租。夏暑期間，他也奉命與謝愛結婚。

一九二〇年八月，臺中豐原青年謝文達（日本千葉縣伊藤飛行學校畢業）參加日本帝國飛行協會在東京舉辦的民間競技飛行競賽，駕駛藤式惠美五號機，以高度一千四百公尺，速度一百二十公里，榮獲三等獎賞。九月，謝文達榮歸故鄉。在李應章與謝春木的努力斡旋下，原本存有芥蒂，互不往來的醫學校與師範學校學生，捐棄前嫌，以歡迎謝文達飛機師訪問故鄉，聲援謝文達的飛行事業為理由，團結農業試驗場、工商學校、高等女學校、靜修女中等校的同學，在醫校大禮堂舉行迎接「臺灣第一位飛行員」的盛會，從而組織在北本島人學生聯合應援團，為日後風起雲湧的反殖民學生運動奠定凝聚的基礎。

十一月，李應章和醫校四年級畢業班的修學旅行，一改過去遊玩東京的崇日慣例，組織祖國的觀光團，經廈門、汕頭、香港到革命根據地的廣州，目睹了日本人到處耀武揚威，瞻仰了黃花崗烈士墓，也參觀了孫中山的軍政府等，從而體會了孫中山濟弱扶傾的民族主義觀點與祖國革命的偉大，更加明確了自己的革命道路。

文化協會理事兼二林地方幹事

一九二一年一月三十日，日本第四十四屆帝國議會開會期間，林獻堂等一百八十七人連署提出請願書，要求「置設由臺灣住民公選的議員來組織的臺灣議會」。李應章也在請願書上簽名連署，支持臺灣議會設置請願運動；同年三月二十二日臺灣總督府醫學校畢業，隨即轉入熱帶醫學專修科兼內科實習。四月，他和醫學校同學吳海水、何禮棟、賴石傳與師範學校學生謝春木、盧丙丁等，又在本島人學生大會的基礎上在臺北籌組全臺灣青年會，向社會名流林獻堂、陳欣、許丙、林熊徵等勸募經費，因而認識了醫學校學長蔣渭水（1891-1931）。他們屢次慫恿蔣渭水出來組織青年團體，並與蔣渭水研討他們所擬的青年會章程。蔣渭水「考慮了以後，以為不做便罷，若要做呢，必須做一個範圍較大的團體才好。於是考案出來的就是文化協會了。」李應章等人接受了蔣渭水的提議，就以蔣渭水的大安醫院為籌備處，一同進行籌組活動，起草文化協會的趣旨書、大會宣言及會則。十月十七日，臺灣進步的知識分子和林獻堂等開明士紳在臺北正式成立了「以助長臺灣文化」，「喚起漢民族自覺、反對日本民族壓迫」為目的的廣泛統一戰線性質的資產階級民族主義文化啟蒙團體——臺灣文化協會，蔣渭水擔任協會理事兼幹事，李應章也被選為理事兼二林地方幹事。

此時，李應章已應父母一再催促而回二林開設保安醫院。他於是掛牌行醫，同時在地方進行文化宣傳，啟發群眾的反日思想和民族鬥爭，因而時常受到日本警察的檢舉傳訊。與此同時，他也參加了二林香草吟社第六期詩稿徵集，在二百餘首來稿中經評定獲得第三（本名）與第四名（筆名倬雲）。

一九二一年三月二十二日李應章臺灣總督府醫學校畢業。

早上七點四十五即在保安醫院看診的李應章。

一九二二年二月十六日，林獻堂與蔡惠如等人向日本第四十五屆帝國議會提出總共五百一十二人連署的第二次臺灣議會設置請願書，仍被日本眾議院與貴族院駁回。其後，殖民當局針對支持議會設置運動者，通過罷免其公職，或吊銷煙、酒、鴉片〔如彰化街長楊吉臣〕等專賣權利許可證等，施予變相的經濟制裁，從而於第三次請願運動的準備工作日趨高潮的同年九月間，製造了林獻堂、楊吉臣等八人進見總督而嚴重挫折請願運動的所謂「八駿事件」。十月一日，林獻堂聲明脫離請願運動，引起青年學生及知識分子交相指責。蔡培火乃與蔣渭水等人研議成立以請願運動為直接目的的臺灣議會期成同盟會。

一九二三年二月臺灣議會期成同盟會成立。李應章也入會為創會盟員。十月十七日，他出席在臺南市開的臺灣文化協會第三回定期總會，獲選連任理事。十二月十六日，臺灣總督府警務局以違反「治安警察法」第八條第二項為由，針對臺灣議會期成同盟會會員展開史稱「治警事件」的大檢舉。一九二四年三月，李應章也被捕入獄，但因不是該同盟主要幹部而不起訴，拘留三天後被釋放。

臺灣糖的血淚

殖民當局在臺灣實施的一切政策都是為了繁榮日本資本主義。在資本主義近代工業的壓迫之下，臺灣社會自給自足的自然經濟首先被破壞，原有的小規模的手工業和家庭工業日趨破產。殖民當局又利用臺灣農村的封建剝削關係掠奪土地，進行資本的原始積累。廣大臺灣農民陷於極端困苦狀態。

臺灣的特產是米、糖、茶葉和樟腦。其中，臺灣製糖自荷蘭東印度公司開始，歷經三百餘年未曾間斷。臺灣熬糖之場謂之廍，傳統的蔗農組織包括公司廍、頭家廍與牛犇廍三種。其中，牛犇廍由蔗農合設，一廍九犇（每犇出牛三），為畑九甲，以六犇運蔗、三犇碾蔗，照鬮輪流，通力合作，其法甚善，各鄉莫不設之；製糖之期起於冬至之前，清明而止；每甲竹蔗可得青糖六七十擔。公司廍（一名股東廍）由企業家合股創設，各出一定額數的畑，經營蔗畑並共營糖廍，獲利均分。頭家廍由業主提供畑及蔗苗給佃人種蔗，收成歸業主所設的廍，頭家佃人各半分製糖糖額（由頭家扣除佃人這年預支的花費），佃人可依時價將應分的糖額賣給頭家。另有俗稱的「作依頭家廍」：頭家不提供畑，只發給蔗種，由蔗農出工種蔗；收成時的刈蔗工與運工全歸頭家負擔；熟糖的分糖法是頭家四份，蔗農六份。

日本的經濟學兼殖民政策學者矢內原忠雄（1893-1961）認為，「糖業不但是臺灣最大的產業，即在日本，也是次於電氣及紡織的大企業」，而「甘蔗糖業的歷史，就是殖民的歷史。」殖民當局為使臺灣成為日本國內所需蔗糖的主要供應地，不遺餘力經營糖業，想盡辦法操縱種蔗農民。一九〇〇年援助三井財團設立臺灣製糖株式會社，建立臺灣最早的新式機械製糖工廠。一九〇一年聘請農學博士新渡戶稻造為殖產局長，提出《糖業改良意見書》，據此於隔年公布《臺灣糖業獎勵規則》，設立臨時臺灣糖務局，主持糖務獎勵事務。所謂「產糖獎勵法」規定：一、蔗農在種蔗之前要與廠方訂合同，決定在某地種植甘蔗，收成後售予糖廠（從廠方預借若干錢）。二、廠方採收甘蔗製糖，出售之後按糖銷售情況評定蔗價。三、廠方以其磅秤決定甘蔗斤量並片面決定甘蔗等級。蔗農如同中世紀歐洲的農奴，先向地主期約借款，收成後還款，價格還由地主規定。可說是變相的「債務農奴制度」，蔗農任憑廠方剝削，成為「信用的奴隸（Credit bondage）」。一九〇五年，隨著日俄戰爭以後的好景氣，糖價上升，大規模新式製糖廠紛紛興起，為了確保原料甘蔗的供應，臺灣總督府於六月公布《製糖場取締規則》，製定原料採收區域制度，規定：

未經政府許可，在一定區域內，不得設立新的製糖廠，甘蔗不許向外搬運亦不得作為砂糖以外的原料；同時劃分各製糖廠所屬區域，農民在域內所種甘蔗不得私自採收，統歸各管轄糖廠雇工收購，不得越區出售；收購價格由各製糖廠自行規定，並扣除工資。糖廠掌握彷如「農奴政策」的原料採收區域劃分與「百分之百的債務奴隸政策」的產糖獎勵法這兩個武器，真可以隨心所欲地剝削臺灣蔗農了。殖民經濟體制使得製糖會社採集區內的蔗農在「糖業帝國」的血淚制度下飽受剝削。

二林地區位處彰化平原，濁水溪出海口北岸沖積扇外緣，清代已發展大型灌溉設施，人多業農。一九〇二年，原臺灣總督府地政官員愛久澤直哉退休後成立三五公司。一九〇五年總督府糖業獎勵政策及甘蔗原料採集區制度施行後，製糖會社在臺灣西部競相圈地，使得土地向財團集中，佃租全面升高，佃農租不到土地。在這一波激烈變遷中失去佃農身分的離農者，不是成為會社工人，就是淪為出賣苦力的零工。一九〇七年，三五公司以紀念第四任臺灣總督兒玉源太郎之名成立源成農場；一九〇八年在總督府協助下強制廉價徵收二林溪北岸土地二千餘甲，招募移民，引發源成農場事件。隔年板橋林家與日本資本家合股經營的林本源製糖會社（簡稱林糖）成立，又仿源成模式，企圖廉價收買溪州約三千甲土地，農民拒絕，臺灣總督府乃依警察強制權收買。這兩起二林地區發生的官逼徵地事件，都給幼年時期的李應章上了民族精神教育的現實一課。

一九一〇年六月，源成農場設立糖廠，強勢收購農民土地、招募農工。一九一一年一月林糖開始製糖。但是，第一次世界大戰結束後，世界砂糖產地開始恢復生產，市場趨於供給過剩，糖價開始走跌。在不景氣之下，臺灣各製糖會社不得不勉強壓低甘蔗購買價格，並為獲取最大利潤而盡可能壓低甘蔗生產費用。

蔗價的消長及對蔗農的條件如何，實際關乎臺灣農村的興替。也就是說，蔗農問題是臺灣農村的緊要問題，它的爭議更是必爭的問題。

一九二四年四月，二林庄長林爐與同庄開業公醫許學被五百餘名蔗農推為代表，向林糖當局要求支給溪州工場的蔗農臨時補償金，最後經北斗郡守出面協調，會社才答應支付每甲增加五圓（與農民的期望差很多）補償金。同月十一日，彰化線西庄臺灣文化協會理事兼《臺灣民報》發行人黃呈聰（1886-1963）署名「劍」，在該報第二卷第六號發表社論〈改換糖業政策的急務（須撤廢採收區域、買收價格要和農民定協）〉，批評殖民當局的糖業政策保護製糖會社，暴壓業戶和蔗農，犧牲島民利益；呼籲殖民當局因應歐戰結束後的時局，停止這阻礙糖業發展的保護政策，使蔗農設置組合與會社協商，否則蔗農一旦覺醒一定會起來激烈反抗會社。同月二十一日，《臺灣民報》第二卷第七號續刊彰化和美人黃周（1899-1957）署名「醒」的社論〈提倡農民的教育〉，強調臺灣人大部分是農民，若真要使臺灣的文化向上，先決條件就要使農民經濟獨立，生活安定；而其先決問題就是要使他們有相當的知識見解，明白世界大勢與歷史走向；如此，則要徹底推行農民教育。否則，臺灣的文化運動就不過是以少數人為對象的運動。十月十一日，黃呈聰又在《臺灣民報》第二卷第二十號署名「劍如」，發表〈論蔗農組合設置的必要（製糖會社萬事可與蔗農組合協調）〉，批評臺灣的製糖會社大資本在當局周全保護下的專制橫暴，同時指出蔗農反對會社不法的聲浪日高，去年就有彰化郡下蔗農反對新高製糖會社，今春有北斗郡下蔗農二千餘人反對林本源製糖會社並向北斗郡役所提出請願書。到了近來，彰化西邊一帶的農民都有廢蔗種稻趨向。他強調，俗云「利益不可獨專」，會社如果不採用臺灣舊式糖廍勞資協調的分糖法，就應讓蔗農設置反映意見的組合，居間協調雙方的利益，庶免勞資反目。最後，他強調「蔗農組合的設置時機已熟，聞彰化郡下農民現正計畫中，不久就會實現了。」

但是，黃呈聰線西庄組織甘蔗耕作組合反抗殖民當局糖業政策的實踐卻以失敗收場。

二林蔗農組合的成立

李應章在從事文化啟蒙運動中接觸到農村的實際與種蔗農民的苦境，從而對殖民地臺灣的糖業剝削制度有了深刻瞭解。當時，全島的耕地總面積計八十九萬甲，蔗作計有十七萬餘甲，蔗作面積約占耕地全數的百分之二十強，而且臺灣的蔗糖輸出達總輸出額的百分之四十九。二林地區種蔗面積達百分之五十以上，植蔗農場劃分為林糖、日本財閥經營的明治製糖株式會社（簡稱明糖）與源成農場三個採收區域。

李應章騎機車出診。

有一天，他出診蔗農林某，隔日迷信宿命的林某驟死。他認為林某是因為耕作甘蔗身心過勞而續發肋膜炎（前後只十日間）所致。這個無產蔗農的悲慘命運深刻烙印在他的腦海與心胸裡，並長灑哀淚於襟前。當他想到像林某這樣處境可憐的蔗農不知又有凡幾時，更是不堪其悲傷與抑鬱，於是決定投入農民運動。

一九二三年九月，臺灣文化協會彰化支部開會時，因為農民被壓迫的嚴酷程度已無法用民族主義、議會運動來理解和應對，李應章和曾遊學日本早稻田大學的詹奕侯提出臺灣農村問題實際鬥爭案，但被否決，於是擴大團結中日文俱佳的劉崧甫、公學校同學蔡淵騰與嘉義農校畢業的陳萬勤等地方有志，組織農村講座，開辦農村夜學，自己擔任講師，義務講解有關蔗農權益的問題。十月十七日，臺灣文化協會在臺南市開第三回定期總會，李應章獲選連任理事。十一月，他和詹奕侯、劉崧甫、蔡淵騰與陳萬勤等人又再組織農村問題研究社，搜集一切有關蔗農被剝削問題的材料。與此同時，他也「因為研究農村問題的關係，閱讀《獨秀文存》，在思想上即起了轉變，由民族意識而轉移到對於無產階級和農村問題與農民問題的極大興趣上來。」同月二日，會員總數增至八六五名（臺中州二五一名）的臺灣文化協會在彰化支部召開第四回定期總會，北自基隆、宜蘭、臺北，南至屏東、臺南、阿里港的百餘名會員代表齊聚一堂，極一時之盛。大會準時由彰化支部陳虛谷理事致開會辭，次由蔡培火專務理事（臺南本部）、蔣渭水（臺北支部）與許嘉種（彰化支部）理事報告庶務、會計及事業舉行細況，接著進行理監事等職改選。李應章獲選連任下一年度理事。理事會隨即熱心開誠商議至六時半閉會。懇親會聚餐之後，續在支部開講演會，依序由蔣渭水講「文化主義」，王學潛監事講「古聖賢之感想」，林獻堂總理講「犧牲的精神及繼續的精神」，邱德金理事講「教育普及」，黃金火理事講「我們的責任」，李應章講「農村的改造」，至十一時始畢，聽眾非常感動。這是李應章首次以農村問題為題的講演。

李應章與二林有志通過調查研究，整理出甘蔗和各種作物的收成、價格的比較表，以及甘蔗的榨糖計量、糖廠利潤和蔗農成本收益比較表，作為與糖廠交涉的依據資料。他認為，傳統的蔗農組織「雖難免有帶些陳舊的無分業的封建色彩，然總不脫離共存共榮的公平主旨，斷不像現今的概由會社自家秤量、自家擅自定價的横霸」。他注意到總督府一九二四年度的統計，全島的總耕作面積計七十八萬甲，而蔗作面積計有十一萬九千零二甲，實占全數的約六分之一。然而製糖會社「擁龐大資本，受特別保護，併吞糖廍，劃成區域，不費三文錢，而有幾千百甲的土地支配權，無異乎封建時代的諸侯，儼然君臨耕作者，乘其經濟的弱點恣吸膏脂，束縛了所有的自由和權利」。他也認識到「臺灣這個貧血症已經成了一種沉痾了，病人聯塌，個個呻吟，此聲終聚成一個聲響，乃勢所必然」。

十二月二十日，下午三時，在李應章主催之下，名為農村講座的農村問題研究機關舉開發會式，四鄉民眾六百餘名爭先恐後熱誠來會。首由李應章致開會辭並說明講座成立的趣旨，次有彰化的幾位文協幹部——石錫勳講「農村之進化史」、吳清波講「農村與產業組合」、吳石麟講「農民之自覺」、林篤勳講「農村與衛生」、李應章講「農村之將來」，各自發揮其雄辯，大博聽眾之喝彩，於六時始閉會，聽眾頗感滿足而散。晚上，又再在該處開文化講演，聽眾擁擠而來，幾無立錐之地。除了以上辯士之外，尚有洪明輝、詹奕侯、林伯廷（北斗郡地主）、陳宗道諸氏的宏論，滿座喝彩不已。臨監警官於詹氏演說「勞働組合論」之際，突然立在講座邊叱曰「不可恣意言之」。聽眾不覺一齊失聲大笑。詹氏泰然自若，滔滔續講。聽眾也深表敬意而傾聽，至十時而閉會。

同月，李應章和詹奕侯、劉崧甫、陳萬勤、蔡淵騰諸人討論起草了有關蔗農組合的組織章程等等。最後制定《蔗作協會規約》如下：第一章「總則」五條，宣稱蔗作協會以「圖蔗作之改良使其發達並保持會員共同利益為目的」，「以林本源製糖會社原料採收區域為區域」，並「以林本源製糖會社區域內之蔗作者組織之」。第二章規定「會員之加入及脫退」辦法。第三章規定「會員之權利義務」。第四章規定幹事等「役員及事務員」的設置名額、業務分工與任期等等。第五章是「總會、代議員會、役員會」三種「會議」的構成與召開規定。第六章是「會計」辦法。第七章規定代表會員執行的「業務」包括：一、向製糖會社協定蔗作獎勵所關諸事。二、向製糖會社協定採收之時機及方法。三、向製糖會社協定買收價格。四、在製糖會社秤量場監督秤量甘蔗。五、與製糖會社協議金錢上之融通。除此之外，是「居在作蔗者與製糖會社之中，調和雙方之利益，以期協力提携，促進糖業之發展。」第八章則規定「協會之解散及併合」的條件。第九章是「違約處分」的規定。最後，「附則」規定：「本規約以外，另定業務執行細則。」

時序進入一九二五年。

由於林爐與許學等人沒有繼續向林糖活動，二林蔗農轉而求助李應章等人，向林糖爭取合理權益。

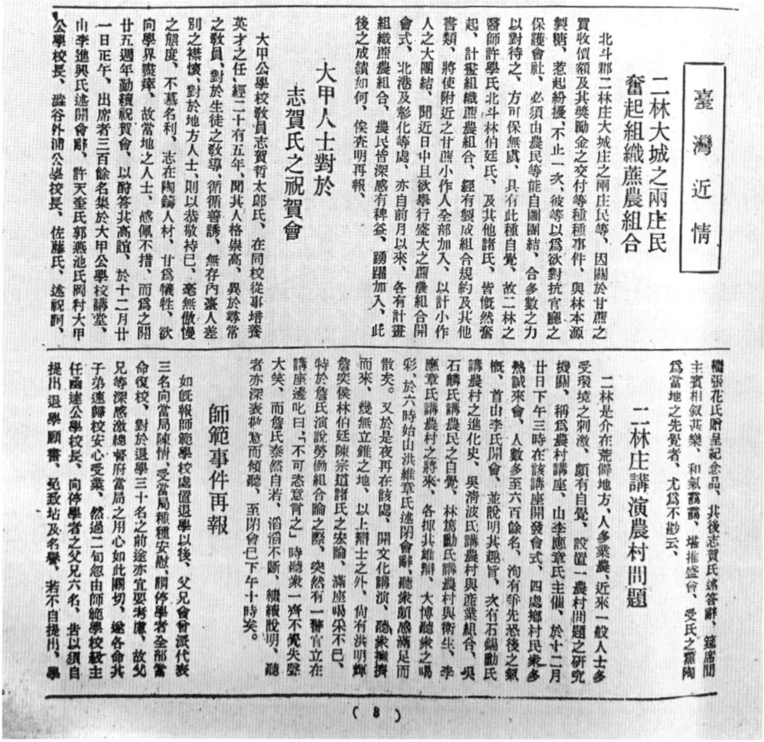

臺灣近情

二林大城之兩庄民奮起組織蔗農組合

北斗郡二林庄大城庄之兩庄民等、因關於甘蔗之買收價額及其獎勵金之交付等種種事件、與林本源製糖、惹起紛擾、不止一次、彼等以爲欲對抗官廳之保護會社、必須由農民等能自圖團結、合多數之力以對待之、方可保無虞、具有此種自覺、故二林之醫師許學氏北斗林伯廷氏、及其他諸氏、皆慨然奮起、計畫組織蔗農組合、經有製成組合規約及其他書類、將使附近之甘蔗小作人全部加入、以計小作人之大團結、聞近日中且欲舉行盛大之蔗農組合開會式、北港及彰化等處、亦自前月以來、各有計畫組織蔗農組合、農民皆深感有稗益、踴躍加入、此後之成績如何、俟看明再報、

大甲人士對於志賀氏之祝賀會

大甲公學校教員志賀哲太郎氏、在同校從事培養英才之任、經二十有五年、聞其人格崇高、異於尋常之教員、對於生徒之教導、循循善誘、無存內臺人差別之襟懷、對於地方人士、則以恭敬持已、毫無傲慢之態度、不慕名利、志在陶鑄人材、甘爲犧牲、欲向學界盡瘁、故當地之人士、感佩不措、而爲之開廿五週年勤續祝賀會、以酬答其高誼、於十二月廿一日正午、出席者三百餘名集於大甲公學校講堂、由李進興氏述開會辭、許天奎氏郭燕池氏岡村大甲公學校長、溢谷外埔公學校長、佐藤氏、述祝詞、繼張花氏贈呈紀念品、其後志賀氏述答辭、筵席間主賓相敘甚樂、和氣藹藹、堪推盛會、受氏之薰陶爲當地之先覺者、尤爲不尠云、

二林庄講演農村問題

二林是介在荒僻地方、人多業農、近來一般人士多受環境之刺激、頗有自覺、設置一農村問題之研究機關、稱爲農村講座、由李應章氏主催、於十二月廿日下午三時在該講座開發會式、四處鄉村民衆多熱誠來會、人數多至六百餘名、洵有爭先恐後之氣概、首由李氏開會、並說明其趣旨、次有石錫勳氏講農村之進化史、吳清波氏講農村與產業組合、吳石麟氏講農民之自覺、林篤勳氏講農村與衛生、李應章氏講農村之將來、各抒其雄辯、大博聽衆之喝彩、於六時始由洪維章氏述閉會辭、聽衆頗感滿足而散矣。又於是夜再在該處、開文化講演、聽衆擁擠而來、幾無立錐之地、以上辯士之外、尚有洪明輝詹奕侯林伯廷陳宗道諸氏之安論、滿座喝采不已、特於詹氏演說勞働組合論之際、突然有一警官立在講座邊叱曰、「不可恣意言之」時聽衆一齊不覺失聲大笑、而詹氏泰然自若、滔滔不斷、繼續說明、聽者亦深表愜意而傾聽、至閉會已下午十時矣。

師範事件再報

如既報師範學校處置退學以後、父兄會曾派代表三名向當局陳情、受當局種種安慰、謂停學者全部當命復校、對於退學三十名之前途亦宜要考慮、故父兄等深感激總督府當局之用心如此關切、遂各命其子弟速歸校安心受業、然過二旬忽由師範學校校主任函達公學校長、向停學者之父兄六名、告以須自提出退學願書、免致玷及名譽、若不自提出、學

(8)

一九二五年一月十一日《臺灣民報》第三卷第二號〈二林庄講演農村問題〉與〈二林大城之兩庄民奮起組織蔗農組合〉。

元旦，李應章等人在二林仁和宮前的廣場召開農民大會，兩千多人參加，場內幾無立錐餘地，首由李應章述開會辭，並報告其經過及內容一切，次有吳萬益、許學、陳建上、林伯廷諸氏演說，然後移入議事，耕作者間亦多提出問題，互相研究，議決籌組蔗農組合，「舉若干代表者，一面向政府陳情，以訴其從來之苦衷，又一面向製糖會社要求其改善，不日間當要進行舉事，於歡呼喝彩裡閉會。」

同月十一日，《臺灣民報》第三卷第二號以「二林大城之兩庄民奮起組織蔗農組合」為題報導：北斗郡二林、大城兩庄民等，因關於甘蔗買收價額及其獎勵金交付等種種事情，與林本源製糖惹起紛擾不止一次。他們自覺農民欲與官廳保護的會社對抗，必須自圖團結，結合眾人之力對待，方可確保無虞。故二林的醫師許學、北斗林伯廷及其他諸氏皆慨然奮起，計畫組織蔗農組合，經有製成組合規約及其他書類，將團結附近的「甘蔗小作人」全部加入。「聞近日中且欲舉行盛大之蔗農組合開會式。北港及彰化等處，亦自前月以來，各有計畫組織蔗農組合，農民皆深感有裨益，踴躍加入。此後之成績如何，俟查明再報。」同月二十一日，該報第三卷第三號又以「二林農民大會」為題報導元旦那天的情況，最後強調：「此後當事者的活動，會社的態度，以及政府當局處置如何，洵有可注目之價值焉。」

李應章等人從此開始為籌組二林蔗農組合而到各農村進行實際的宣教工作。面對大多是文盲或識字不多的蔗農，李應章又援用臺灣民間流行的乞丐調，配上淺白的臺灣閩南語，編寫〈甘蔗歌〉，描述蔗農終年辛勞宛如農奴的勞動條件，批判會社勾結官僚的剝削，呼籲農民爭取公平交易而自主決定原料售價，號召農民要覺醒，參加蔗農組合，團結抗爭，捍衛自我權益。歌詞曰：

（一）種作甘蔗無快活，風颱大水驚到大；
燒沙炎日也著（要）行，一點蔗汁一點汗。
咳喲喲！
有磨（忙）無食真罪過。

（二）沙崙（堆）犁平荒來墾，手種甘蔗像竹圍；
初一磨到廿九暝（晚）；三年無賺較呷虧。
咳喲喲！
替人挨金做烏鬼！
（三）銼（砍）蔗無異搶去分，磅秤由伊咱無權；
十萬將要入等級，蔗葉過（再）扣數百斤。
咳喲喲！
種蔗難似中狀元！
（四）甘蔗咱種價咱開，公平交易即應該；
橫逆搶人無地講，將咱農民當奴隸。
咳喲喲！
啥人甘心做奴隸！
（五）登記種蔗做農奴，苦在心頭無處呼；
弱者只好手牽手，據理力爭咱自由。
咳喲喲！
不達目的不罷休！
（六）蔗農如困鬼門關，受虧何處去伸冤；
會社親像（身似）勾魂鬼，騙人落凹（入彀）舉幢幡。
咳喲喲！
挽救農民救臺灣！
（七）長工也要想翻身，何況貼本做農民；
大家睏了愛精神（清醒），參加組織是正經。
咳喲喲！
十萬農民一條心！
（八）蔗農組合是咱的，同心協力救大家；

兄弟姊妹相提攜，不怕黥面共（和）撩（獠）牙！

咳喲喲！

出力要和齊！要和齊！

到了二、三月，參加組合的會員已經由最初的七百多名增加為兩千多名。組合取得委託證後乃向糖廠開始交涉，提出提高蔗價以使蔗農脫離農奴地位，並與糖廠處於相等議價、參與監秤的平等地位等要求。

四月一日發行的《臺灣民報》第三卷第十號刊出〈林糖蔗農的陳情：蔗農千餘名協力要求林本源製糖會社提高買收甘蔗價格的問題〉，從糖業作為殖民地臺灣產業中樞的重要性立論，舉出實際的甘蔗買收價格、一般物價、購耕料及耕作資金、會社補助金與蔗農實際所得等明細，指稱二林地區林本源製糖會社的獎勵綱領雖然首先標榜與蔗農「共存共榮」，「而實相反，不僅不愛護農民，反取搾取手段」。它呼籲殖民當局「俯察輿情，憫念民艱，為最大多數最大幸福而下公平之英斷焉。使吾儕農民體得一視同仁之典猷，則為幸甚矣。」同時提出以下「希望條件」：一、順應時勢，一九二四年的甘蔗買收價格每千斤為七圓以上起價。二、若有特別事情，雙方行便宜分糖法。三、今後原料買收價格由政府、耕作者、會社三者協議而後決定。四、否則，蔗農得自由賣蔗。然而，面對李應章等人代表林糖蔗農的陳情，北斗郡守竟然答說：「你們若是沒有利益，可以廢止種蔗，那就沒有什麼問題了。」

陳情經過兩次的交涉，終究無效。

四月十一日夜，第六次赴日本東京請願臺灣議會設置的林獻堂返臺後，應邀到彰化街彰化戲園出席文協彰化支部召開的定期講演會。現場聽眾多達千餘名。李應章講「二林農民運動的經過」。講演者「深見熱辯」，而聽者「至夜深閉會猶不忍分散」。同月十九日，文化協會林獻堂一行又應李應章之邀，搭乘運送甘蔗的「五分仔火車」到二林庄演講。是日上午十時半，該庄無數民眾至車站，以大鼓吹、音樂隊並放竹篙炮數十枝，熱烈歡迎林獻堂、楊肇嘉、葉榮鐘、陳虛谷、莊遂性等，先為他們開洗塵會，聆聽林獻堂等報告上京請願狀況。「大為感動，拍掌呼快」。下午一時至三時十分開講演會，會場早無立錐餘地，場外亦多側耳傾聽之人。其中葉榮鐘講「農村振興與產業組合」。諸辯士滔滔不竭，口若懸河，聽眾非常滿足，掌聲不絕。「聞聽眾約有六千餘名之多，於茲可察吾臺民氣之盛，洵可喜之現象焉。」儘管作為地主的李應章沒有登臺講演，但這場盛況空前的演講會，不但提高了二林農民的民族意識與向心力，更為後來的蔗農組合灌下了堅實的能量，也播下了蓬勃發芽的種子。

四月二十四日，下午八時，蔗農組合籌備會又在路上厝謝氏家廟開農村講演會，先由李應章講「就農民地位」，詹奕侯續講「蔗農組合成立之必要」，蔡淵騰再講「造成的物」，三百餘名聽眾傾耳聆聽。二十五日，夜八時，續在大成庄宮廟開演講會，聽眾約四百餘名，其中不少自遠地來聽者，李應章講「農民的權利義務」，詹奕侯講「臺灣農村過去現在及將來」，洪能傳講「農民的功勞」，劉崧甫講「農民之根本」，吳萬益講「官民提攜並農業」，講者「滔滔」，「拍掌之聲不絕」。《臺灣民報》記者由衷讚曰：二林庄「雖居州下之僻地，而文化及農業有多大之發達，實可喜之現象焉。」

五月二日，晚上九時起，他們續在竹塘庄內新厝開農村

大正十四年六月一日　臺灣民報　第三卷第拾六號

略謂「諸先生爲臺灣三百六十餘萬同胞之幸福、不辭勞疾、屢遭難關、此爲吾儕所當感佩、況如林先生自初至今、其間有多大之貢獻、爲人所難爲若論其身材、雖有稍偉於常人一點、然決非如小說家所巧造特別偉器也、吾儕想林先生之所擅長、是在此而不在彼、即在其有堅固之志操、與雄大之氣魄、肯爲同胞努力、故能造此盛業、是亦使吾儕所宜發揮之點矣、若其他諸先生皆屬當世有爲之大器能相與共努力於斯、豈非令吾儕當感激不措乎」次陳逢源氏介紹林氏之經歷、鄭重表其滿腔之謝意、林氏乃起述謝詞「諸位之盛意、吾儕皆感謝、但關於請願之經過、特欲簡單報告、」遂將請願要旨先備述理、次謂、現時內地朝野名士、皆多有諒解吾人請願之本旨、不似從前之妄以嫌疑相加、其他之誤解皆得藉此回之機會一掃之、故在前回有毫無同情之議員、今次亦且得其同情、由此觀之、可證明實現之時机不遠也。至於今回之結果、非採擇亦非不採擇、因植民地統治方針、事關重大、非可遽即決定、故委員會、擬慎重考究、欲將臺灣當局之意見、奈當局因事數次缺席、以致審議未畢、延於下回決之、雖不無稍有遺憾、然而吾同胞得加倍努力、亦何患不能達目的哉」繼楊肇嘉氏再蔡石氏葉榮鐘氏各起演說、因當夜欲開講演會、時間切迫、故來賓及會員之演說遂由是告終、於盛會裡散會矣。

內新厝農村講演

於五月二日、臺中州竹山庄內新厝、開農村講演會、是日臨監警部以外、有十數名巡查及林糖製糖會社員亦見來場、會場因過於狹小、不能容多數之聽衆、故在會場外靜聽者殊屬不少、至九時、始由主催者詹奕侯氏述開會辭、次李應章氏講「蔗作組合設立的必要」、謝黨氏講「農的經驗」謝鐵氏講「農民的團結」、劉崧甫氏講「農民怎樣着覺醒呢？」洪能傳氏講「物賣買的苛横」、詹奕侯氏講「甘蔗申込契約書內容所記載之利害關係」辯士皆熱心揮其雄辯演中受注意者即李君及劉君二人、至十一時詹君述閉會辭、有會社員江某糾起要對農民宣傳事情、被詹君拒絕、某會社員不服、致口角爭論、其後警官責會社員不曉事、命其退場、方無事解散、聽衆多謂此會社員不識道理、欲倚勢頭誇耀致有此種可笑之事、聞詹氏諸同志、擬此後常開講演會、以啓發農民之智識云。

各地文化講演之盛況

前會報斗六街人士、對於文化講演、非常注重、於五月七日復開講演會、因自遠方來聽者甚多、如自龍眼林地方趨至聽講（以盞里算有三十餘里）者足見其熱心、故稟報開屋外演說、可容無數之聽衆、當夜之講演者爲楊肇嘉氏（文化與人生）吳清波氏（產業組合之歷史）賴和氏（長生術）各就演題侃侃而談、因倚有時間、楊氏復起述迷信打破、林庚宿林乙鹿二氏　相繼演說、頗爲盛會。於八日九日斗南亦開講演會、當地李茂松昆仲最爲熱心提倡、其他有志亦共起援助、第一夜之講演、楊肇嘉氏講「文化是甚麼」郭覺之氏講「寄生生活」（受中止）江萬里氏講「力」（亦受中止）王受祿氏講「歐洲漫遊感想談」、林芷湘氏講「治安警察法」（受中止）聽衆多至三千五百名云、第二夜施至善氏講「人生與教育」鄭松筠氏講「現代佛教思想」[illegible]「打破迷信」林中港氏講「保持東亞平和」[illegible]者江氏而已、聽衆比前夜雖有稍減、有鄰村之盲人陳某某亦趨至靜聽、其膽識聞有高出於世之所謂有力者

一九二五年六月一日《臺灣民報》第三卷第十六號〈內新厝農村講演〉。

講演會。現場除了臨監警部以外，還有十數名巡查及林糖職員。因為會場過於狹小，許多聽眾擠不進去，就在會場外安靜聆聽。李應章講「蔗作組合設立的必要」，謝黨講「農的經驗」，謝鐵講「農民的團結」，劉崧甫講「農民怎樣著覺醒呢？」，洪能傳講「物賣買的苛橫」，詹奕侯講「甘蔗申込契約書內容所記載之利害關係」，每個辯士都熱烈發揮其雄辯，李應章與劉崧甫在講演中還受到臨監警部的警告。至十一時，主持人詹奕侯致閉會辭，宣稱今後將常開講演會，以啟發農民

的智識。此時，林糖某員卻仗勢誇耀要對農民做宣傳，詹氏拒絕，因而引起兩人口角爭論。臨監警部不想擴大事端，責備此會社員不懂事並命其退場，方才無事解散。聽眾多認為此會社員不識道理，致有此種可笑之事。

六月十日，晚上八時半至十一時，他們轉往竹塘庄樹子腳開農村講演會。聽眾有數百名之多。臨監警部、刑事、部長以外，十數名巡查及兩名林糖社員也來到會場。主講辯士魏朝昌講「關於農民的感想」，蔡江泗講「農民要自覺」，劉崧甫講「世間豈無比虎利害之物乎」，李應章講「蔗農組合的大意」，詹奕侯講「農民之苦」，洪能傳講「物之買賣」，個個皆非常熱心揮其雄辯，聆聽的農民也深受啟發。

六月十一日，《臺灣民報》第三卷第十七號刊載一篇支持蔗農組合的未署名文章〈蔗農組合的準則如何？〉第一段指出，臺灣的製糖會社靠著大資本和當局的特別保護，強制農民植蔗並低價買收原料而獲取暴利；蔗農當然對會社反感而不喜歡植蔗，但恐怕會社奪取耕地又不得不栽蔗。雙方難免紛爭。農民只有團結對付有財有勢的會社才可以擁護自身利益，因此蔗農組合的組織就非常必要。第二段強調，蔗農組合要辦的事務是代表蔗農和會社交涉一切的關係，以及蔗農相互間的耕作改良等事。就中最為要緊的就是：代表組合員向製糖會社協定關於蔗作獎勵、買收甘蔗的價格、採收的時機與方法等事項，同時代表組合員在會社的秤量場監督秤量甘蔗及解決混雜物的扣折、與製糖會社協議金融的融通、與會社交涉一切關於蔗作的事項等，居間調和蔗農與會社雙方的利益以避免衝突。最後，它聽聞殖民當局關注製糖會社和農民間愈演愈烈的紛爭而要「立案蔗作組合的準則」，因此語重心長地建議說，組合的

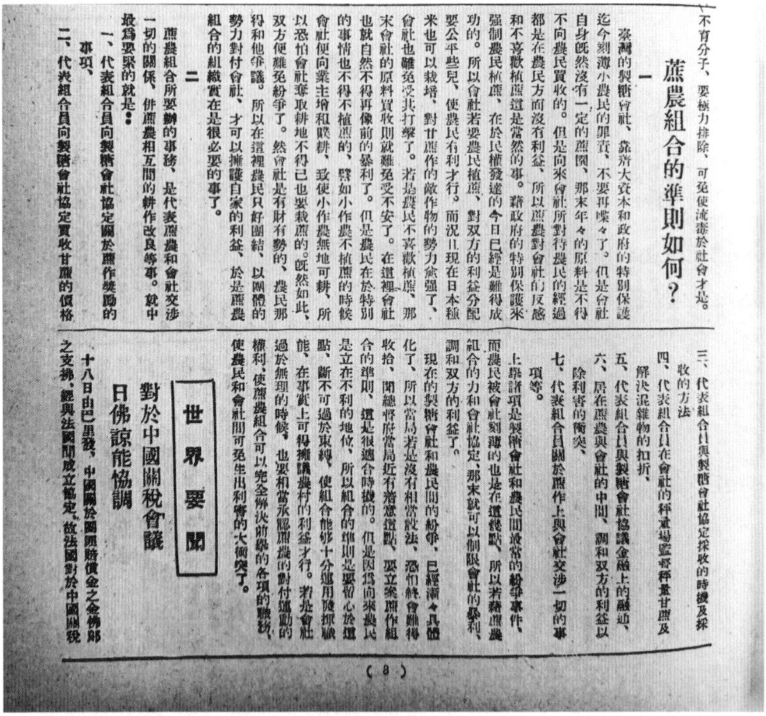

不育分子、要極力排除、可免使流毒於社會才是。

蔗農組合的準則如何？

一

臺灣的製糖會社、靠著大資本和政府的特別保護迄今剝薄小農民的罪責、不要再喋々了。但是會社自身既然沒有一定的蔗園、那末年々的原料是不得不向農民買收的。但是向來會社所對待農民的經過都是在農民方面沒有利益、所以蔗農對會社的反感和不喜歡植蔗還是當然的事。藉政府的特別保護來強制農民植蔗、在於民權發達的今日已經是難得成功的。所以會社若要農民植蔗、對双方的利益分配要公平些兒、使農民有利才行。而況且現在日本種米也可以栽培、對甘蔗作的敵作物的勢力愈強了、會社也難免受其打擊了。若是農民不喜歡植蔗、那末會社的原料買收則就難免受不安了。在這裡會社也就自然不得再像前的暴利了。但是農民在於特別的事情也不得不植蔗的、譬如小作農不植蔗的時候會社便向業主增和贌耕、致使小作農無地可耕、所以恐怕會社奪取耕地不得已也要栽蔗的。既然如此、双方便難免紛爭了。然會社是有財有勢的、農民那得和他爭議。所以在這裡農民只好團結、以團體的勢力對付會社、才可以擁護自家的利益、於是蔗農組合的組織實在是很必要的事了。

二

蔗農組合所要辦的事務、是代表蔗農和會社交涉一切的關係、併蔗農相互間的耕作改良等事。就中最為要緊的就是：

一、代表組合員向製糖會社協定關於蔗作獎勵的事項、

二、代表組合員向製糖會社協定買收甘蔗的價格

三、代表組合員與製糖會社協定採收的時機及採收的方法

四、代表組合員在會社的秤量場監督秤量甘蔗及解決混雜物的扣折、

五、代表組合員與製糖會社協議金融上的融通、

六、居在蔗農與會社的中間、調和双方的利益以除利害的衝突、

七、代表組合員關於蔗作上與會社交涉一切的事項等。

上舉諸項是製糖會社和農民間最常的紛爭事件、而農民被會社剝薄的也是在這幾點、所以若藉蔗農組合的力和會社協定、那末就可以制限會社的暴利、調和双方的利益了。

現在的製糖會社和農民間的紛爭、已經漸々具體化了、所以當局若是沒有相當設法、恐怕終會難得收拾、聞總督府當局近有猶慮這點、要立案蔗作組合的準則、這是很適合時機的。但是因為向來農民是立在不利的地位、所以組合的準則是要留心於這點、斷不可過於束縛、使組合能够十分運用發揮職能、在事實上可得擁護農村的利益才行。若是會社過於無理的時候、也要相當承認蔗農的對付運動的權利、使蔗農組合可以完全解決前舉的各項的職務、使農民和會社間可免生出利害的大衝突了。

世界要聞

對於中國關稅會議
日佛諒能協調

十八日由巴里發、中國關於團匪賠償金之金佛郎之支拂、經與法國間成立協定、故法國對於中國關稅

（8）

一九二五年六月十一日《臺灣民報》第三卷第十七號〈蔗農組合的準則如何？〉

準則要留心農民向來立在不利地位的事實，斷不可過於束縛；要使組合能夠十分運用，發揮職能，擁護農民的利益。若是會社過於無理時，也要相當承認蔗農抗爭的權利，使蔗農組合可以完全解決前舉的各項職能，以免農民和會社間發生利害的大衝突。

六月二十一日，《臺灣民報》第三卷第十八號又轉載譯自《大阪朝日新聞》，小標題為「蔗作組合問題勃興 製糖會社大受脅威」的〈重大之臺灣農民運動〉，支持蔗作組合成立，

並強調指出：如果代表蔗農利益的組合賣甘蔗時得與會社協定價格及監視秤量，那麼「從來如僕從弱少之蔗農，必翕然馳至於組合之傘下，洵屬糖業界之重大問題，必為一般所注目矣。」

就在這樣的輿論助勢之下，六月二十八日，二林庄蔗農組合在二林原製酒組合內開成立大會，出席會員一百七十二人，出委任狀者六十一人，缺席一百七十一人，傍聽約百餘人，來賓有遠自南投、臺中、西螺各地而來者，二林分室主任土橋警部及林糖的社員多名出席，可謂一時之盛會。大會首先由李應章致開會辭，接著劉崧甫報告成立經過並說明「嘆願之經過」、「蔗農組合之設立與必要」、「組合員之團結」、「種種團結力之比較」、「地方害蟲之驅除」與「結論」，然後修正議定「蔗作協會規約」，再據此規約選舉李應章、劉崧甫、詹奕侯、蔡淵騰等十人為理事，並互選李應章為總理。又選舉謝黨、陳萬勤等六人為監事。因為時間緊張，各庄代議員共五十名則候後日再另行選舉。接著，洪能傳述就任詞，詹奕侯披讀各地祝電。《臺南新

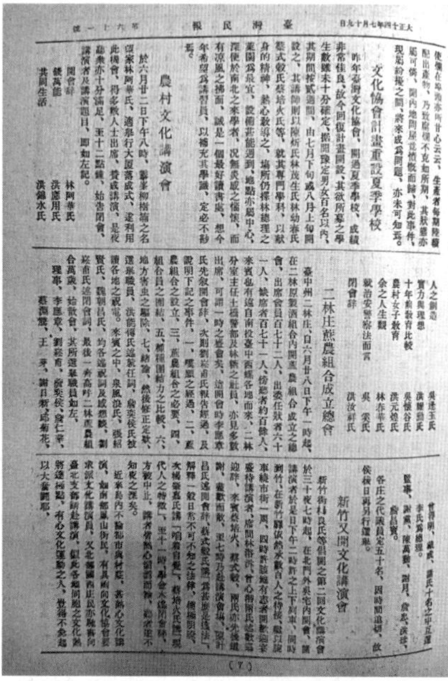

一九二五年七月十九日《臺灣民報》第六十一號〈二林庄蔗農組合成立總會〉。

報》日籍記者泉風浪（後受聘為顧問）等來賓各述祝詞及感想，劉崧甫述閉會詞，最後一齊高呼二林蔗農組合萬歲。

成立大會同時也對外散發了以「發起人」名義公告的〈蔗農組合設立旨趣書〉：

> 試觀夫我臺，不論山邊海角，到處都是蔗苗森森，蔗園成林，莫怪那製糖會社之林立，工場煤煙之覆遍全島，而產糖額之多數實欲凌駕於米、鹽、樟腦之上矣。於是政府獎勵之方法，講之審矣；製糖會社鼓吹之方法，講之審矣；而耕作者栽培之方法則講之極矣。然而保護耕作者之權利問題，政府未之講也，製糖會社未之講也，耕作者猶未之悟也，悲夫。
>
> 耕作者作成一期甘蔗，須要兩年間（早植）辛辛苦苦……始由二種三種之蔗苗造成那如林之蔗園。似山之蔗堆一運至會社秤量場，會社自秤之。耕作者無其秤權，又無監督權。此其無理之專橫者一也。
>
> 刈葉之清潔與否，掃莖之清淨與否，皆由會社自己認定，以扣其斤量，至減其等級。耕作者不得支吾一二。此其無理之專橫者二也。
>
> 買收價格，前雖有政府與會社協定……自五年前，會社得自由制定……一發表嚴過於斧鉞，殆有若神聖不可浸犯之概，終不得移易。雖有不相當之價格，耕作者不得議之，不可抗之，稍有致辯，則托之於糖業聯合會之規則，不得創私例而害公約，終至於無可如何而了局。此其無理之專橫者三也。
>
> 抑其最可恨的最可憐的糖業界之一矢汙史，巷間所傳

曰「製糖會社乃甘蔗之專買局」實不誣矣。

呼嗚！政府既以規則而使製糖會社併吞舊式糖廍，而又以一定之區域強使耕作者不得以區域內之原料別賣於他會社，何又長使此受冤屈之耕作者，永久屈膝稽首於專橫製糖會社之下耶？

諸君！堂堂受政府保護之製糖會社，尚有組織一聯合會以作無理專橫之招牌，臨機應變之護符的團體，而吾細民耕作者諸君等豈可無有如何組織以圖對待之方法者乎？夫以政府之大，社會之廣，種種的政策制度尚有相當監視之機關，以圖救濟其專橫，匡其不逮，其重民權乃耳。況於會社對耕作者之間，尚無有如何之救濟方法者，實令人寒心之至！

會社固一壓搾甘蔗之製糖場耳。其主要元素之原料捨耕作者而外實不可圖也。然則一買一賣完全是商人間之買賣，原料是其商品也。商品豈可以強買而強奪者乎？既不可以強而買之奪之，當以保守商人道德而買賣授受者宜也。然而會社計不及此，徒欲以專橫之手段定無理之價格，貪一時之奸利，失百年之大計，不亦愚哉。

共存共榮乃現今世界不可埋沒之真理，反是者，驟成破裂，階級爭鬪豈非造成過去世界革命之慘史乎？勞賃爭鬪豈非造就露國〔俄羅斯〕現今之怪劇者乎。

於是吾人有鑑乎此，一欲保全耕作者之權利，一欲圖製糖會社之便利起見，爰擬組織蔗農組合，庶可保持兩者永久之平和。切望諸同志盍與乎來共襄是舉，則耕作者幸甚，地方幸甚！

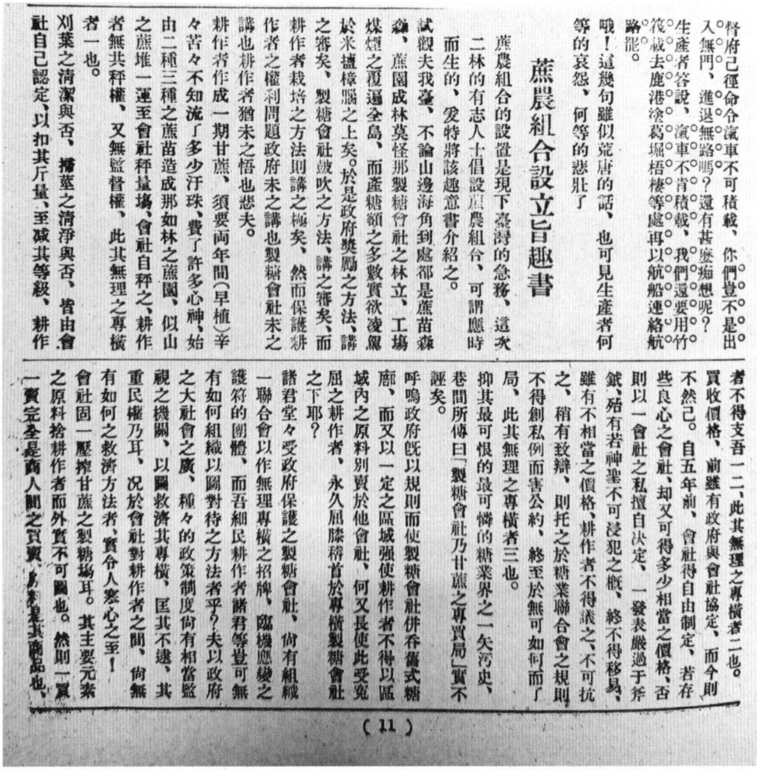

督府已徑命令流車不可積載、你們豈不是出入無門、進退無路嗎？還有甚麼痴想呢？生產者答說、流車不肯積載、我們還要用竹筏載去鹿港塗葛堀梧棲等處再以航船連絡航路罷。

哦！這幾句雖似荒唐的話、也可見生產者何等的哀怨、何等的悲壯了

蔗農組合設立旨趣書

蔗農組合的設置是現下臺灣的急務、這次二林的有志人士倡設蔗農組合、可謂應時而生的、爰特將該趣意書介紹之。

試觀夫我臺、不論山邊海角到處都是蔗苗森森、蔗園成林莫怪那製糖會社之林立、工場煤煙之覆逼全島、而產糖額之多數實欲凌駕於米樟腦之上矣。於是政府獎勵之方法、講之備矣、製糖會社鼓吹之方法、講之備矣、而耕作者栽培之方法則講之極矣、然而保護耕作者之權利問題政府未之講也製糖會社未之講也耕作者猶未之悟也悲夫。

耕作者作成一期甘蔗、須要兩年間(早植)辛々苦々不知流了多少汗珠、費了許多心神、始由二種三種之蔗苗造成那如林之蔗園、似山之蔗堆一運至會社秤量場、會社自秤之、耕作者無共秤權、又無監督權、此其無理之專橫者一也。

刈葉之清潔與否、掃莖之清淨與否、皆由會社自己認定、以扣其斤量、至減其等級、耕作者不得支吾一二、此其無理之專橫者二也。買收價格、前雖有政府與會社協定、而今則不然已。自五年前、會社得自由制定、若存些良心之會社、却又可得多少相當之價格、否則以一會社之私擅自決定、一發表幾過于斧鉞、殆有若神聖不可浸犯之概、終不得移易、雖有不相當之價格、耕作者不得議之、不可抗之、稍有致辯、則托之於糖業聯合會之規則不得創私例而害公約、終至於無可如何而了局、此其無理之專橫者三也。

抑其最可恨的最可憐的糖業界之一矢污史、巷間所傳曰「製糖會社乃甘蔗之專買局」實不誣矣。

呼鳴政府既以規則而使製糖會社併吞舊式糖廍、而又以一定之區域強使耕作者不得以區域內之原料別賣於他會社、何又長使此受寃屈之耕作者、永久屈膝稽首於專橫製糖會社之下耶？

諸君堂々受政府保護之製糖會社、尚有組織一聯合會以作無理專橫之招牌、臨機應變之護符的團體、而吾細民耕作者諸君等豈可無有如何組織以圖對待之方法者乎？夫以政府之大社會之廣、種々的政策制度尚有相當監視之機關、以圖救濟其專橫、匡其不逮、其重民權乃耳、況於會社對耕作者之間、尚無有如何之救濟方法者、實令人寒心之至！

會社固一壓搾甘蔗之製糖塲耳。其主要元素之原料捨耕作者而外實不可圖也。然則一買一賣完全是商人間之買賣、[illegible]其商品也、

(11)

一九二五年九月十三日《臺灣民報》第七十號〈蔗農組合設立旨趣書〉。

二林事件的爆發

二林蔗農組合成立之後，李應章和二十餘位蔗農代表與組合幹部再向林糖廠方實行包圍和交涉，均告無效，乃向郡、州、府作一般公開的控訴，而引起臺灣輿論界的注意，但亦終歸無效。組合決議向農民兄弟們報告交涉經過，於是從七月起在各村莊舉行夜間座談會，聽取農民弟兄的意見，從而提出三

點明確的要求：一、會社應先與組合議定價錢然後採收甘蔗。二、秤蔗斤量應歸賣方農民掌握，會社不應隨便片面決定。三、蔗田施肥應歸農民自由處理，會社不該片面決定肥料價格並強迫蔗農購買。

八月十三日，午後二時，東京留學生講演團在二林媽祖廟內開文化講演會，聽眾約達一千兩百餘人，李應章致開會辭後，賴遠輝、蘇惟梁、許胡、謝春木、洪能傳輪流上臺講「殖民」、「新人之覺悟」、「立憲政治及報紙」等主題，劉崧甫致閉會辭。應一般民眾熱烈要求，是夜九時續開講演會至十一時二十分結束，聽眾更多達一千三百餘名，李應章講「苦境」。二林民眾對文化講演熱心的程度因此獲得《臺灣民報》記者的嘉讚。

九月十三日，《臺灣民報》第七十號以「蔗農組合的設置是現下臺灣的急務」，「二林的有志人士倡設蔗農組合，可謂應時而生」的考慮，全文刊載了〈蔗農組合設立旨趣書〉。

九月二十七日，《臺灣民報》第七十二號社論〈土地問題與無產者〉以竹林事件、拂下地事件、製糖會社強購土地為例，批判殖民當局各種不當土地政策導致臺灣農民奴工化、失去土地、離農、失業等現象，同時指出俄國大革命與土地問題的關聯性，暗示若不改善土地政策，必將「遺下後日紛擾之禍根」。同日正午十二時，二林蔗農組合召開農民大會，會員千餘名出席，李應章述開會辭，詹奕侯報告「物價及苦力賃之騰貴」，劉崧甫說明「本年度甘蔗買收價格的如何」，然後詹氏提議甘蔗買收的價格，獲得農民一致拍掌贊同。大會又討論其他種種提議，至午後二時散會。

十月六日，早上十時，李應章與顧問泉風浪、張紹賢，以及詹奕侯、劉崧甫、邱菊花、戴成、蔡淵騰、謝黨、陳萬勤、王芽等二林蔗農組合員代表一行前往林糖，與會社重役（董事）吉田碩造協商：立會秤量甘蔗的斤量、蔗農自由購買肥料、公示肥料的分析表、議決採收甘蔗的期日與協定甘蔗的價格等五項問題。但吉田不承認諸代表云：「諸位本日為何事，為何人的代表來社？」代表者回說：「我等本日作蔗農組合員代表來貴社與汝協定（大正）拾四年期甘蔗買收價格，未知重役先生意見何如？」吉田傲慢地說：「二林何時也成立組合？本日有什麼組合役員立證據否？我絕對不承認諸君的代表身分。」後經泉風浪的排解、仲裁，吉田不得已即時應允了組合的前三項主張。至於後兩項，約定同月十日再作商量。組合的幹部們都感到「相當的滿足而歸」。但十日，吉田卻以出席糖業聯合會會議為由，不能依約會見。十五日，李應章等代表又持一千多名的蔗農委任狀再往會社，與吉田交涉。吉田仍無禮地說：「諸位之調印方法我知道的，所以認為不當，如昨年之陳情也是不當。不但林糖區域內之陳情者不當，像臺灣發生的陳情或是嘆願皆是不當的行為。所以汝等之代表，我絕對不承認。……耕作者亦無此不平事情，全部是出於你代表者之惡意。故無與汝等協定之必要。你等若有好方法好才情，只管去作。我會社也有相當打算。」說完就像鳥一樣飛去了。李應章與組合理事們於是轉向北斗郡守陳情，請他仲裁。可日人郡守「潦潦草草地聽了」之後就「置之度外」。李應章與代表們無功而返，向等待結果的蔗農報告經過。蔗農非常憤慨，各有相當覺悟。而林糖會社有恃無恐，自頭至尾都沒有把蔗農組合看在眼底。李應章等蔗農組合的幹部們不得不為即將來臨的鬥爭，進行巡迴講演說明會，分析形勢利弊，呼籲蔗農拒絕會社無理的收割行動。

大正十四年十一月八日　臺灣民報　第七十八號

麼貴」劉崧甫氏說明「本年度甘蔗買收價格的如何」然後房氏提議甘蔗買收價格高至何程度最低至何位農民各有倡畑六圓、畑七圓、也有田六圓半，田七圓八角，時房君發言說金額中畑七圓田七圓八角來採決如何農民一同拍掌贊同其他種々提議至午後二時頃始散會

二林蔗農組合員代表一行於去十月六日午前十時顧問泉風浪、張紹賢、李應章、詹奕侯劉崧甫邱菊花蔡成森謝黨、陳万勤王芽等參林糖會社與吉田重役協定價格然吉田重役不承認諸代表遂至無効而歸，無常識的吉田重役發言云「諸位本日爲何事來社否！爲何人的代表來否！」代表者云「我等本日作蔗農組合員代表來貴社與汝協定拾四年期甘蔗買收價格未知重役先生意見何如？重役說二林何時也成立組合本日有什麼組合役員立証據否我絕對不承認諸君的代表種々無常識的言辭結局歸與吉田重役約束期日、至十月五日全代表連由蔗耕作者委任之委任狀再往會社與重役交涉然重役行無禮態度對待代表者說諸位之調印方法我知道的所以認爲不當知昨年之陳情也是不當不但林糖區域內之陳情者不當發表詳發生的陳情或是嘆願皆是不當的行爲所以汝等之代表我絕對不承認代表者即庄之庄長保正爲之公認代表者耕作者亦無此不平事情全部是出於你代表者之惡意故無與汝等協定之必要你等若有好方法好才情只管去作我會社也有相當打算說完就說請一句如鳥飛去了結局你沒有見効遂即歸組合報告與農民知道農民大抱憤慨各有相當覺悟至本月廿一日二林路上蔗中西火燒蔗其他數處施行刈取中曾被庄中之耕作者阻止攻擊大起奮鬪而警察亦開始大活動干涉無所不至然耕作者現出熱誠吐盡心血大起阻止攻擊之結果工事遂中止解散聞農民皆存堅心以杜絕之會社若無覺醒、耕作者有覺悟作徹底之對策云。

二林農村講演團出演

【中西農村講演】於去十月十八日夜八時起在二林庄中西保正處開農村講演會謝時到潘金澤氏講「農民團結」劉崧甫氏講「古今農民的生活狀態」李應章氏講「農民的自覺」謝任氏講「蟻的團結力比較」至十一時農民大感動中散會。

【大城農村講演】北斗郡大城庄大城於去十月十九日夜八時起在大城大道公廟內開農村講演會時到聽衆拍掌嵐中司會者吳万益氏述開會辭及歡迎辭、易前非氏「講蔗農的成功在諸位的團結」潘金澤氏講「農民的覺醒與團結」劉崧甫氏「報告交涉經過及講農民將來的苦境」李應章氏講「農民的死活在本日」聽衆五六百名皆大受刺激感動其中亦有揮淚之聽衆者亦屬不少至十一時頃司會者吳万益氏述閉會辭農民皆抱戀々不棄之態度而散。

【頂山腳農村講演】大城庄頂山腳於去十月二十日午前十一時起在保正劉見枝處開農村講演會聽衆百餘名司會者劉見枝氏述歡迎辭易前非氏講「吾農民的生活如何」潘金澤氏講「農民應要求生活的平等」劉崧甫氏講「本日是農民死活告別式」劉見枝氏述閉會辭聽衆之中爾有女子數十人出席是見近來農村的農民對此講演會的熱誠誠可喜之現象矣。

【潭墘農村講演會】大城庄潭墘於去十月二十日夜八時起在潭墘福安宮廟內開初回農村講演會聽衆男女共有四五百名皆爭先出席是時司會者劉崧甫氏述歡迎辭陳万勤氏講「農民生命問題迫切諸位就要小心醫治」劉崧甫氏講「報告交涉經過及講農民要有團結與覺醒」李應章氏講「吾農民最可憐的死活問題在本日」辯士皆極揮淚辯吐露熱誠之心血以提農民之覺醒故農民大受刺激感動不平之辯如鳴雷一般是日爾有二林分室主任土橋警部補引巡查部長廣永巡查陸巡查傍聽至十時五十分司會者劉崧甫氏述閉會辭而散。

祝五週年紀念
屏東街 木芳鐵工場
雜貨商 屏東郡高樹庄加蚋埔 郭銀國

（8）

一九二五年十一月八日《臺灣民報》第七十八號〈二林農村講演團出演〉。

十月十八日，夜八時起至十一時，二林蔗農組合首場農村講演會在二林庄中西保正處舉開，潘金澤講「農民團結」，劉崧甫講「古今農民的生活狀態」，李應章講「農民的自覺」，謝任講「蟻的團結力比較」，農民非常感動。十九日，夜八時起至十一時，第二場農村講演會續在北斗郡大城庄大道公廟內舉開，司會者吳萬益述開會辭及歡迎辭，然後易前非講「蔗農的成功在諸位的團結」，潘金澤講「農民的覺醒與團結」，劉崧甫報告與會社交涉經過並講「農民將來的苦境」，李應章講「農民的死活在本日」。五六百名農民聽眾皆大受刺激，感動其中，亦有不少揮淚者，「皆抱戀戀不棄之態度而散」。二十日，早上十一時，第三場農村講演會在大城庄頂山腳保正劉見枝處續開，聽眾百餘名，包括女子數十人，易前非講「吾農民的生活如何」，潘金澤講「農民應要求生活的平等」，劉崧甫講「本日是農民死活告別式」。夜八時至十時五十分，續在大城庄潭墘村福安宮廟內開第四場農村講演會，四五百名男女聽眾爭先出席，日警二林分室的主任（警部）、巡查部長及兩名巡查臨監傍聽，司會者劉崧甫述歡迎辭，然後陳萬勤講「農民生命問題迫切諸位就要小心醫治」，劉崧甫報告交涉經過並講「農民要有團結與覺醒」，李應章講「吾農民最可怨的死活問題在本日」，每個辯士都「極揮雄辯，吐露熱誠之心血，以提農民之覺醒」。故農民大受刺激，感動不平之聲如鳴雷一般。

像這樣的講演會，前後開了約二十幾個村落，共花了差不多一個月的時間。會都在夜間開。每次在開會之先，大家合唱〈甘蔗歌〉，最後再唱〈甘蔗歌〉散會。在大城庄，有一位歲數六十開外的鄉長，在代表作報告將完未完的時候，手往臺上一拍，放開喉嚨，老淚縱橫說：「咱們農民作牛作馬，被人糟踏，是可忍孰不可忍！再不設法，將死無葬身之地。」言時，全場哭聲相和，如喪考妣，然後大家齊聲高呼：「願隨李醫生走，幹！幹！幹到底！」這種緊張情緒普遍感染了林糖所屬的全部區域。蔗農組合的幹部們立即抓住時機，強調抗爭的三點要求，「並當眾宣誓堅守同一步伐，絕不中途軟化或妥協，誓死堅持到底。」

二十日，林糖方面一改在一星期或十天前宣布砍蔗日期，並以抽籤為序（甜度已熟的甘蔗愈早採收愈有利）的往例，突然在晚上臨時關照「原料委員」（廠方的爪牙）傳達蔗農，說明天就要開始砍收甘蔗。它不但炮製過去先採收再公布價格的方式雇工採收，而且要先行採收非組合員的蔗畑，製造蔗農之間的矛盾，破壞蔗農組合的團結。蔗農組合幹部們隨即獲得這個秘密情報並臨時召開緊急會議，由十五名理事選出九人組成「極秘密」的「臨時鬥爭委員會」，在李應章的診所設立鬥爭本部，處理各項緊急事務，號召農民弟兄堅持鬥爭。鬥爭本部內分五部：一是重要決策委員會（戰略委員），李應章擔任主任。二是宣傳詹奕侯。三是秘書劉崧甫。四是糾察蔡淵騰。五是聯絡陳萬勤。除蔡琴與洪法是糾察兼聯絡之外，其餘七人均為重要決策委員。

二十一日，上午六時，鬥爭本部獲得會社當天要在火燒厝、竹圍仔、大城三處開始砍蔗的情報，一早就由宣傳組擬定方案，雇用敲鑼的老頭兒在二林庄、火燒厝、竹圍仔三個地方敲鑼，宣傳一句話：「大家呵！價錢不講好，不許砍蔗啊！」聯絡組長陳萬勤迅速趕去離二林鬥爭本部較遠的大城庄傳達，並由蔡琴和洪法分別到火燒厝、竹圍仔，負責勸導和糾察。

二林分室巡查和智親替會社雇了數名苦力工，前往竹圍仔陳琴的蔗園採收，連續兩回都被其他蔗農阻止，不得進行。和智又阻止苦力歸家，說強制去刈取不要緊，因此受李應章面責，回訴分室主任土橋，也被面責。但中午仍接受原料委員洪蟾山珍海味的酒菜招待。下午二時半，分室主任土橋警部偕巡查部長遠藤親訪保安醫院，安撫李應章，說既然蔗農不允許會社採收甘蔗，他也要叫會社暫時中止，待他和會社商量妥當的解決方法再行決定，否則惹起不祥事情就不好了。李應章應付土橋，說這是蔗農和會社之間的問題，與他沒有直接關係，若有好的解決辦法，那就好了。土橋又說他明早列車將去溪州交涉，警察幹部皆承諾其間警察不可再妨害，會社也暫時不刈取。但是，土橋離開後卻轉往二林林糖駐在所，指示會社員張有輩說，明日一定要採收甘蔗，務要確實準備。晚間又命和智巡查前往保安醫院，佯要李應章原諒他雇工採收甘蔗的不當行為。李應章也少不得含糊應付了幾句。

大正十四年十一月十五日　臺灣民報　第七十九號

時事

林糖紛擾事件眞相

(一)事件的發端

臺中州北斗郡下、林本源製糖會社的區域裏頭、因爲歷年買蔗的價格、和附近的明治溪湖工塲、新高彰化工塲的區域比較起來、眞個是差之天壤。例如昨年度林糖買蔗的價格、每千斤平均四圓七十錢（獎勵金加算在內）、較之明治溪湖的五圓九十錢、新高彰化的七圓二十錢、便可以知道牠惹起了蔗農們的不平、是自然而然的。

在二林地方的蔗農們、和林糖計較買蔗的價格這層、是二三年來繼續的事。會社也感着牠的價格、較之他社太賤、倘若原料採集以前發表出來、少不得有一番的騷鬧着。所以昨年度牠的蔗價發表以前、不分不會儘管起先採集農民們的甘蔗、待到大半採收了後、方才發表了那樣極端的賤價。這不過是使那蔗農們措手不及、所謂「上天無路、入地無門」的辦法吧了。

因此、北斗郡二林庄附近的蔗農們、於本年六月廿八日創立一個蔗農組合。設這個組合最大的目的、不外是要和會社協定買蔗的價格等々。這些宗旨、除掉一部份有受着會社在庇蔭的人們（如原料委員和贌耕社有地的農民們）以外、不消說大多數都是大々贊成的。雖然擾着種々的阻礙、未得網羅着在那里一切的蔗農們爲會員、可算是很有力的團体。換句話說、就是會社的眼中釘了。

向來林糖工塲的機器、比較該區域裏所產生的原料、能力很是不足。所以製糖會社的工塲中、林糖例年起工的期日、比較別的會社、不得不較早些。又別的會社大部份都發表了今年度買蔗的價格、而林糖依然還不動聲色。忍不住着蔗農組合的代表者李應章氏、偕南報的記者泉風浪氏、及其外的幹部數十人、十月六日訪問吉田重役、要商量左記五條的問題。

(一)立會秤量甘蔗的斤量
(二)主張肥料的自由購買
(三)公示肥料的分析表
(四)決定採收甘蔗的期日
(五)協定甘蔗的價格

吉田重役起初全不睬他們、好容易泉風浪氏的排解、仲裁、吉田氏不得已把（一）（二）（三）三項、即時許允了他們的主張。至於(四)(五)兩項、約十月十日再作商量。那日會見的結果、組合的幹部們、都感了相當的滿足而歸。

十月十日吉田重役臨糖業聯合會的會議、不能照約和他們會見。至十五日李氏一行十數人、再訪問他。因爲前回他不承認他們是蔗農們的代表者、這回李氏隨時提出登千來名的蔗農們的委任狀給他看々。不料吉田重役反復無常、比前回更不好意看待他們、居然反叛變起、不用說是沒有什麼餘地可以妥協了。這回會談的破裂、皆出於吉田氏的無誠意所致、這是明々白々的。他們尚不灰心大舉去訪問北斗郡守石渡氏、把這樣的結果一五一十告訴他、托他代替他們仲裁這些問題。而石渡氏潦々草々地聽了一回、不消說是置之度外吧了。這便可以証明這回的紛擾事件、不是突然發生的。製糖會社和監督官廳、二比也難免分担着相當的責任呵！

(二)事件發生的經過

林糖已經決定由十月廿一日起、要着手採收甘蔗。牠的計畫、是要把蔗農組合員以外的土地起先採集、即組合員們的確忍不住混亂起來。這是因爲甘蔗的採收、愈早的愈利益、例年皆靠着抽籤爲順序。牠想牠拿這個方法、便可以打破蔗農組合的結束。簡單說一句、牠自頭至尾、都看不上蔗農組合在牠的眼底了。

那蔗農組合的幹部們、也不得不對抗這個手段。不論對着組合員、或以外的農民們說着、會社尚未發表蔗價、而要採收我們的甘蔗、是使不得的。我們應該要拒絕牠的無理的行爲才是。那耕種社有地的農民們、一面對蔗農組合員們同意要拒絕會社的行爲、一面苦應會社的任意採取。到那日都避着双方

(4)

一九二五年十一月十五日《臺灣民報》第七十九號〈林糖紛擾事件真相〉。

第二天，也就是二十二日，李應章前往竹塘庄看診，詹奕侯也在竹塘庄，劉崧甫、蔡淵騰、戴成等蔗農組合幹部「皆放心」而在家各從其業。不料，日警的安撫姿態只是強盜的偽裝。土橋主任並沒有搭早車前往溪州交涉。上午八時，十數名會社原料員又引領十四名苦力傭工，前往火燒厝謝財的蔗園採收甘蔗，依然被大約二三十名蔗農阻擋。下午一時，二林分室巡查部長率六名巡查、北斗郡派遣的特務，以及二十名會社員與十六名苦力傭工，再到謝財的蔗園。會社員當場開支比一般更高的工錢給每個苦力，叫他們動手採收甘蔗。苦力依然不敢動手。兩名日籍會社員只好各執一把鎌刀，跳入蔗園，一面刈取甘蔗，一面命苦力一起動手。巡查部長和六名巡查則替他們嚴密防衛蔗農的阻擋行動。蔗農憤怒地齊聲喊說：沒有公告收購價格，怎麼可以割取人家的甘蔗！然後撿起割斷的甘蔗和土塊胡亂丟擲會社員。巡查部長和眾巡查隨即相繼拔劍鎮壓蔗農。蔗農退了幾步，抗議喊說：警察果然

是會社的走狗，怎麼可以拔劍！巡查部長和兩名巡查隨即把劍插回劍鞘。幾個積憤的蔗農被惹惱而奮力奪取兩名巡查仍然手執的劍，致使他倆自覺丟臉，伏地而哭。一場混鬧爆發了。會社員和五名巡查些微帶傷。下午二時，北斗郡役聽見通報，立刻召集更多巡查馳往蔗園鎮壓。但，蔗農已經四散逃離現場了。

李應章出診回到醫院，圍在蔗農組合的群眾又興奮又緊張，向他報告了與日警衝突的情況，提出要襲擊警察局，奪取武器起義。李應章和其他農組幹部急忙制止大家說千萬不要亂動，不能白送肥肉喂老虎。這樣才使大家平靜下來。

大檢舉與輿論鬥爭

二十三日，凌晨二時，北斗郡役所召集幾百名巡查，十數人一隊，在二林庄和沙上庄路上厝方面展開「無類的大檢舉」，捉拿了許多與這個事件有關係的蔗農、在現場旁觀的民眾，以及蔗農組合幹部，大概八九十名之多，統統縛送北斗警察局關押。上午八點，李應章被捕，過馬路時，兩旁圍觀群眾鼓掌高呼萬歲，因此也被抓去好幾個。林糖監查役許丙聽到這些事關會社死活的大事件，隨即帶領中報（《臺灣新聞》）臺北支局長佐藤倉皇趕往溪州庄善後。佐藤隨即根據全由會社供給的材料在中報大肆鼓吹，說有像「匪徒」似的暴民四五百名這樣那樣亂來橫暴；說這背後有文化協會的關係，不是僅僅一地方的問題等等，亂吠一場。二林民眾因此感嘆說資本家的厲害實在出人意外，「不但警察分明是會社的走狗，連新聞社也是如此」。

事件發生之後，以日資為主、親殖民當局立場的臺灣三大日刊《臺灣日日新報》《臺灣新聞》《臺南新報》及週刊《經世新報》《實業の臺灣》，都給予一連串的負面報導。二十五日的《臺灣日日新報》第九一四七號甚至說：「首謀李應章建立蔗農組合對抗製糖會社的真正原因，是為了自己的慾望……大正十三年應章僅僅擁有三分蔗園，卻想將二林庄長林爐數年前為會社贌耕之蔗園約三十甲納入自己的手中，製糖會社當時拒絕，李應章因繼續執著慾望，憤而不滿而出此舉，藉用蔗農組合的力量來脅迫會社。」

十一月十五日，在東京發行，作為臺灣人民唯一喉舌的《臺灣民報》週刊，終於在第七十九號以近八頁篇幅刊登：「論評」〈林糖今年度買蔗的價格〉、「時事」〈林糖紛擾事件真相〉、「小言」的三則批評，以及因「這番惹起大問題的二林蔗作協會（蔗作組合）是全臺唯一的蔗農團體，頗有可作參考之處」而轉載的〈蔗作協會規約〉等，開始做出回應。〈林糖今年度買蔗的價格〉指出，「林糖十月二十五日已經發表了買蔗的價格，這可說是為著紛擾事件的刺戟（激）所致的。不然，恐怕要照昨年的辦法，把甘蔗採收大半以後才發表出來，這是可想而知的。最好笑者，十月二十五日的中報（二十四日夜印刷的）說會社發表了蔗價，每千斤平均起價（漲價）五十錢，一般的蔗農們都感著大大的滿足。」它進而呼籲殖民當局拿出誠意正確報導與處理二林事件，否則蔗農轉種地瓜、落花生等雜糧也在所不惜。〈林糖紛擾事件真相〉則經由「記者親身往二林方面調查的事實」，報導了事件的發端、發生的經過及「小題大做的大檢舉」等，藉此反擊《臺灣新聞》等報對農民與蔗農組合的抹黑。「小言」的〈豫定計劃〉批判御用報紙在事件發生時就曲袒會社，故意小題大做，吹毛求疵，說這次蔗農的騷擾是豫定計劃。其實大家細看事件的經過都知道，真正有豫定計劃的是會社與郡役所。〈三段論法〉則針對《臺南新報》記者所寫：「警察無論如何不得反抗，反抗警察就是反抗政府，反抗政府就是反對國家，有人說該適用匪徒刑罰令」的謬論，點名批判說若照這樣混帳的三段論法，臺灣人都要掉腦袋了。希望他好好想一想，到底誰才是匪徒？〈非常的抱憾〉指出，林糖區域內會社買收的蔗價低到與賣給人燒火的晒乾的甘蔗相差不多，經過此次交惡，如果沒有充分滿足的條件，勢將沒有蔗農肯再種甘蔗，林糖也就難以維持。針對林糖監查役許丙向記者所說「這件事竟惹動司法問題，非常的抱憾！我對於他們的家族非常的同情！」它質疑說，許丙「抱憾」的其實是林糖面臨的危機，「同情」的是因為會社若不能維持就不能繼續其豪奢生活的會社的重役和社員的家族。

林糖事件續報
拷問証跡歷然
公然蹂躪人權

一九二五年十一月二十九日《臺灣民報》第八十一號〈林糖事件續報〉。

十一月二十二日，《臺灣民報》第八十號刊〈產業事情的調查〉，通過收益量化的公開計算，告知農民

「種甘蔗的不利」。同月二十九日，該報第八十一號再刊〈林糖事件續報——拷問證跡歷然 公然蹂躪人權〉，揭露該報記者查得的「幾個人權蹂躪的事實」：事件發生後，宛如實施戒嚴令一般，警官一概在夜半十二時後引率一小隊警察包圍已就寢的農家，大聲呼號敲門，推扉而入，毫無警告就侵入臥房，縛逮安眠的蔗農；其妻或兄妹捧衣勸穿，也被打罵，種種凌辱無所不做。民眾的怨言憤語因此無處不聞，戰慄而連夜在蔗畑露天坐臥不敢歸家者很多，一時成了闇黑時代。在二林分室，訊問的內容主要是是否文化協會會員。不少人受到嚴刑拷問，或由鼻孔、口腔灌九洋杯冷水數次，至人事不省；或用竹挾兩足，使其跪在磚上，又在竹上載兩人，名為「彫龍蝦」。如此虐刑，肉體的殘酷拷問實難形容，以致最終無罪釋放時身體卻已傷痛難堪了。

十二月十三日，《臺灣民報》第八十三號又刊載〈蔗農運動勃興之兆〉與〈蔗農們大憤慨〉兩文。〈蔗農運動勃興之兆〉指出，自從二林蔗農與林糖抗爭的事件發生之後，平生受著會社無謂刻薄的臺灣各地蔗農都受到鼓舞而到處勃興同樣的運動。例如，明治製糖會社因為麻豆地區的蔗農向臺南州廳請願，不得已而把買蔗價格每千斤提高五十錢；十一月十日與十八日，虎尾郡崙背庄與北港郡水林庄的蔗農都在庄長和有力者支持下召開農民大會，分別議決對大日本製糖與東洋製糖會社提出採收條件；鳳山方面的佃農、蔗農和工人於十一月十五日組成包括蔗農運動的小作組合；明治製糖會社蒜頭工場和東洋製糖會社南靖工場所屬區域的蔗農也都正在籌組蔗農組合。針對蔗農運動的背後是文協會員煽動的說法，它澄清說不能否認文協的文化運動的自由精神的確間接影響了蔗農的心理，但

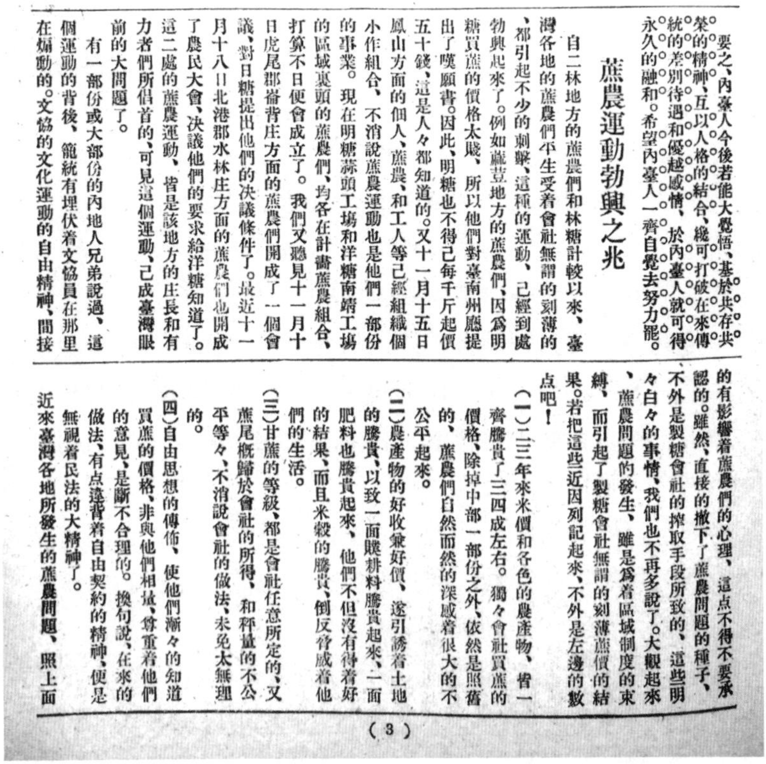

要之、內臺人今後若能大覺悟、基於共存共榮的精神、互以人格的結合、纔可打破在來傳統的差別待遇和優越感情、於內臺人就可得永久的融和。希望內臺人一齊自覺去努力罷。

蔗農運動勃興之兆

自二林地方的蔗農們和林糖計較以來、臺灣各地的蔗農們平生受着會社無謂的刻薄的、都引起不少的刺擊、這種的運動、已經到處勃興起來了。例如鳳荳地方的蔗農們、因爲明糖買蔗的價格太賤、所以他們對臺南州廳提出了嘆願書。因此、明糖也不得已每千斤起價五十錢、這是人々都知道的。又十一月十五日鳳山方面的個人、蔗農、和工人等已經組織個小作組合、不消說蔗農運動也是他們一部份的事業。現在明糖蒜頭工場和洋糖南靖工場的區域裏頭的蔗農們、均各在計畫蔗農組合、打算不日便會成立了。我們又聽見十一月十日虎尾郡崙背庄方面的蔗農們開成了一個會議、對日糖提出他們的決議條件了。最近十一月十八日北港郡水林庄方面的蔗農們也開成了農民大會、決議他們的要求給洋糖知道了。這二處的蔗農運動、皆是該地方的庄長和有力者們所倡首的、可見這個運動、已成臺灣眼前的大問題了。

有一部份或大部份的內地人兄弟說過、這個運動的背後、籠統有埋伏着文協員在那里在煽動的。文協的文化運動的自由精神、間接的有影響着蔗農們的心理、這点不得不要承認的。雖然、直接的撤下了蔗農問題的種子、不外是製糖會社的搾取手段所致的、這些明々白々的事情、我們也不再多說了。大觀起來、蔗農問題的發生、雖是爲着區域制度的束縛、而引起了製糖會社無謂的刻薄蔗價的結果。若把這些近因列記起來、不外是左邊的數点吧！

(一)二三年來米價和各色的農產物、皆一齊騰貴了三四成左右。獨々會社買蔗的價格、除掉中部一部份之外、依然是照舊的、蔗農們自然而然的深感着很大的不公平起來。

(二)農產物的好收兼好價、遂引誘着土地的騰貴、以致一面賤耕料騰貴起來、二面肥料也騰貴起來、他們不但沒有得着好的結果、而且米穀的騰貴、倒反脅威着他們的生活。

(三)甘蔗的等級、都是會社任意所定的、又蔗尾概歸於會社的所得、和秤量的不公平等々、不消說會社的做法、未免太無理的。

(四)自由思想的傳佈、使他們漸々的知道買蔗的價格、非與他們相量、尊重着他們的意見、是斷不合理的。換句說、在來的做法、有点違背着自由契約的精神、便是無視着民法的大精神了。

近來臺灣各地所發生的蔗農問題、照上面

（3）

一九二五年十二月三十日《臺灣民報》第八十三號〈蔗農運動勃興之兆〉。

直接撤下蔗農抗爭種子的卻是製糖會社刻薄蔗價的搾取手段。它的近因包括：（一）二三年來，米和各色農產物的價格都騰貴了三四成左右，獨獨會社買蔗的價格照舊。（二）米穀等農產物的騰貴造成土地與肥料的騰貴，使得蔗農的生產成本騰貴而威脅生活。（三）甘蔗的等級都由會社任意決定，蔗尾概歸會社與秤量不公平等等無理的做法。（四）自由思想的傳布使蔗農漸漸知道，買蔗的價格不與他們商量，不尊重他們的意見就決定，是違背自由契約，無視民法精神，非常不合理的做法。而近來臺灣各地所發生的蔗農問題，大都是因為生活問題的急迫，殖民當局應該好好反省過去對這個問題處置的過當，以及近來對蔗農運動者（如同內地對待要求社會主義的勞働運動者）的種種壓迫。它認為，蔗農運動要求的「自由主義（契約自由）」，是要完善社會秩序，不是要破壞。因此，當局與其拿壓迫的手段，不如拿協調的精神，來共謀會社和蔗農的幸福。臺灣的蔗農對製糖會社的依附性低，與內地勞働者除了做資本家的雇工之外沒法生存不同，可以轉種其他好價的各色農作維生。所以它敬告會社要看將來的大局而減小眼前的利益，拿出誠意，盡快與蔗農協商合理的生產關係，以免阻礙臺灣糖業的健全發展。〈蔗農們大憤慨〉則批評林糖會社吉田重役歷來傲慢侮民的言論舉動，同時警告說，他的狡計狂話將激使憤慨的蔗農轉種他穀，以致會社倒產。

十二月二十日，《臺灣民報》第八十四號又刊〈種甘蔗呢？種雜穀呢？〉通過調查北港附近土地種蔗與雜穀的利益比較，以具體的數字為據，剖析農民種蔗的迷思，同時指稱只要農民改變耕作習性便能增加勞動自主性。

賴和的〈覺悟的犧牲〉

針對二林事件，《臺灣民報》從十一月十五日至十二月二十日與「御用立場」的報紙「迎合資本家和警察的不實報導」展開持續鬥爭。「學藝」欄編輯張我軍更特意在群情憤慨的這段期間，從十一月二十九日第八十一號開始連載《阿Q正傳》（至第八十八號），讓魯迅的小說與日本殖民統治下的臺灣同胞首次相遇。

當有關事件的報導與評論稍緩之時，彰化街的文協理事賴和在十一月十三日激動寫下的第一首白話新詩〈覺悟的犧牲（寄二林的同志）〉，也緊接著在十二月二十日第八十四號以筆名「懶雲」刊出：

一

覺悟下的犧牲，
覺悟地提供了犧牲，
唉！這是多麼難能！
牠們誠實的接受，
使這不用酬報的犧牲，
轉得有多大的光榮！

二

弱者的哀求，
　所得到的賞賜，
只是橫逆、摧殘、壓迫，
弱者的勞力，
　所得到的報酬，
就是嘲笑、謫罵、詰責。

三

使我們汗有得流，
使我們血有處滴，
這就是說——強者們！
慈善同情的發露，
憐憫惠賜的恩澤！

四

哭聲與眼淚，比不得
激動的空氣，瀉澗的流泉，
究竟亦終於無用。
風是會靜，泉是會乾，
雖說最後的生命，
算來亦不值錢。

五

可是覺悟的犧牲，
本無須什麼報酬，
失掉了不值錢的生命，
還有什麼憂愁？

六

因為不值錢的東西，
非以能堅決地擲去，
有如不堪駛的渡船，
只當做射擊的標誌。

七

我們只是行屍，
肥肥膩膩！留待與
虎狼鷹犬充飢。

八

唉！這覺悟的犧牲，
多麼難能，多麼光榮！
我聽到了這回消息，
忽充滿了滿腹的憤怒不平，

無奈慘痛橫逆的環境，
可不許盡情地痛哭一聲！
只背著眼睜睜的人們，
把我無男性眼淚偷滴！

九

唉！覺悟的犧牲，
覺悟地提供了犧牲，
我的弱者的鬥士們，
這是多麼難能！
這是多麼光榮！

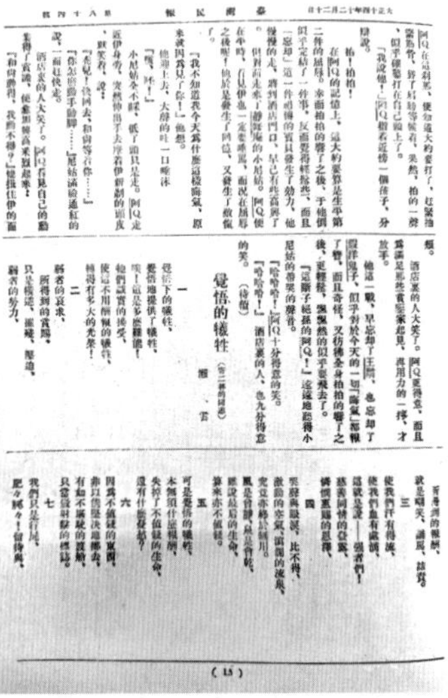

一九二五年十二月二十日《臺灣民報》第八十四號〈覺悟的犧牲（寄二林的同志）〉。

賴和的〈覺悟的犧牲〉以見證者的視角，描繪紀錄了一向隱忍順從的農民在命根般的農作遭掠採時不惜以死相搏的悲愴情境與經過，歌頌了日據臺灣率先集體向殖民地糖業剝削體制抗爭，爭取耕作自主權的一群蔗農。相對於同年八月發表的第一篇散文〈無題〉表現的主題思想，可以說他已經通過聲援二林蔗農運動，批判日本殖民體制的政治迫害與經濟剝削，追求反殖民的民族解放，從而確立了他在新文學創作上「寫什麼」的立場。十二月四日，他接著完成一篇同樣批判臺灣糖業生產體制的小說〈一桿「秤仔」〉，描寫一位在糖業資本主義擴張狂潮中赤貧化的農民，不甘警察欺辱與剝削，最終在大年夜殺警後自殺的悲劇，並揭示其成因。因此，二林蔗農事件也催生了後人所稱的「臺灣新文學之父」賴和。

在〈覺悟的犧牲〉之後，張我軍緊接著轉載了郭沫若發表於《創造》季刊的一首新詩〈夕暮〉：

一群白色的綿羊
團團睡在天上，
四圍蒼老的山
好像瘦獅一樣。
昂頭望著天
我替羊兒危險，
牧羊的人唷，
你為什麼不見？

從詩的意境可以看到，它在版面上起到了被壓迫與被侮辱的弱者處境危險，等待解放的互文效應。

同（十二）月二十七日，張我軍又接著在第八十五號刊出李應章醫師在拘留偵訊期間的〈獄中感作〉兩首：

學藝
阿Q正傳（續）
魯迅
詩壇
獄中感作
李應章

一九二五年十二月二十七日《臺灣民報》第八十五號〈獄中感作〉。

一

實知此禍本難逃
為唱民權坐黑牢
天理自然他日得
一生辛苦不辭勞

二

旬餘面壁證禪因
絕好乘機養性真

多謝此番新洗禮
獄中我也過來人

司法迫害

二林蔗農事件被檢舉的人經北斗郡警察局二林分室刑訊之後，罪嫌嚴重者「四十六名」被押到北斗郡役所繼續拷問，最後移送地方法院豫審，以決定是否交付公開審判或免訴。到了一九二五年十二月底，拘押已過兩個月。二林地方人士認為豫審也該完畢了，並預想二十六七日之時應該可以保釋出獄，因此數日前就準備歡迎出獄者。然而，豫審判官屆時卻以「犯者兩三名尚未就捕」之由「不許保釋」。庄民聞之非常失望而憤慨，認為這是「警察界的一大恥辱」。二林地方「蔗農」於是提供《臺灣民報》一首〈忠告林糖社長歌〉，以表「何等怨恨林本源製糖會社」。歌詞曰：

林本源林本源。臭名由社員。為着溪州社。汙及恁先爹。
社員內外變。串了會社錢。有時分黨派。激鬥事甚大。
退社就慰勞。錢銀豈小可。此奇肆常做。吸着農民膏。
土地就交換。賄賂喜歡歡。社長戇不知。反返稱利大。
費用不節制。原料算無價。問伊何理由。應答全不周。
開言就講起。阮社欠人錢。你等敲仔屏。共阮拖分離。
所答真不通。壞着恁社風。這回二林事。冤枉無天理。
講起此事誌。咬牙更切齒。心肝大不願。遺傳子孫知。
古早本源號。到處人荷老〔誇讚〕。今來林本源。四處人都挫〔怨恨〕。用人不着好。專吸農民膏。社員若改造。原料若公平。你號就再興。出此直言辭。忠告社長醒。

一九二六年。

三月七日，《臺灣民報》第九十五號〈民報日記：二月二十日〉批評：「林本源製糖對蔗農爭議的事件（林糖事件）豫審已經過四個月久了，被告人之中還未得豫審判官訊問的人也有，真是令人不可解，司法當局的真意，若是要遷延豫審以威嚇農民，那就事體非輕的司法權濫用了。農民運動是生存權獲得的抗爭，生存權與官權利權，確實程度自有差異，以官權壓制生存權，這是不合理並有妨害臺灣的統治。」

三月二十一日，《臺灣民報》第九十七號〈臺灣司法靠得住嗎？林糖案豫審又更新了〉揭露「二林蔗農事件的豫審期間再更新」的內幕，同時指出「植民地是資本主義帝國主義的嫡出兒」，所以很難期待它會有司法的獨立公正，二林地方的蔗農與林本源製糖會社爭蔗價而被陰險設計陷羅法網的騷擾事件就是活生生的實證──「自舊年十月送入豫審，至今已經有半年之久了，李應章以下四拾六名的蔗農，在臺中監獄裡過日了半個年，聽說其中有未曾受豫審判官訊問的」。它質疑說，「拘禁四月，置之不問，遲緩豫審之理由，真是令人不可解，豈真法官辦不到嗎？抑或故意遷延嗎？」因此，它警告臺灣司法當局要趕緊猛省：「若是法官不足，何不增員，而免致蹂躪人民的自由。若是故意遷延呢？那就當局之責決非輕少，濫用豫審手續，便是欲使帝國司法權的威信墜地。」它也呼籲殖民當局趕快完善實質的各種設施，實現植民地的司法獨立。

另外，〈民報日記：三月九日〉編案云：「二林林糖案預審期間又更新了二個月」，島內有許多人關心二林蔗農組合總理李應章在獄裡的消息，所以特錄其〈獄中來書〉與寫真，與讀者分享。李應章寫道：「我的藥局此去是愈變質著愈壞著，望你為我設法則個，若有人同情者，不妨讓渡與他，也將那所得的錢，於咱地設立一農村的圖書室，以期啟發農村的文化，然則我於此內也會得安心過日。」

一九二六年三月二十一日《臺灣民報》第九十七號〈臺灣司法靠得住嗎？林糖案豫審又更新了〉與李應章獄中來信和寫真。

四月三十日，在「一般有志島民都在翹首企望事件之無事解決」卻一天延過一天，一月拖過一月的二林蔗農紛爭案豫審，「經六閱月之久」終告完結。五月十六日，《臺灣民報》第一〇五號〈二林蔗農紛爭案後聞〉披露了「四十名判定有罪

/ 八名判定無罪放免」的結果：「一、李應章外三十九名決定送交公判，李應章、謝（陳）萬勤、蔡淵騰、劉崧甫與詹奕侯外三名業務妨害和騷擾罪，謝黨、謝鐵外九名業務妨害、公務執行妨害和傷害罪，其餘諸人公務執行妨害罪。二、無罪放免者謝日新、吳萬勤（益）、徐道清、洪全、林達、洪彰、洪媽兩、謝能等八名。」

五月一日，李應章被扣押了「六個月零八天」之後，由東京來臺灣的日本勞働農民黨中央執行委員麻生久保釋出獄。

在監禁期間，李應章讀過河上肇（1879-1946）的《經濟學大綱》等進步書籍。出獄後隨即積極準備應付後續的訴訟。

八月二十六日，二林蔗農與林糖爭議事件於臺中地方法院開展第一審公判。因為本訴訟案是臺灣首件農民對資本家的爭議，對臺灣將來的勞資爭議很有參考價值，又被各家報紙持續報導而驚動社會視聽，因而頗受社會大眾關注。清晨六時半，大門口拉著警戒繩的法院尚未開門，就已經有人群聚集了。至七時半，來的人更多，自覺地排隊，等待領取傍聽券。八時半，豫定開庭的時間到了，但法院的準備工作尚未完全就緒因而順延。九時，以李應章為先導的三十九名被告排一長列進入空間最大的第二訴訟庭。九時二十分，發放傍聽券，總數二百枚立刻頒完。傍聽者順序進入傍聽席。前列全被遠自各州各郡來的穿制服佩劍的警察坐滿，氣氛有點肅殺。至九時半頃，各辯護人與辯護士、裁判長偕兩判官及檢察官先後入席，法院院長代理、檢察官長、警察署長等坐在背後的特別傍聽席。庭丁點名各被告。裁判長簡單訊問各個被告的姓名、住所、職業。然後檢察官約費四十分鐘陳述「要旨概準據豫審決定書」的公訴理由，並略陳各被告的「犯罪事實」：李應章、詹奕侯、劉崧甫、蔡淵騰、陳萬勤五名為騷擾罪的首魁及業務妨害罪。陳習、謝春枝兩名為騷擾罪、業務妨害罪和幫助罪。謝黨等十名為業務妨害罪。謝耀、蔡琴兩名為騷擾罪、業務妨害罪及公務執行妨害罪。謝波等二十名為騷擾罪、業務妨害罪、傷害罪及公務執行妨害罪。之後，就從李應章開始，由裁判長進行「事實審理」的問答。

大正十五年九月十二日　臺灣民報　第一百廿二號

二林蔗農與林糖爭議事件的公判

大正十四年十月間在二林的林本源製糖會社與蔗作農民間所發生的蔗作爭議事件、被檢舉者數十人、而罪是不起訴的也有被拘留六個月、起訴者多至三十九名、就中短的七八個月、長的至十個月的未決拘留、因爲波及的審的很大、頗惹動社會的視聽了。本事件的公判已於八月二十六日起在臺中地方法院開廷、因爲是臺灣最初的農民對資本家的爭議、不但是本件的波及廣大値人的注意、爲臺灣將來的勞資爭議也是很有注目的價値。

第一日（八月二十六日）

因爲是頗惹動視聽的事件、所以傍聽人很多、本日自上午六時半頃、在法院的大門口就有傍聽人蝟集如堵、而一方面在院內也張羅閉門等忙碌於警戒。至七時半傍聽人來的很多、自己整列在門外待領傍聽券。本日的公判本是豫定八時半開廷、但因是頭一日準備上種々未完全、所以延至九時半才開廷。自九時起一行三十九名的被告人、以李應章氏爲先導、作一長列入廷。至九時二十分發制限的二百枚的傍聽券立刻頒完、各傍聽者順序着席。於是臺中地方法院最大的第二號法廷、幾乎無立錐的餘地了。在傍聽席的前列全部被警察的人占領、有遠自各州各郡的警察課來的、就中有穿堂々的官服佩劍來的、使該廷呈一番的嚴肅。又在傍聽席後方有一個婦女的傍聽者、可稱是萬綠叢中紅一点、更增法廷內的異彩。

至九時半頃、各辯護人渡邊、鄭松筠、土屋、諸辯護士着席、隨即高橋裁判長偕矢田松田兩判官及中山檢察官出廷着席、而在其背後的特別傍聽席裡有大里法院長代理、古河檢察官長、西村警察署長等。後由廷丁對各被告人点名、然後由高橋裁判長向被告人簡單訊問氏名住所職業。

後中山檢察官立起陳述公訴理由、其要旨概準據豫審決定書、約費四十分間略陳各被告人的犯罪事實、以李應章、詹奕候、劉崧甫、蔡淵騰、陳萬勤五名爲犯刑法第壹百六條第一號的騷擾罪的首魁、及刑法二百三十三條二百三十四條的業務妨害罪。以陳習、謝春枝兩名爲犯刑法第百六條第一號的騷擾罪、第二百三十三條二百三十四條的業務妨害、第六十二條第一號的幇助罪。以謝黨、謝鐵、洪貪、洪奈、洪萬子、蘇器、洪好味、蘇度、洪黏、謝決等十名爲犯刑法第二百三十四條二百三十三條的業務妨害罪。以謝耀、蔡琴兩名爲犯第一百六條第一號的騷擾罪、同二百三十三條二百三十四條的業務妨害罪、及九十五條的公務執行妨害罪。以謝波（當年五十七歲）、陳法、謝恭、紀昔（當年六十六歲）、李萬得、謝先鍇（當年六十四歲）、謝任、謝業、洪加走、紀金、楊良水、謝龍、謝義、謝還、楊寶、蘇再添、洪梟、洪双林、謝壽、謝總委等二十名爲犯刑法第百六條第二號的騷擾罪、第二百三十四條二百三十三條的業務妨害罪、及二百四條的傷害罪、九十五條的公務執行妨害罪。故照刑事訴訟法第三百十二條將各被告事件附之公判云々。

自此以後入事實審理。先由李應章氏起。

（以下問答中以△代裁判長、以×代被告）

李應章　李氏以輕快的洋裝出廷、在未決監拘留十個月、體量增加二貫多、顏見肥壯。

△是文化協會員、二林支部長、蔗農組合主事嗎？

×是不錯！

△有種蔗沒有？有自何年起、種有幾多？

×不是自己種的、是雇人作的。自大正十四年種起、種有五甲多。

以上李氏是用日語答的、

△答辯用語是隨你的意思、用臺灣語也好、以你慣用的就是。

×那末、我以後用臺灣語。

（以下通譯）

（4）

一九二六年九月十二日《臺灣民報》第一百廿二號〈二林蔗農與林糖爭議事件的公判〉首頁。

李應章先用日語回答，說他是文化協會會員兼二林支部長、蔗農組合主事，自己沒有種蔗，自一九二五年起雇人種有五甲多。然後經裁判長同意，他改用閩南話答辯：

一九二三年，二林庄長林爐與公醫許學等向林糖交涉起價的時候，許學並沒有親自邀李應章合作，而他也沒有拒絕，只因剛由醫專畢業，不知道蔗作的內容，自己又沒種蔗，所以沒參加。他完全沒有勸人不要參加林爐等的起價交涉。至於他以最高入札社有地，是會社要買歡心，叫他的土地給會社的鐵道通過的交換條件，這一切都是會社員照料的，不然他怎知道地番甲數，根本不存在會社不借給他社有地而生出反感之事。一九二四年，他認為林糖該年度的原料買收價格比他社低廉且自定價格不當，於是向州廳與殖產局陳情，並成立蔗農組合。一九二五年十月五日，他做蔗農的代表之一向會社交涉，但會社不承認他們為代表。

李應章向裁判長辯解說，他們「所交涉的就是價格的協定、秤量的立會及肥料要使農民自由購買」等三點。會社的肥料價格比別會社較貴卻辯解說是成分好，總也要分析出來才可使人信用。至於秤量，本來應由賣主執秤，但因會社說時間急迫而由會社官秤，問題是會社的執秤者不能讓農民相信他們會秉持公道，而且，既然是官秤為何不公開讓農民現場參與呢？又至於價格，先講價然後成立買賣是世界經濟共通的慣例，會社卻先處分原料然後決定價格，這是非常不穩當的。

李應章強調，他們主張會社的價格發表要看具體情況，與農民商量，或加或減，然後決定。會社的搾取能力若不足只可著手改良。但是，當天會社並沒談到調查等事，只是不承認他們為代表而不理。同月十五日，他們再往會社，更被吉田重役拒絕。他們於是步行去見郡守，說明經過。郡守同情說這是為地方人民的事，他可以向會社說明。他們再三託他盡力圓滿解決。

李應章又說，之後，他是有作歌給農民唱，但他們絕對沒有宣傳鼓動農民阻止會社刈取，只是說要給它刈或不給刈是農民的自由，若先被它刈去後定出來的價格不當，就無奈其何，所以要先定價然後給它刈取才是。

審理至此已經正午。裁判長宣告休憩。午後一時再行繼續審理。李應章繼續答辯說：十月十六日起至二十二日之間，蔗農組合幹部會議雇陳習鳴鑼宣傳，報告與會社的交涉經過，並不是叫農民阻止刈蔗。至於二十二日在謝才蔗園發生的事，儘管他自十五日起到處講演，但絕對不承認說是他「煽動的」。他所講演的不過是根據正當的賣買原理而已，農民如果瞭解，自然會去阻止。至於「若沒先定價不若將甘蔗乾作燃料」的話，不但是劉崧甫，他也有說過，因為以三千斤蔗乾作千斤柴來賣，也有四圓多，這樣，何必賣給價錢更低的會社呢？而他所說的所謂「過激言語」，應該就是在講演中有言「人之將死其言也善，鳥之將死其鳴也哀」，農民若失其所有權則與死同樣吧。

最後，李應章承認，他曾託蔡淵騰寫信給泉風浪，告知十五日交涉的經過。但是信沒有看過，所以不知道內容。

李應章的審理至當日下午二時十分完畢。其他人的審理則持續至八月二十八日下午三點多閉庭。

八月二十九日，檢察官論告後具體求刑：李應章懲役五年，其餘刑期不等。然後進入辯護人的辯論。首由麻生辯護士長達一小時四十分鐘的雄辯，從當代勞資爭議的思潮看待本案件，要求無罪判決。針對李應章個人，他批評檢察官所謂「若沒有李某等數人，這個問題決不會發生的」論告，說這和所謂「有總督而後有臺灣，若沒總督就沒臺灣」是同樣愚昧的論調。事實是，倘若林糖有良心，就一定不會發生這件事了。否則，即便沒有李應章，也會有第二第三個李某生出來，發生同樣的林糖事件。所以檢察官以李應章為「騷擾的首魁」是不對的，本件其實是會社與警方無理威壓的共謀而發生的。

八月三十日，既是本件的辯論完結日，又是本件第一審的

大正十五年九月廿六日　臺灣民報　第一百廿四號

故忽然更換於八月七日。但到了八月七日的一天、開宮川氏自知理屈難得勝訴、再向出張所申請展緩。故至九月六日才兩造出廷、開始口頭辯論了。

宮川氏說：『這回對于古坑庄芭蕉伐棄之事、並非出自我自己的意思、實是受了上司的命令而出的舉動了。如前在臺灣新聞紙上發表的臺南州知事喜多閣下的釋明：古坑庄保安林的無斷開墾者所栽種芎蕉被採伐一事、雖非州當局正式的命令也是郡當局体諒上司的方針而實行採伐的。故本人不能負責…』後判官問張阿木對于宮川氏申請的証人吳金賓是否同意、張阿木答應由判官裁決。判官又叫張阿木快些繳納前申請的証人賴金水氏的旅費、遂宣告閉廷定於十月四日開第二次審問云。

中國青年被命退去

苗栗郡通霄庄中國籍青年湯建漳氏、自幼來臺曾在臺灣畢業中學、對臺灣的文化運動社會運動很熱心、在通霄青年會中也很活動、所以惹了官廳壓忌。去九月十日以諭知書喚他到苗栗郡、便宣告說他平日的行爲有乱社會的安寧秩序、以總督的命令送他返華、自此就將他拘留了。並沒有寬限他相當的日期、而由本人要求寬限回家整理家事也不容他、又再要求準備旅費也不許他、對他說家事的整理你的朋友親戚會替你辨、至於旅費待到廈門電滙就是。那天晚上拘留於苗栗郡、並不準他母親妻子面會、十一日早不送他到新竹或基隆而偏送去桃園拘留一天、至十二日上午由基隆下船回廈。湯氏家眷是臺灣籍、這回被命退去兩年、但是臨別依然樂觀、聞湯氏豫定回國後轉向東京留學、養精蓄銳備將來的活動。爲湯氏被命退去、惹動在臺華僑的激憤、很有阻碍中日的親善、所以現在運動取消命令。如湯氏是相當有識的人、又且平日的行動又不是爲盜作匪、就以爲紊乱地方。總而言之、事雖關係個人、但是有大影響於國際親善、所以是不得不慎重的。

【二林事件公判被告人與辯護人之紀念撮影】

一九二六年九月二十四日《臺灣民報》第一百廿四號刊二林蔗農事件公判後被告與辯護人的合影。

最後一天。開庭前，旁聽席就已無立錐餘地。早上八時四十五分開庭，繼續由蔡式穀、鄭松筠等各辯護士辯論。他們或由法律觀點，或由事實依據，一致主張無罪。下午四時半，一場大審判告終。

《臺灣民報》的聲援

九月五日，《臺灣民報》第一百二十一號刊登〈二林事件公判號豫告〉：「堪值我們同胞重視的『二林事件』，已於八月二十六日，在臺中地方法院開公判了。本社為介紹此案的詳情起見，要將次期第一百二十二號，特別刊做『二林事件公判號』，專此豫告。」

九月十二日，《臺灣民報》第一百二十二號總共十六版的「二林事件公判號」出刊。內容包括社論〈農民組合與蔗作爭議〉與〈二林事件的考察〉、〈二林蔗農與林糖爭議事件的公判〉的詳細報導。

〈農民組合與蔗作爭議〉開宗明義指出，臺灣農民組合的成立以蔗農協會為濫觴，而農民的爭議也以蔗作爭議為嚆矢，所以二林爭議可以看做代表二百餘萬農民的利害。一方面顯明現在的社會組織偏於少數資本家，他方面證明農民不容再像從前一樣對待了，正是「一葉知秋」。而最缺乏社會教育，最富傳統觀念的農民之所以能毅然蹶起，團結一致，當然是因為他們終日勞苦猶不能絲毫改善已經降到飢餓線下的生活條件，從而維持其口腹以生存。那些說是少數社會運動家煽動的人，未免太不識時勢之推移了。而這回蔗作爭議就是林糖當事者不識時勢和警官的措置失宜所致。林糖當事者想要依舊不講價先刈蔗。他們認為雖遇有二三社會運動家提倡反對，只要警官的威勢吆喝，大多數農民就唯唯諾諾了。它指出，本來資本家要和勞働者利益相沾才對，藉警官威嚇農民算是第一層的錯誤。警官受林糖懇請，以為擁護少數資本家便是維持公共秩序，增進社會一般的幸福，是第二層的錯誤。所以二林事件的衝突未必

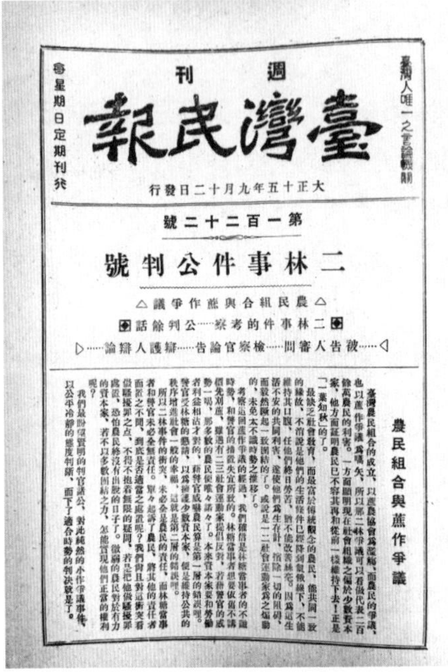

臺灣人唯一之言論機關

週刊

臺灣民報

每星期日定期刊行

大正十五年九月十二日發行

第一百二十二號

二林事件公判號

△農民組合與蔗作爭議△

二林事件的考察……公判餘話

◁……被告人審問……檢察官論告……辯護人辯論……▷

農民組合與蔗作爭議

臺灣農民組合的成立，以蔗農協會為濫觴，而農民的爭議，也以蔗作爭議為嚆矢，所以那二林爭議可以看做代表二百餘萬農民的利害。一方面顯明現在社會組織之偏於少數資本家，他方面証明農民已不容其再和從前一樣維持下去！正是「一葉知秋」的了。

最缺乏社會教育，而最富於傳統觀念的農民，能共同一致的緣故，不消說是他們的生活條件已經降到饑餓線下，不能維持其口腹，任他們終日勞苦，猶不能改善絲毫。因為這生活不安的共同利害，遂使他們為生存計，排除一切的阻碍，而毅然蹶起一致團結的了。或說是一二社會運動家為之煽動的，未免太不識時勢之推移了。

考察這回蔗作爭議的經過，我們確信是林糖當事者的不識時勢，和警官的措置失宜所致的。林糖當事者想要依舊不講價先刈蔗，雖遇有二三社會運動家提倡反對，若得警官的威勢一喝，那多數的農民便唯々諾々了。本來資本家要和勞働者利益相沾才對的，藉警官威嚇農民算是第一層的錯誤哩。警官受林糖的懇請，以為擁護少數資本家，便是維持公共的秩序增進社會一般的幸福，這就是第二層的錯誤哩。

所以二林事件的衝突，未必全是農民的責任，而林糖當事者和警官未必全無責任。單々起訴了農民，將其他的責任者而置之不問，到底是否適當之處置呢？我們尚且對這衝突看做騷擾罪之点，不得不抱着無限的疑問，若是把他做騷擾罪處置，恐怕農民終沒有出脫的日子了。貧弱的農民對於有力的資本家，若不以多數團結之力，怎能實現他們正當的權利呢？

我們最盼望賢明的判官諸公，對此純然的小作爭議事件，以公平冷靜的態度判斷，而下了適合時勢的判決就是了。

一九二六年九月十二日《臺灣民報》第一百廿二號「二林事事件公判號」封面〈農民組合與蔗作爭議〉。

全是農民的責任，而林糖當事者和警官未必全無責任。單單起訴農民而將其他責任者置之不聞，究竟是否適當之處置呢？它不得不質疑把這衝突看做「騷擾罪」的觀點說，若是如此處置，恐怕農民終究沒有出脫的日子了。它強調，貧弱的農民面對有力的資本家，若不以多數團結之力，怎能爭取正當的權利呢？因此深切盼望「賢明的判官諸公」以公平冷靜的態度判斷這個「純然的小作爭議事件」，從而做出「適合時勢的判決」。

〈二林事件的考察〉指出八點現象：首先批評警察「小題大做的大檢舉」是恐嚇與壓迫的殖民政策的示範，而其陰謀則在於破壞蔗農組合，而這也體現了在臺灣的日本人的思想太低級了。但是，它不但未能起到「割雞教猴」的作用，反而助長臺灣的農民運動日盛一日，即將變成臺灣最大的社會運動。因為「二林事件的犧牲斷不是無用的犧牲」，而和之前的「治警事件」一樣是「促進社會進化的原動力」，所以「前者已成為臺灣政治運動史的紀念塔，後者也成為臺灣社會運動史的紀念塔了」。據此，它指出，相對於治警事件，檢察官的論告雖然「脫不出舊時代的弔鐘」卻也有著相對的進步；關於事件公判的新聞記事的態度，也與事件發生時無所不用其極攻擊農民的態度「驟然一變」。最後，它強調，一般認為檢察官的求刑太重，而這個事件係屬製糖會社（財閥）與農民的關係問題，判決結果影響重大，因此深望裁判官絕對「不為權勢所牽制」，「保持司法權的獨立」，做出最公平的判決，從而贏得被告人的「信賴」。

大正十五年九月十二日　臺灣民報　第一百廿二號

二林事件的考察

(一)小題大做的大檢舉
昨年十月廿二日、二林事件發生以後、大規模的檢舉的情形、曾在本報第七十九號裏頭、有細詳的報道了。那時、照記者在實地的調查、不過是警察為擁護林糖的苦力硬採農民的甘蔗、然而他們不肯服從、致使他們與會社員矢島氏、以及警察隊惹起一時的小衝突而已。像這樣的小問題、在內地的勞働爭議、或小作爭議是常見的事件、由結果看來、双方都沒有受着了重傷的、可見斷不是御用新聞所宣傳的那樣大事件罷了。倘若臨場的警察、不顧做林糖的功犬、能保持多少公平的態度、極力排解二比的爭執、一定不致惹起這層事件的發生了。
當昨年十月二十四日、本社記者在二林街上眼見耳聞的事實、便是警察檢舉被嫌疑者的手段、不論皂白如何、一時在各地捉拿了小百人、儼然現出恐怖時代。像這樣大檢舉的理由很是薄弱、經已在公判廷發表於世間了、依然是顯明拿「恐嚇政策」與「壓迫政策」的好個標本吧了。

(二)破壞蔗農組合的陰謀
我們確信這個事件、分明是突然發生的、然而檢察官咬硬說是蔗農組合直接煽動的結果。因此、事件發生時、連全沒有什麼關係的李應章、詹奕候、劉崧甫等諸位幹部、也一齊被投下獄。這個用意、不外是要破壞蔗農組合為大目的。試看世界各國的勞働運動史、起初官憲的態度、都取破壞勞働者的團体運動、後來為時勢所迫着、不得不承認勞働者的團結權了。臺灣的官憲、因不懂得世界的大勢、只因執在來的偏見、所以依然要由一年生做起、這不但是可悲、而且是可恥的現象。
若論有蔗農組合、才有這層事件是不錯的。然而蔗農組合與這層事件、斷沒有直接的必然關係。例如有勞働運動者的宣傳、才有勞働爭議而惹起騷擾事件。然而前者的行為與後者的行為、斷沒有負法律上的責任、這是自明之理。只因臺灣的官憲、定有想要破壞頭一個的二林蔗農組合的陰謀、不得不要牽連這些蔗幹部的行為、便可以一網打盡。可惜不自然的認定、到底是不自然。記者在公判廷所聽見的事實審問、當然要陷入强牽附會的窮境了。

(三)低級的臺灣思想界
當二林事件發生的時候、臺灣官憲誤認做一種的暴動、一意拿彈壓的手段、爾來民間日人的言論機關、也造出一種的新熟語、說是什麼「產業破壞運動」、都不能理解是根據近代思想的團体運動。近代被支配階級的團体運動的特色、便是拿任何方法的壓迫、終不能撲滅到底、倒反使他們團結的勢力、年增一年起來了。然而在臺灣的日本人、大多數不能理解這個運動、不消說他們的思想未免太低級了。蔗農運動果是一種的產業破壞運動、即勞働運動、農民運動等、何常不是這樣、他們或想臺灣人不配做團体運動也不一定。
我們確信近代的國家、社會、若沒有合理的團体運動、即那樣的國家、社會、最難期待他進的化。所謂政治運動、或社會運動不發達的地方、老實沒有文明國家的資格、同時不能促進社會的進化。只因支配階級、或支配民族為擁護自己的不合理的特權起見、雖不喜歡這種的運動、也要了解時勢的潮流、不該像這樣的倒行逆施才是。

(四)以後的農民運動
臺灣官憲對二林事件、拿這樣的彈壓手段的理由、照我們所觀察的、不外是取「殺鷄教猴」的舊時代的政策、誤信因此可以撲滅臺灣的團体運動。不料自二林事件發生以後、臺灣的蔗農運動、或取積極的態度（對製糖會社要求起蔗價等々）、或取消極的態度（同盟不種甘蔗）、可說有一日千里之勢。又稍來不上一個年間、臺灣各地漸見有組織農民組合、一面是抵抗製糖會社、一面是抵抗業主、恰好都是二林事件以後發生出來的、可見臺灣官憲的豫想、完全錯誤了。現在既成的農民組合、便是鳳山、大甲、下營、崙背等幾處、計劃中的農民組合也有幾處。我們確信臺灣的農民運動、一定日盛一日、不久會變成臺灣最大的社會運動了。

(五)歷史上的紀念塔
我們確信二林事件發生後、不上一年、已為歷史上的遺物了。

（2）

一九二六年九月十二日《臺灣民報》第一百廿二號〈二林事件的考察〉首頁。

九月十九日，《臺灣民報》第一百二十三號〈為二林事件的公判竟暴露臺日社的內訌〉，批判《臺灣日日新報》的報導立場，同時揭露該報有良心的記者與幹部之間內部矛盾的發展，謂：「二林事件發生的當初，臺灣日日新報社以為這樁是屬匪徒的叛逆便為之大驚小怪！應立腳在公正地位的報紙，似此驚疑莫措而失了冷靜的態度，難免貽笑於大方呢。/ 據聞臺灣的三報紙本欲一齊默殺此案公判的詳情，奈其影響太大，而猶頗惹動世人的視聽，加之在報紙經營政策上又難把它輕輕看過。所以各報紙終於不得不詳細報導了。而臺日紙的報導，起初似乎對被告人有含敵意的樣子，但見中南兩紙的報導有近於公平之處，於是難再維持其曲筆，遂至不得不照事實報導之。/ 該社幹部的可鄙，甚至連痲生氏的辯論也要一併抹殺。不料及至揭出關於痲生氏的辯論時，臺日的紙面竟不稍遜於中南兩紙者，全是該社二三有天良的記者活動所致的。該社幹部為此怒髮衝冠，大責那些擔任記事的記者。於此，遂暴露了臺日社幹部和記者的衝突了！此後雙方的溝渠當要越掘越深，是無可疑的呵！」同期，「一記者」〈法廷雜感——二林事件的公判〉則批評檢察官起訴的三個事實都是杜撰的，同時強調：「對本事件檢察局非常重視，以騷擾罪名對首魁求刑五年，這是近來臺灣稀有的問題，所以一般社會的注目也很嚴的。但是據事實審理的證據是很薄弱，又在辯護人全部主張無罪。倘若判為有罪，則在法理不難無問題。若判無罪又是檢察局的威信有關。可說是臺灣司法界極有興味的問題」。因此他認為本案的判決實在是值得注目的「分水嶺」。

九月三十日，二林事件在臺中地方法院判決，李應章「懲役八箇月（六十日未決通算）」，其餘刑期不等。

十月十七日，《臺灣民報》第一百二十七號「餘錄」聲援李應章而諷刺寫道：「二林蔗作事件的頭名被告李應章君，原告檢察官硬要指他為首魁而求刑五年。被告辯護人皆證明他沒有犯罪行為而主張當然無罪。然而裁判官判以八個月的懲役，既不能使他居首，又不敢放他落後，這可謂折衷的論情判決。」

二林事件一審判決

前報、農民和林糖爭議的二林事件、已於去月三十日午前九時、在臺中地方法院、由高橋裁判長有田矢田兩陪席判官判決如左：

懲役八箇月（六十日未決通算）李應章　懲役六箇月（六十日未決通算）陳萬榮　懲役六箇月（四十日未決通算）劉崧甫　同上（六十日未決通算）詹奕侯　懲役一年（六十日未決通算）謝黨　同八箇月　謝波　同一年蔡琴　同十箇月（六十日未決通算）陳法　同三箇月謝任　同八箇月謝恭　同四箇月（二年間執行猶豫）紀省　同上（二年間執行猶豫）謝先鑄　同四箇月洪加走　同六箇月李萬得　同八箇月紀金　懲役八箇月楊良水　同上謝龍　懲役六箇月謝還　同八箇月謝寶（？同三箇月蘇再添　同六箇月洪泉　同上洪双林　懲役四箇月洪盒　同三箇月洪奈　同四箇月洪萬于　同上蘇恐　同上（二年間執行猶豫）洪好昧　同上蘇慶　同八箇月謝壽　懲役八箇月謝龍空　懲役四箇月謝決　無罪　蔡淵騰　謝業　謝義　謝黨　謝鐵、洪熱　陳智　謝春枝

聞被判決有罪的被告全部、皆不服提出控訴云。

一九二六年十月十日《臺灣民報》第一百廿六號〈二林事件一審判決〉。

臺北高等法院的二審

二林蔗農的被告在臺中地方法院第一審都能堅決鬥爭，沒有人稍有畏縮和退怯，並在判決後決定上訴，使統治者大吃一驚。

十二月二日，李應章應文化協會同志王敏川之邀的〈蔗農爭議的回顧〉脫稿，並於一九二七年一月二日《臺灣民報》第一百三十八號刊登。他回顧了臺灣自荷蘭東印度公司以來製糖的歷史，以及以「共存共榮的公平」為主旨的蔗農組織的演變，從而強調二林蔗農組合向會社要求的不外減小剝削與蔗農的人格解放兩點。

與此同時，臺灣抗日民族統一戰線的臺灣文化協會臨時大會，領導階層分裂，在王敏川、連溫卿等左派領導下，成為「以無產市民為中心的小資產階級的團體」，堅決主張在臺灣進行階級鬥爭，推翻日本帝國主義統治。

一月十七日，主張以中國國民黨的農工政策為榜樣，進行農工階級為基礎的民族運動的蔣渭水踐履前約，特撥時間與莊

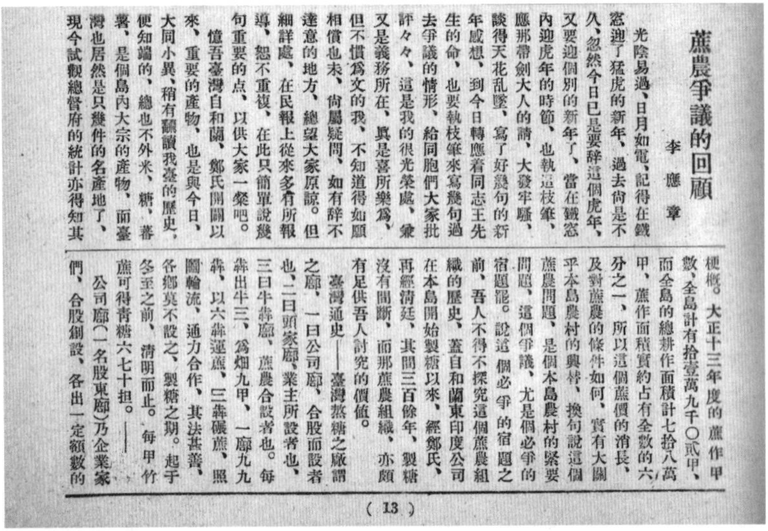

蔗農爭議的回顧

李應章

光陰易過、日月如電、記得在鐵窓迎了猛虎的新年、過去尚是不久、忽然今日已是要辭這個虎年、又要迎個別的新年了、當在鐵窓內迎虎年的時節、也執這枝筆、應那帶劍大人的請、大發牢騷、談得天花乱墜、寫了好幾句的新年感想、到今日轉應着同志王先生的命、也要執枝筆來寫幾句過去爭議的情形、給同胞們大家批評々々、這是我的很光榮處、兼又是義務所在、眞是喜所樂爲、但不慣爲文的我、不知道得如願相償也未、倘屬疑問、如有辞不達意的地方、總望大家原諒。但細詳處、在民報上從來多有所報導、恕不重複、在此只簡單說幾句重要的点、以供大家一粲吧。

憶吾臺灣自和蘭、鄭氏開闢以來、重要的產物、也是與今日、大同小異、稍有翻讀我臺的歷史、便知端的、總也不外米、糖、蕃薯、是個島內大宗的產物、而臺灣也居然是只幾件的名產地了、現今試觀總督府的統計亦得知其梗概。大正十三年度的蔗作甲數、全島計有拾壹萬九千〇貳甲、而全島的總耕作面積計七拾八萬甲、蔗作面積實約占有全數的六分之一、所以這個蔗價的消長、及對蔗農的條件如何、實有大關乎本島農村的興替、換句說這個蔗農問題、是個本島農村的緊要問題、這個爭議、尤是個必爭的宿題罷。說這個必爭的宿題之前、吾人不得不探究這個蔗農組織的歷史、蓋自和蘭東印度公司在本島開始製糖以來、經鄭氏、再經清廷、其間三百餘年、製糖沒有間斷、而那蔗農組織、亦頗有足供吾人討究的價值。

臺灣通史——臺灣熬糖之廠謂之廍、一曰公司廍、合股而設者也、二曰頭家廍、業主所設者也、三曰牛犇廍、蔗農合設者也。每犇出牛三、爲畑九甲、一廍九九犇、以六犇運蔗、三犇碾蔗、照鬮輪流、通力合作、其法甚善、各鄉莫不設之、製糖之期。起于冬至之前、清明而止。每甲竹蔗可得青糖六七十担。——

公司廍(一名股東廍)乃企業家們、合股創設、各出一定額數的

(13)

一九二七年一月二日《臺灣民報》第一百卌八號〈蔗農爭議的回顧〉。

海涵、謝春木、黃醒民三氏同到二林開講演會。他們於午後三時左右抵達二林，先在李應章的醫院少憩，四時起，就在媽祖宮舉開二林同志慰問講演會。二林庄雖地處偏僻，但因所謂二林事件的刺激，民眾非常覺醒，對文化向上的熱心比都市更高度的渴望，所以來會的聽眾約一千五百人。蔣渭水以「同胞須團結團結真有力」為題講到五時半閉會。晚上七時半續開文化講演會，聽眾也有一千多人，初由林柏廷述開會辭，謝春木講「廢物利用」時批評保甲制度而被中止，接著，黃醒民講「文化生活的原動力」，蔣渭水講「政治的理想」。因為時間太晚了，所以莊海涵不及講演，就再由林氏述閉會辭後散會。

二月二十一日，「二林事件」二審原訂在臺北高等法院覆審部公判，但因東京辯護士布施辰治申請延期，故改訂三月二十三日開庭公判。同（二）月二十七日，《臺灣民報》第

一百四十六號〈二林事件二審公判布施氏將渡臺辯護〉載稱，布施辰治於一九〇二年畢業明治大學而入法曹〔特指法官、檢察官和律師〕界，始終站在正義人道的立場，為工人、農民、水平社等無產大眾和朝鮮同胞等弱小民族奮鬥，現任日本勞働組合聯合會會長及勞働農民黨顧問，常在新聞雜誌發表高論卓說，又時常在各大學、勞働團體和農民集會講演，大揮其氣力絕倫的熱辯，叫醒無產大眾，指導無產者的運動。故有「無產者運動的導師」之稱。報導強調，布施的生活非常繁忙竟特地為二林事件而欣然渡臺辯護，實在讓我們臺灣同胞大表敬意。

三月十三日，《臺灣民報》第一百四十八號刊載布施辰治〈渡臺之先言〉，說他豫定三月十四日由東京出發，前往臺灣，擔任臺灣農民運動二林事件的辯護，四月三日回到神戶，前後約二十天。除了出庭辯論的三天之外，其餘八天想參加全臺無產階級解放運動的戰線，以期與更多的臺灣同胞討論解放運動的精神與戰術。

三月二十日，布施辰治抵臺，在基隆碼頭，用日語向迎接的臺灣同志做第一場演講。日籍臨監官像老鼠見到貓那般不敢作聲，等到通譯用閩南語翻譯時，就不斷發出「注意」的警告，彷彿他們聽不懂日語卻能理解臺語似的荒謬。其後，來臺不到十天的布施「在兩百二十五小時中就奔走臺灣南北二十一處，演講三十二場，連睡覺也多在火車上度過。」在第二審公判前，李應章和臺灣農民組合的簡吉也陪著他到各地講演，控訴日本的殖民統治。

第二審公判開庭之前，統治階級側面動員醫學校校長（也是李應章的老師）派人約李應章去談話，傳達總督要處罰他的「既定方針」。李應章當下就反駁說：「我的覺悟與堅決意志，也是既定的方針，可各行各的。」校長無奈，最後只好說他和裁判長過去是「師生」，希望李應章在受審時「態度好些」。

三月二十三日，第二審公判在臺北高等法院覆審部開庭。豫定早上九時的開庭時間延至十時。庭內無立錐餘地。李應章等三十來名被告及布施、鄭松筠、蔡式穀、永山等各辯護人入席後，裁判長偕兩陪席判官及檢察官出庭。先由裁判長點名及訊問各被告的年齡、職業、住所，再由檢察官陳述控訴理由，然後就由李應章開始，進入各被告與一審大同小異的事實審理。李應章要求用「臺灣話」答辯。裁判長說人數太多，恐拖延時間，可通日語的人不必介由通譯。故此，李應章就以日語答辯。他「堅持了鬥爭到底的原則」，堅持他們的「主張和行動是正義的，是正確的」。《臺灣民報》的報導寫道，他的「答辯很輕快明瞭，句句的論駁痛責會社與警官的橫暴，其泰然自若的態度和嚴厲的言詞，實足使傍聽的警官與會社員嚇得顏容失色。」但是，李應章在法庭上雖然根據法理堅決鬥爭，卻在使用「臺灣話」的問題上考慮到校長的請託而沒有和裁判長爭執。因此，他後來自我批評說，堅持鬥爭是為了社會進步，應該的；但是，「處在這個偉大的鬥爭的場合」，在使用「臺灣話」答辯立場上，卻「保持著『師生』情分，不作更徹底的鬥爭，這是接受了奴化思想的殘餘，而未洗滌乾淨的一種表現。」

三月二十四日下午，事實審理完畢，接著是檢察官「只為會社代辯，言詞多無自信」的論告，然後求刑各被告：李應章「懲役三年」，其他人也都「無罪的要求有罪，有罪的要求加重」。

三月二十五日，上午十點開辯論庭，首先是布施辰治「痛責會社的橫暴」，「摘駁檢事的謬論」而「為被告主張無罪」。他特別針對檢察官論告中最奇怪的話——「若沒有李應章就沒有蔗農組合，若沒有蔗農組合就不會發生這事件。」——指出會社與警察也可斷言具有同樣的想法，因為他們傷痛恨氣難消，抱著報復的心思，就將責任掛在平常最厭惡的人的身上。這是「極當然的心理，但是這個當然卻是當然的錯誤。」接著是永山強調「勞資爭議不得偏袒資本家」的辯論。鄭松筠的辯論則指摘檢察官控訴的事實「全部無根」。蔡式穀則辯稱本事件是會社在警察保護下強行刈採甘蔗而激成的。第二審的公判至此結束。

昭和二年四月十七日　臺灣民報　第一百五十三號

二林事件
第二審公判

大正十四年十月間、在二林的蔗農民與林本源製糖會社間所發生的爭議事件、已於去年八月二十六日起至三十日五日間、在臺中地方法院開過第一審的公判了。就中公判的結果、有有罪的有無罪的、有罪的由各被告控訴、無罪的也有由檢察官不服控訴的。故此、於三月二十三日起再在臺北高等法院的覆審部開第二審的公判了。

當日出廷的被告人氏名及第一審的判決如左：

懲役八月（未決六十日扣除）李應章
仝　六月（〃）陳萬勤
仝　六月（〃）詹奕侯
仝　六月（未決四十日扣除）劉崧甫
懲役一年　蔡琴、謝衞、
懲役八月　楊寶、謝羨、
謝福來、謝波、謝恭、
紀金、楊良水、謝龍、
懲役十月（未決六十日扣除）陳法
懲役六月　李萬得、謝運、
洪泉、洪双林、謝先饋、（二年猶豫）
懲役四月　洪倉、洪於、
蘇糍、蘇度、謝決、
洪加走、
懲役三月　蘇再添、洪奔、
謝任、

以上是被告人及檢察官双方訴控
無罪　謝義、洪鵝、
以上兩名是由檢察官控訴的。

×××

第二審公判
第一日（三月二十三日）

本事件是治警事件以後的大案件、世人很注目的、所以傍聽人很多、定刻前已經就擠滿法廷、各被告人也很有元氣、定刻前也已齊到候審、豫定的開廷時間是午前九時、但法院時間的不確己成常例、延至十時始開廷。一大批的被告三十來人、也有很多的婦女傍聽者、廷內已無立錐的余地。

至十時、各被告人及布施、鄭、蔡、永山等各辯護人着席後、鈴木裁判長偕渡邊、高嶺兩陪席判官及上瀧檢察官出廷。先由裁判長對被告點名、及訊問各被告的年齡職業住所之後、由上瀧檢察官讀左記的控訴理由：

被告李應章、陳萬勤、詹奕侯、劉崧甫等自大正十四年組織蔗農組合、以林糖的蔗價發表前刈採甘蔗爲不當、屢次向會社交涉、但會社不承認他們爲代表及蔗農組合的團体。故此、就以種々的方法對付會社、或以宣傳、或以講演、以致十四年十月二十一二兩日、被告等以威力去妨害刈採他人的甘蔗的工作、二十二日發生的騷擾、全部是他們爲首魁的。其他的被告中謝波、謝先饋、楊寶、蘇糍、蘇再添、蘇度、陳法、洪奔、謝壽、謝決等於二十一日會社的使用人在顏深厚其他的蔗畑採蔗的時候、以威力脅迫妨害業務的。其他如陳贊於二十二日在謝才的畑裡、警官保護採蔗之時竟起騷擾。就中蔡琴、謝衞等是現場的首魁、此等皆是由檢察官長控訴的。在控訴書裡各有詳細記載理由、故此不必詳述、以下略之。云々

事實審理
經快明瞭的幹部的答辯
痛責會社與警官的卑怯

檢察官述完控訴理由之後、就入被告個々的事實審理、先由李應章氏起、各幹部的答辯很輕快明暸、句々的論破痛責會社與警官的橫暴、其泰然自若的態度和嚴勵的言詞、實足使傍聽的警官與會社員、嚇得顏容失色。

但事實審理是與一審大同小異（参看本報一二二號）、故本號只取其大略的要点而已。（以下的問答中以△代裁判長以×代被告）

李應章

李氏要求以通譯答辯、裁判長說可解日語的人不必介通譯、因人數太多恐延時間、故此李氏以日語答辯。
△在臺中地方法院的判決、是事實不對或是刑的不當？
×事實不對。
再問家庭的狀況、資產、學歷等之後、再問組合設立的經過。
△十月五日向林糖交涉是爲什麼意思去的？

（2）

一九二七年四月十七日《臺灣民報》第一百五十三號〈二林事件第二審公判〉首頁。

四月十三日，臺北高等法院裁判長宣判李應章等三十一名被告第二審判決，李應章「懲役八箇月（六十日未決通算）」，其餘刑期不等。

四月十七日，《臺灣民報》第一百五十三號「二林事件第

一九二七年三月二十五日二林事件二審公判紀念攝影（臺灣民眾文化工作室資料庫）。

二審公判號」刊行，總共十六版，包括社評〈法廷與社會〉、〈二林事件第二審公判〉、李應章〈蔗農爭議的回顧〉與〈法廷雜感〉篇目。〈法廷與社會〉首先指出，自二林蔗農爭議發生以後，農民自覺的運動日見昌盛，各地紛紛設立組合，是臺灣社會的新現象。二林的佃農們雖然「在一審和二審的公判都是有罪」，卻「泰然自若，甘心為著自家的主張受了犧牲困苦，不像從前那樣爛土似的頭面了。」這個現象顯示臺灣社會的構成分子已經變得多了，而且難以臆測它將再要捲起何等波浪。而這個現象「不是一個人隨便可以製造出來的，也斷不是

一九二七年三月二十五日二林事件二審公判後李應章（前排左）等二林同志與布施辰治（前排中）、謝春木（前排右）及簡吉（後左二）等合影紀念（臺灣民眾文化工作室資料庫）。

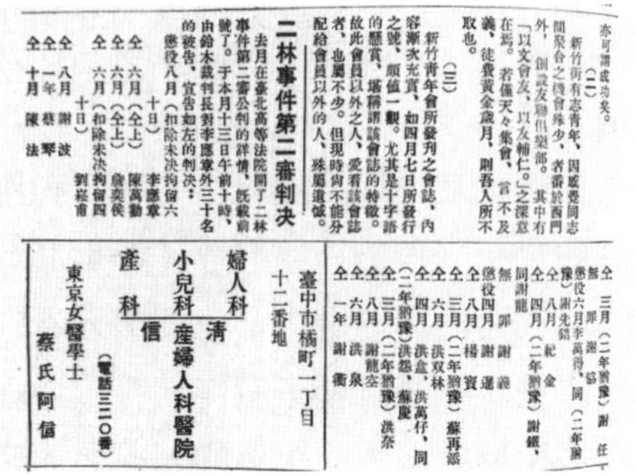

亦可謂成功矣。

（二）

新竹街有志青年、因感覺同志間聚合之機會殊少、者番於西門外、創設友聯俱樂部。其中有「以文會友、以友輔仁。」之深意在焉。若僅天々集會、言不及義、徒費黃金歲月、則吾人所不取也。

（三）

新竹青年會所發刊之會誌、內容漸次充實、如四月七日所發行之號、頗值一觀。尤其是十字語的懸賞、堪稱謂該會誌的特徵。故此會員以外之人、愛看該會誌者、也屬不少。但現時尚不能分配給會員以外的人、殊屬遺憾。

二林事件第二審判決

去月在臺北高等法院開了二林事件第二審公判的詳情、既載前號了。于本月十三日午前十時、由鈴木裁判長對李應章外三十名的被告、宣告如左的判決：

懲役八月（扣除未決拘留六十日） 李應章
仝 六月（仝上） 陳萬勤
仝 六月（仝上） 詹奕侯
仝 六月（扣除未決拘留四十日） 劉崧甫
仝 八月 謝波
仝 一年 蔡琴
仝 十月 陳法
仝 三月（二年猶豫） 謝任
無罪 謝協
懲役六月 李萬得、同（二年猶豫）謝先錯
仝 八月 紀金
仝 四月（二年猶豫） 謝鐵、同謝龍
無罪 謝義
懲役四月 謝運
仝 八月 楊寶
仝 三月（二年猶豫） 蘇再添
仝 六月 洪双林
仝 四月 洪盒、洪萬仔、同（二年猶豫）洪想、蘇慶
仝 三月（二年猶豫） 洪奈
仝 八月 謝龍空
仝 六月 洪泉
仝 一年 謝衛

臺中市橘町一丁目十二番地
婦人科 小兒科 產科
清信產婦人科醫院
東京女醫學士 蔡氏阿信
（電話三二〇番）

一九二七年四月二十四日《臺灣民報》第一百五十四號〈二林事件第二審判決〉。

一個人所能任意抵擋得住的，只有一個純真而不虛偽的公理可以解決」。因此，攸關社會安危的法廷裁判種種紛爭時，既要根據事件發生前所制定的法律，又要參照「時時刻刻進轉而不停滯的社會運動」去做裁判。最後它強調，在殖民地臺灣，農民運動就是矯正「資本家的暴狀」的運動。資本家專為謀利，農民的抗

爭只為保存性命。利益可以減輕，性命萬不能縮短。因此切望法庭對二林事件做出英明的裁判，成全「擁護正義之府」的使命。李應章〈蔗農爭議的回顧〉與一九二七年一月二日第一百三十八號刊載的那篇同名，但內容略有不同，包括：「其鳴也哀」、「農村講座的組織」、「土地是農民的骨子」與「罷植同盟是蔗農民唯一的武器」等四段。〈法廷雜感〉則針對李應章被指為「首魁」之事辯稱：「首魁兩字在本件的公判中不知道聽了幾百遍？原來首是功首的首，魁是罪魁的魁，是表明對同一個人的行動有兩樣的觀察。在多數人看作功首的，倒反受少數人視為罪魁。農民無產者看作功首，而會社資本家視為罪魁，這在利益相反的兩方面生出的差異的觀察卻是當然。但是這樣的首魁未必可斷為不好。總而言之，寧可作多數人的功首，切莫畏少數人稱為罪魁了。」

臺灣人唯一之言論機關

週刊 臺灣民報

每星期日定期刊行

昭和二年四月十七日發行

第一百五十三號

二林事件第二審公判號

法廷與社會

事實審理……檢察官論告

辯護人辯論……蔗農爭議的回顧

法廷與社會

自二林的蔗農爭議發生以後、農民的運動日見昌盛、設立組合的地方已經有了七八處、或爲土地的事、或爲贌耕的事、或爲甘蔗和肥料的價格等々、亂紛々地較鬧起來、這是臺灣社會的新現象、也是農民自覺的一大實証了。前番檢舉鳳山農民組合的幹部的時候、我們看那組合員的行動、眞是令人可怕、他們一天集齊五六百個人、三々五々地不作什麼騷見到了郡役所、用文明的方法派遣代表、入去衙門要求當局釋放他們的幹部、不像往時的樣子、見着大人就要跑避三舍。又有一班的個人、和林某等數個大業戶、因爲贌耕的事大鬧一場、在一審和二審的公判都是有罪、個人們、泰然自若、甘心爲着自家的主張受了犧牲困苦、不像從前那樣彌十假的頭面了。唉呀！臺灣社會裡頭的構成分子變了、眞是變得多了。

島內的情勢已經進到這樣、不但因此發作出來的事件很多、將來再要惹起何等波浪誰也難以億測。但是我們知道、這樣的現象不是一個人隨便可以製造出來的、也斷不是一個人所能任意抵當得住的、只有一個純眞而不虛僞的公理可以解決牠。這一点見、居在判斷是非的地位的人、須要認定清楚、設或不然呢、因其偏斷武斷的結果、社會就要越弄越不好看了。

法廷是判斷社會上種々紛爭的機關、法廷的判所是最有關係社會的安危。裁判是要根據法律、然而法律是事件發生前所制定的、制定法律當時的社會和裁判當時的社會、彼此的情狀是大不相同的。所以裁判是斷不可像古時印書的樣子、堅持飽版不從的態度、要去判斷時々刻々進轉而不停滯的社會運動、這是自明的道理。臺灣資本家的暴狀、盡人都看得明白了、對此方面的矯正運動、在我們臺灣島內、就是農民的運動頂要注目。元來資本家的工夫是專在謀利起見、但是農民的用力是專爲保存性命的。利益是可以減輕、總是性命是萬不能縮短的。我們切望司直的人、明鑑這点、對於目前的問題、下個英明的判斷、使法廷全了「擁護正義之府」的使命、那就不獨臺灣之幸、亦即帝國之幸了。

一九二七年四月十七日《臺灣民報》第一百五十三號「二林事件第二審公判號」封面。

昭和二年五月一日　臺灣民報　第一百五十五號

總是簡吉、趙港、莊萬生三名並不是檢束、乃是署長欲與他們懇談而已、請你們回去、不可在此較鬧。」

民衆就答道：

「我們在此等候、原無他意。」於是民衆就座在州廳警察署前的綠草坪上、警部再三要求侯朝宗氏帶回民衆、侯朝宗氏說：「民衆非我帶來的、完全是他們自來的、我沒有那樣的權利和義務。假使我帶來的、也要同情他們、他們自生於世間、未曾踏着這樣的青氈、這個美麗的庭園借我們少憩亦無妨吧！」

兩々對談中、李喬松帶一個寫眞師來、警部看見又起恐慌、又大怒、命巡查二三十名跳出來、說欲檢束侯氏、侯氏與他大計較、遂不檢束侯氏而反將寫眞師和李氏檢束去了、未幾被檢束的諸君釋放出來、民衆大喝采而後退散、自警察署出來的簡君談：

「我今天並沒有說什麼話、他們也要檢束我、他們無過是爲欲妨害我去內埔助勢亂彈教育會局的庄民大會而已、這樣××的官憲、我們須用加倍的力

二林事件第二審公判紀念攝影

一九二七年五月一日《臺灣民報》第一百五十五號「二林事件第二審公判紀念攝影」。

臺灣農民組合二林支部

自從二林爭議事件發生以後，臺灣各地的農民組合逐漸增多，一九二六年六月二十八日，鳳山、大甲、曾文、竹崎等地的農組代表於是在鳳山召開「各地方農民組合幹部合同協議

會」，宣告成立臺灣農民組合，並選舉簡吉為中央委員長，李應章和古屋貞雄為顧問。

二林蔗農組合的幹部與組合員雖受非常打擊，卻都更加增進熱心與覺悟而積極擴大組織成員的活動。在第二審公判宣告之前，為了團結非蔗農的農民，充實組合的力量，進而可以和全島性的臺灣農民組合團結一致，站在共同戰線，李應章等人又積極努力將原來的蔗農組合改組為農民組合。

一九二七年四月十日，李應章與劉崧甫、詹奕侯等共二十一名組合員在李宅開役員會議。眾人一致推舉劉崧甫為議長，首由李應章陳述蔗農組合要改為農民組合的理由，然後一致議決：廢止蔗農組合，改組為農民組合；會則改為委員制；執務分作三部；一年徵收會費一圓等提案。然後選舉改組委員與起草委員，推舉詹奕侯、謝悠、陳萬勤三人為改組常務委員。同時決定：本日所有出席者為臨時委員負責展開改組活動。個人入會要自行向組合提出申請書。組合區域以北斗郡為限。改組事務所置於二林庄李宅。近日召集組合員大會。改組期限一個月等。從此以後，二林蔗組改稱農組，改取積極運動的方針，並得謝春木、林伯廷諸氏為後援，以宣傳講演及新的戰術等最好的方法總攻鄰近的鄉村，回應南北各地組合，徹底鼓吹組合精神，以期組合運動的最後成功。

四月十八日，農民組合中央常務委員會全島總攻擊的幹部簡吉、趙港、侯朝宗與《臺灣民報》記者謝春木巡迴到二林。一早，北斗郡警察當局包括課長、司法警部與警部補的一群警吏就引率三十多名巡查搭車到二林等待。下午四時，簡吉等人到了二林，先到李應章的診所少憩，然後就舉開講演會。臨場的制服及私服警察總計五十餘名。簡吉首述農民組合成立與發

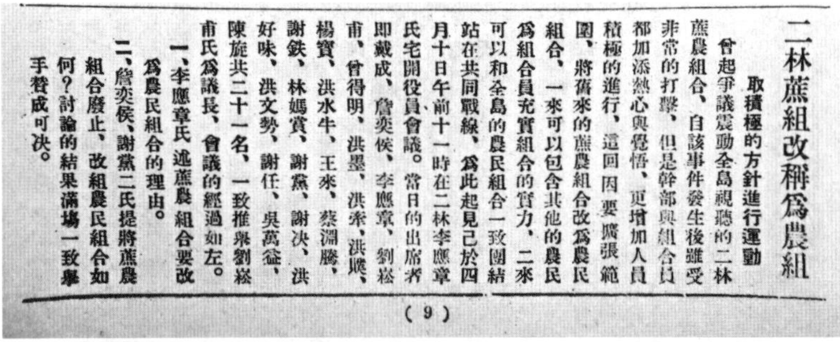

二林蔗組改稱爲農組

取積極的方針進行運動

曾起爭議震動全島視聽的二林蔗農組合、自該事件發生後雖受非常的打擊、但是幹部與組合員都加添熱心與覺悟、更增加人員積極的進行、這回因要擴張範圍、將舊來的蔗農組合改爲農民組合、一來可以包含其他的農民爲組合員充實組合的實力、二來可以和全島的農民組合一致團結站在共同戰線、爲此起見已於四月十日午前十一時在二林李應章氏宅開役員會議。當日的出席者即戴成、詹奕侯、李應章、劉崧甫、曾得明、洪墨、洪乘、洪賤、楊寶、洪水牛、王來、蔡淵騰、謝鉄、林媽賞、謝黨、謝決、洪好味、洪文勢、謝任、吳萬益、陳旋共二十一名、一致推舉劉崧甫氏爲議長、會議的經過如左。

一、李應章氏述蔗農組合要改爲農民組合的理由。

二、詹奕侯、謝黨二氏提將蔗農組合廢止、改組農民組合如何？討論的結果滿場一致擧手贊成可決。

（9）

一九二七年五月一日《臺灣民報》第一百五十五號〈二林蔗組改稱為農組〉。

展的情況，侯朝宗詳細分析農民所處的地位，趙港說明農民組合的內容、性質與農民必須加入組合擁護同階級的利益的原由，謝春木則講政治與民眾的關係並提出批判政治善惡的標準。但是他們都沒能講完就陸續被臨監警部命令中止。當晚在大排砂的演講也被命令解散。他們於是分路到各處與農民直接會談。十九日在萬興與王功的情況依然如此。二十日在大城及竹塘兩庄的講演「雖未及解散，也皆受中止」，散會後，李應章陪簡吉在竹塘庄與農民會談。北斗郡警部不但命令解散，並「將簡吉及李應章檢束去郡役所留置」。農民組合隨即嚴重抗議警察的取締不當。

五月一日，應該是以李應章為首的二林街的有志者，為要紀念五一勞動節，網羅了農工商各界的青年，特於午後七時至九時舉開二林讀書會發會式，首由發起人說明趣旨及內容，然後大家討論會則，並選役員分掌事務，商榷以後要進行的事業，決議設立農村圖書館，最後一同高呼「飯不可不吃，而書不可不讀」的口號，在熱鬧聲裡散會。

五月二十九日，退出臺灣文化協會的林獻堂、蔣渭水等舊

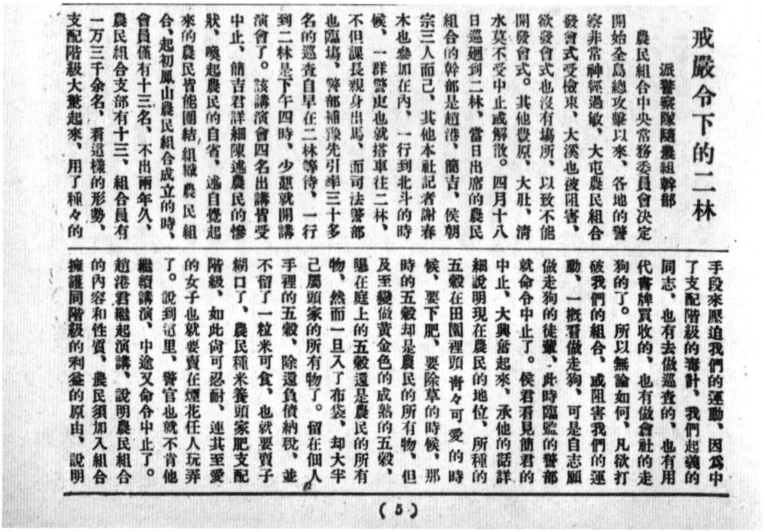

戒嚴令下的二林

派警察隊隨農組幹部

農民組合中央常務委員會決定開始全島總攻擊以來、各地的警察非常神經過敏、大屯農民組合發會式受檢束、大溪也被阻害、欲發會式也沒有場所、以致不能開發會式。其他豐原、大肚、清水莫不受中止或解散。四月十八日巡廻到二林、當日出席的農民組合的幹部是趙港、簡吉、侯朝宗三人而已、其他本社記者謝春木也參加在內、一行到北斗的時候、一群警吏也就搭車往二林、不但課長親身出馬、而司法警部也臨塲、警部補豫先引率三十多名的巡査自早在二林等待、一行到二林是下午四時、少憩就開講演會了。該講演會四名出講皆受中止、簡吉君詳細陳述農民的慘狀、喚起農民的自省、逃自覺起來的農民皆能團結,組織農民組合、起初鳳山農民組合成立的時、會員僅有十三名、不出兩年久、農民組合支部有十三、組合員有一万三千余名、看這樣的形勢、支配階級大驚起來、用了種々的手段來壓迫我們的運動、因爲中了支配階級的毒計、我們起義的同志、也有去做巡査的、也有用代書牌買收的、也有做會社的走狗的了。所以無論如何、凡欲打破我們的組合、或阻害我們的運動、一概看做走狗、可是自志願做走狗的徒輩、此時臨監的警部就命令中止了。侯君看見簡君的中止、大興奮起來、承他的話詳細說明現在農民的地位、所種的五穀在田園裡頭青々可愛的時候、要下肥、要除草的時候、那時的五穀却是農民的所有物、但及至變做黃金色的成熟的五穀、曝在庭上的五穀還是農民的所有物、然而一旦入了布袋、却大半已屬頭家的所有物了。留在佃人手裡的五穀、除還負債納稅、並不留了一粒米可食、也就要賣子糊口了、農民種米養頭家肥支配階級、如此尚可忍耐、連其至愛的女子也就要賣在煙花任人玩弄了。說到這里、警官也就不肯他繼續講演、中途又命令中止了。趙港君繼起演講、說明農民組合的內容和性質、農民須加入組合擁護同階級的利益的原由、說明

(5)

一九二七年五月八日《臺灣民報》第一百五十六號〈戒嚴令下的二林〉。

幹部，在臺中市舉行「臺灣唯一的政治結社——臺灣民黨」成立大會。李應章是全島各地出席的七十名黨員之一，並在政策的審議中提議將第十項「擁護生產者之利益廢除一切居世取利機關」改作「擁護生產者之利權廢除一切榨取機關及制度」，第十三項「援助農民組合勞働組合及工商業團體之發達」改作「援助農民組合勞働組合及社會的團體之發達」，結果都以大多數贊成通過。但是，他臨時提案的「要求產業政策之改正」卻未能獲得多數支持而被否決。再者，北斗郡由林柏廷與謝春木兩人當選臨時委員。同日入黨黨員已達一百八十六名。但是，僅僅五天，也就是六月三日，殖民當局就以治安警察法第八條第二項妨害治安之由命令禁止而夭折了。

六月九日，午後一時至四時，經過兩個月的組織動員之後，原蔗農組合約十分之九熱誠有志的組合員，計一百餘名，

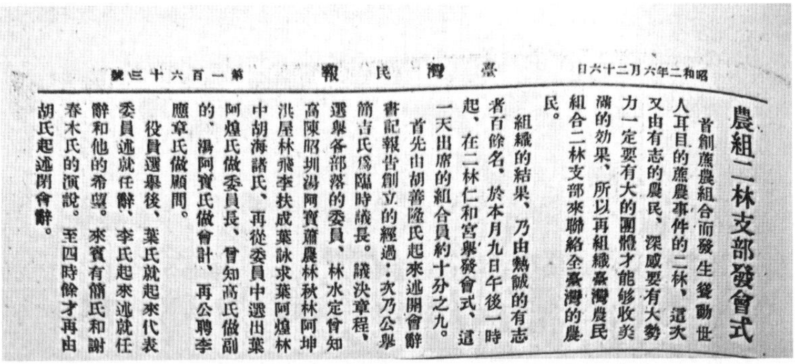
昭和二年六月二十六日　臺灣民報　第一百六十三號

農組二林支部發會式

首創蔗農組合而發生聳動世人耳目的蔗農事件的二林、這次又由有志的農民、深感要有大勢力一定要有大的團體才能夠收美滿的効果、所以再組織臺灣農民組合二林支部來聯絡全臺灣的農民。

組織的結果、乃由熱誠的有志者百餘名、於本月九日午後一時起、在二林仁和宮舉發會式、這一天出席的組合員約十分之九。

首先由胡善隆氏起來述開會辭書記報告創立的經過：次乃公舉簡吉氏爲臨時議長。議決章程、選舉各部落的委員、林水定曾知高陳昭圳湯阿寶蕭農林秋林阿坤洪屋林飛李扶成葉詠求葉阿煌林中胡海諸氏、再從委員中選出葉阿煌氏做委員長、曾知高氏做副的、湯阿寶氏做會計、再公聘李應章氏做顧問。

役員選舉後、葉氏就起來代表委員述就任辭、李氏起來述就任辭和他的希望。來賓有簡氏和謝春木氏的演說。至四時餘才再由胡氏起述閉會辭。

一九二七年六月二十六《臺灣民報》第一百六十三號〈農組二林支部發會式〉。

出席了在二林仁和宮舉行的臺灣農民組合二林支部發會式。主席起述開會辭，書記報告創立的經過，接著公舉簡吉為臨時議長，議決章程，選舉各部落的委員，再從委員中選出正副委員長與會計，並公聘李應章做顧問，然後由委員長代表委員述就任辭。李應章也起述就任辭和希望。來賓簡吉和謝春木演說後閉會。

凌霜傲雪不凋殘

六月十七日，下午三時到六時，蔡培火、蔣渭水、謝春木、洪元煌、葉榮鐘等人因應「臺灣民黨」被禁，在臺中市召開有關是否以「臺灣民眾黨」為名重新組織政治結社的討論會。李應章也出席了。會上有人提反對意見，主張「應等到適當時期到來才組織為上策」，但組織新結社的提議獲壓倒多數贊成通過。與此同時，關於蔣渭水的進退問題，經表決通過：「蔣渭水應聲明以一普通黨員身分參加」。

六月二十八日是二林蔗農案的「上告審公判日」，農民及街民五百餘名送李應章等人到車站，搭早車前往臺中等候消息。他們一路高喊萬歲，燃放爆竹壯行。警察出來干涉，拘捕了臺灣農民組合的幹部張行及李萬得。

七月十日，先前被禁止的「臺灣民黨」改以「臺灣民眾黨」之名在臺中市舉行結黨式，截至當日入黨者有一百六十五名，出席大會者六十二人。相關的報導未見李應章之名，但他先前所提「擁護生產者之利權廢除一切榨取機關及制度」與「援助農民組合勞働組合及社會的團體之發達」，仍被列入該黨的經濟與社會政策。

七月十二日，臺北高等法院宣告三審判決，李應章等被告都未到庭，結果「上告全部被棄却」，按照第二審的判決求刑，李應章是「騷亂罪首魁」，判刑八個月，扣除預審六十天，還有六個月刑期，隨即「向赤磚城內去服役」。

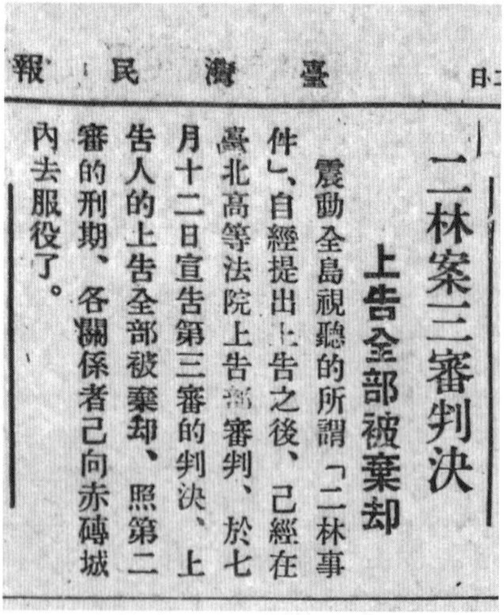
臺灣民報

二林案三審判決

上告全部被棄却

震動全島視聽的所謂「二林事件」、自經提出上告之後、己經在臺北高等法院上告部審判、於七月十二日宣告第三審的判決、上告人的上告全部被棄却、照第二審的刑期、各關係者己向赤磚城內去服役了。

一九二七年七月二十二日《臺灣民報》第一百六十六號〈二林案三審判決〉。

李應章在臺中監獄監禁期間遭到殖民當局特別處罰：關在單人牢房，打草鞋做苦役，剝奪對外通信和會見家屬的人權。然而，殖民統治者的監禁屈服不了李應章反殖民的意志。身穿「短袖紅衫」的囚衣的他，在「板凳下面」寫了一首詩以明志，詩云：「朔風凜冽鐵窗寒，短袖紅衫一領單；幸得身如松與樹，凌霜傲雪不凋殘。」

面對敵人的殘酷處置，李應章預先做了出獄後的兩種應變計劃：其一，如果敵人把他家搞得家破人亡，尤其父親死了，他就乾脆不回家，進行全島巡迴演講，喚起全島民眾和農民團結起來，作更進一步的階級和民族鬥爭。第二，如果家庭平安無事，就先回家看看，然後到日本聯絡幾個知名的社會主義者，再回祖國，推展往後的革命工作。但是，他不知道：在他「入獄三十日」後，父親李木生就病了，「病三十日而卒，家人厝其殯於藥肆，蓋將以待應章歸，而後葬也。」然而，「十一月二十六日，市人不戒於火，微風扇其煙埃漲天，全市鼎沸，奔避不遑，自東北而西南，罹於災者數十家，有呼於眾者曰：火及李先生之家，棺重難舉奈何？眾聞之，爭起而舉之以出，焦頭爛額不顧也，附郭之耕者望見烈焰，攜壺執挺，爭趨於李先生之家，擠而蹶踏而傷不顧也。」

在臺中監獄監禁的李應章（臺灣民眾文化工作室資料庫）。

丁卯殘臘，也就是一九二八年一月十四日，李應章的刑期滿了。前一日，他的家族戚友與農民組合的同志們就前往臺中，準備迎接他出獄。但是，刑務所當局恐出迎人多而在沿途惹起事端，十三日清晨五時半，提早三個鐘頭，就叫他起床準備，六時頃，由兩個武裝特務硬將他押上一臺特備的自働車，神不知鬼不覺地載出刑務所。

車經彰化，李應章因為離開臺中刑務所時沒人曉得，想讓彰化的幾個同志曉得他出來了，就在縱貫路經市仔尾時連喚肚子痛，請求彎進不遠處賴和醫師的診所看病拿藥。特務無論如何不肯，甚至擺出猙獰面目，說不許他離開車子一步，假使不服從就再關起來。他據理力爭說他刑期已滿，今天恢復自由，他們無權干涉。其中一名特務立刻掏出彷如催命符般的拘捕令給他看。他無可奈何，退而要求在彰化市內轉一圈。特務還是不肯，直接把車經北斗開往二林。沿途，他無聊賴地看著車窗外流逝的街景，有感而發地口占了幾首詩：

其一曰：「晚夢未全醒，雞鳴暗度關，拭開睡眼看，已到舊家山。」

其二，想像前往刑務所迎接他出獄的群眾的情景與心情，並諷刺沿途跟監的警察特務，曰：「狗盜車行緊，歡呼拍掌遲，獄前應悵望，待到幾何時。」

其三，回顧入獄遭受的酷刑及重獲新生之喜，曰：「受盡熱刑又冷刑，〇〇〇〇〇〇〇，從今踏出人間地，脫却紅衫喜再生。」（第二句被刪除不得發表）。

最後，表白往後繼續為反對殖民統治尋求民族解放的願望，曰：「半載光頭跣足人，今朝始獲自由身，何當覓得桃源路，一棹春風好避秦。」

車入二林。李應章驚見一片荒涼的街景。下了車，他不但找不到家，更找不到他父親。堂兄李增塹告知，他才知道在獄期間父喪與二林大火的不測之變。堂兄帶他到他家的某一房間，拉開白簾布，指給他看停放的一具棺材。他一看就暈過去了。誠所謂「途之人趨而隨之，入其新居，則父骨幸全。當是時，哭者在堂，弔者門外，呼而相慰者在市，聲相雜也。」

李應章氏出獄

—用官衙自働車送到二林—

二林事件的主腦者，詹奕候、劉崧甫、陳萬勤諸氏已於前月先後出獄、而李應章氏也就本月十四日刑期滿了。故其家族戚友於前日就往臺中、等要迎其出獄。殊不知刑務所當局却格外好意於十三日清早五時半、就喚李氏起床準備、於六時頃特備一臺自働車、將李氏由刑務所載出、經彰化北斗直接送到二林李宅、以官用自働車送出獄者囘到其家、蓋以李氏爲嚆矢。但刑務所對李氏這樣的優遇未必是出自真好意、概係因恐出迎人多、在臺北及沿途惹起熱鬧的緣故。

李氏在獄半年間、遇其令尊逝世、最近又遭二林大火、家屋被其焚燒、此等事李氏乃全然不知、及至車入二林目睹一週荒涼的情景、及見家人始知其有如此不測之變。斯人斯境實在難免無限感慨、而令人深表同情啊！

李君在獄幸身體健康聊可爲慰。在歸途車中感作數首之詩、敢錄於左：

出獄車中口占

曉夢未全醒、
鷄鳴暗度關、
拭開睡眼看、
已到舊家山。

× × ×

狗盜車行緊、
歡呼拍掌遙、
獄前應悵惘、
待到幾何時。

× × ×

受盡熱刑又冷刑、
[illegible]
從今踏出人間地、
脫却紅衫客再生。

× × ×

半載光頭跣足人、
今朝始獲自由身、
何當覓得桃源路、
一棹春風好避秦。

—一、一四、[illegible]—

一九二八年一月二十二日《臺灣民報》第一百九十二號〈李應章氏出獄〉。

李應章醒過來後，一句話都不講，在腦子裡衝動想著要怎樣報此不共戴天之仇，而首先想到的就是暗殺臺灣總督。可這個最愚笨的計畫後來被母親曉得並激烈反對而終止下來了。面對家破人亡面目全非的家，他於是繼續行醫以維持生計，同時在當地警察監管之下辦理父親的喪事。

二月二十一日，李應章的父親出殯。當日，南北各地約有三千餘名會葬，林獻堂、林幼春、蔣渭水以及「公開職務是文協本部中央委員兼任《大眾時報》記者，常常出現在彰化、臺中、豐原地方的群眾大會上，在中部頗有些影響力。在彰化故鄉頗有些群眾，尤其是青年群眾」的蔡孝乾也都到了。殖民當局對此儀式實行戒嚴，沒收了三百餘旒輓聯軸當中的三旒。早上九時，告別式委員長霧峰林幼春首述式辭，李應章接著引率

三種郵便物認可）　昭和三年三月四日

二林　李氏之葬式　聯軸被當局差押

李應章氏令先父的葬式、於去廿一日午前九時起舉行了。當日的會葬者、北由臺北南自高雄而來、約有三千餘名、聯軸有三百餘旒、內中被當局差押的有三旒、霧峯林幼春氏為葬式委員長、至定刻由委員長首述式辭、應章氏才引率家族照次序拈香並自朗祭文、只讀數行、聲淚俱下不能卒讀、故此以代人讀之、現出極悲慘狀況、參列者都因此無一不下同情淚了、然後披讀弔文弔電及一般會葬者拈香、特有農民組合的農民二百餘名、係由郡下各地來會葬的、但因時間關係不能一々使其拈香、只使其派代表、最後由蔣渭水氏述弔詞、說及李君出獄看見父亡家燒失、、大表同情、並憤慨臺灣之黑暗、慷慨悲歌、以致被會葬的警部、使部下對委員長干涉云。

斗六　開紀念講演會

於去廿日夜七時起、在斗六街觀音廟內開農民大會的紀念講演會、聽衆約千餘名、至定刻由簡文與氏宣告開會、陳抑女士講受輕別悲苦、

一九二八年三月四日《臺灣民報》第一百九十八號〈二林李氏之葬式聯軸被當局差押〉。

家族按照次序拈香並自讀蔡孝乾所寫的祭文，但只讀數行，就聲淚俱下不能卒讀，不得不由他人代讀。參列者無不因此哀戚場景而一掬同情之淚。然後是披讀弔文、弔電及一般會葬者拈香。因為時間關係，由郡下各地來會葬的二百餘名農民組合的農民只能派代表而不能一一拈香。最後由蔣渭水述弔詞，說及李應章出獄看見父亡家燒失時大表同情，並憤慨臺灣之黑暗而慷慨悲歌，以致被會葬的警部命令部下干涉，並把祭文和所有輓聯軸都沒收了。

李應章的報復計畫雖然被母親壓制下去了，可在艱難處境中仍然繼續從事反殖民的社會運動。他看到糖廠雖然略有提高甘蔗的收購價格卻仍保持不合理的片面決定方式，於是基於要徹底打倒糖廠的單純的報復心理，決定從長計畫與糖廠繼續鬥爭。他秉持「罷植同盟是蔗農唯一武器」的認識，再次聯繫各個蔗農組合的老幹部組成一個不植蔗同盟，要求佃農不種甘蔗，同時對地主宣傳「地皮如果種植甘蔗，地力消耗很大」的觀念，促成蔗農和地主建立不植蔗的統一戰線。為起帶頭作用，他和蔗農組合的老幹部也合夥經營農場，專門種稻，不

種蔗。

五月一日，臺灣農民組合二林支部在二林媽祖廟開催五一節紀念講演晚會。雖然天降大雨，聽眾還是擁滿會場。李應章出席演講「勞働之意義與歷史」，但與其他演講者一樣，講幾分鐘，就被臨監警吏粗暴中止。

七月，李應章恪盡農組顧問的身分，聲援山寮事件受難農民的二審鬥爭，同時對農民與源成農場的鬥爭給予指導和聯繫。

夏暑期間，應該是想要發展吸收李應章加入四月在上海秘密成立的臺共組織吧，從上海被押解回臺灣拘留的謝雪紅，釋放後就和農組幹部李喬松到員林找文化協會理事林糊醫生，然後坐公車到二林找李應章。當晚，李應章通知了幾位當地人士同謝雪紅談話。謝雪紅就住在李家，隔日才回臺中。顯然，他們之間並沒有後續的發展。

年底，不植蔗運動的成果明顯出現了。一方面是李應章和蔗農組合老幹部合夥經營的農場的種稻成績很不錯，因此影響周圍的農民都不種蔗了。另一方面也是由於蔗農的政治覺悟提高了，二林地區的當期植蔗面積竟然由原有的五千多頃降到九百頃不到。這樣厲害的減產致使糖廠呈半倒閉狀態。李應章就要求糖廠在一九二九年秋天協商解決現期的蔗價，一九三〇年春天解決下期的蔗價。這次的鬥爭很快就以糖廠變賣給其他製糖株式會社，由新老闆來接受農民的要求而告勝利結束。然而，由於農場經營是從報復心理出發，容易失卻理性的根據，所以當被報復目標一倒，運動就很容易渙散下來而沒有持久性，經營農場的幾個老幹部也就各奔前程各謀發展去了。

時序進入一九三〇年。

三月二十三日，李應章與北斗林伯廷、卓金水及二林詹奕侯等人發起創設民眾黨北斗支部，經得該黨本部的承諾，乃於北斗街林伯廷宅開組織籌備會。早上十時，林伯廷先在宅前空地舉行母堂告別式，民眾黨代表蔣渭水等人及該黨各地之代表、地方團體之代表，以及其他私人街眾等近千人參列，寬大之式場幾無立錐之餘地。蔣渭水出為演說以代弔詞。告別式完了後，「樂隊、聯軸、花環及會葬者等作一蜒蜿之長陣迂廻北斗街，及出街外，會葬者始散，誠為該地稀有之盛式」。午後四時起至六時半，北斗郡下的臺灣民眾黨員和本部職員共二十餘名開會協議，決定以卓金水為主幹，林伯廷、李應章、詹奕侯、卓金水、許耀、楊枝、陳水、黃拱南等人為籌備委員，於近日先向郡當局提出申請，大約在四月中旬前後舉行成立大會。

四月十二日，民眾黨北斗支部如期在北斗街新舞臺舉行結黨式。「未開會前，沿街警官如布戒嚴令一般，每二三間的距離就置巡查，會場內外亦配置公私服巡查六十餘名，要入場的來賓及黨員各須脫衣遍體搜查，並且以強悍的挑戰態度侮辱一般傍聽人，然而大家都忍避其鋒。」午後二時，林伯廷宣告開會，對黨旗行禮後，推李應章為議長，及至卓金水報告創立經過時被中止。接著審議黨則，通過「禁止游技場賭博行為」與「創設讀書會」兩項議案。但第一議案的提案者在說明時被中止旋被檢束，同時又檢束五六人。次入委員選舉，林伯廷、李應章、卓金水、黃拱南等人當選。然後由本部蔣渭水致辭，來賓廖進平、梁加升、許胡、張晴川及當地實業協會代表楊萬上各起述祝辭及希望。至午後四時閉會。同夜在該處開紀念政談講演，並宣傳對臺灣地方自治制改革的主旨。聞黨員及聽眾再被檢束六七名。該黨本部即派蔣渭水、陳其昌、廖進平三氏向督府及各關係當局嚴重抗議警察的無理取締。

夏初，李應章經過出獄後一年多的行醫，經濟上又富裕起來，再賣掉一些田地，就把被火燒掉的家屋連同醫院重新建築起來。

八月十七日，在日本殖民者的高壓政策下，逐步從民族運動的前沿後撤而向殖民當局妥協的林獻堂一派，在臺中成立以促進地方自治制度的實施為其單一目標的臺灣地方自治聯盟。民眾黨領導幹部蔣渭水、陳其昌、謝春木等人看到，隨著地方自治聯盟活潑地展開活動，中產階級以上的有力人士將支持自治聯盟，如果民眾黨仍然從事單純的自治制改革要求或責難總督政治等範圍內的活動，將難於和自治聯盟對抗。如果讓這種愈來愈加明顯的趨勢繼續發展，無異是等待本身的自滅，因而謀求為民眾黨打開前途之策。

十月，李應章應謝春木的邀請去臺中出席臺灣民眾黨的會議，並在會上反對殖民當局要該黨修改階級鬥爭綱領的意見，主張揭穿統治階級的假面具，「寧為玉碎、不為瓦全」。其後，李應章想組織保甲協會而把起草的章程給謝春木看，希望他能共同推動。但事隔兩天，他即受到臺北警署搜查家宅的警告，並正式宣告封鎖他的言論，如不接受，立即逮捕法辦。

雞鳴月黑出鯤溟

李應章在殖民警察的威逼之下，不能不遵守禁言的命令。因為出獄後即被日警及其狗腿片刻不放鬆監視盯梢，他認為自己既不能寫，又不能講，在臺灣對於民族革命也不能起什麼作用。他更認為，只要祖國大陸的革命沒有成功，被日本殖民統治的臺灣無論怎樣也搞不出什麼名堂。其實，早在一九二七年國民黨背叛國共合作，實行反革命血腥「清黨」的時候，他就曾回答日本勞農黨黨首麻生久律師的提問，說中國必須再有一番大流血的革命才能夠徹底建立革命事業。因此，那時他就萌生了前往祖國參加革命的想法，對臺灣的農運也就較以往放鬆了很多。也因此，簡吉和趙港曾經當面批評他沒有勇氣，敵人一鎮壓就要回祖國。他反駁說這樣做並不是向敵人低頭，而是為了更徹底的革命。可他們始終不以為然，經常對他有意見。

十月二十七日，「霧社事件」爆發。日本警察因此對李應章的監視更加嚴密。他的行動完全不自由了，連出診也需要報告。他曾幾次三番想雇帆船偷渡離開。但情報早就被當局掌握而寸步難移。因此，他除了靠正式手續出境之外，無路可走。

一九三一年元旦，李應章到能高郡拜訪向來同情他的原二林分駐所警部江川博通。江川警察課長向李應章透露說日警正準備逮捕他，要他設法盡快離開臺灣，否則將遭到殘酷待遇。回家之後，他就停止所有活動，加緊離開臺灣的準備工作。

三月起，隨著日本軍國主義侵華野心的發展，殖民當局全面檢舉農組與臺共。臺灣社會運動各條戰線上的反日組織也遭到日本殖民當局全面禁止。殖民地臺灣進入歷史黑暗期。李應章辛苦找關係辦領護照，通過一個汽車行老闆的遠房親戚幫忙，去臺中和高等警察課長應酬。他也因而在下榻的旅館邂逅了名為陳阿守的女子。

「九・一八事變」爆發後，李應章費盡九牛二虎之力終於打通了關節。但十月初，母親去世。他「草草地把喪事了結」。月底，護照出來了。十一月底，他和陳阿守由詩人高信戰作媒，在北投「實行夫妻關係」。

一九三二年元旦，李應章和陳阿守由陳阿守就讀醫專的兄弟陳錫銘送行，前往基隆港。臨要開船時，總督府特務和基隆水上警察局的五、六個特務把他團團圍住，要他發表臨別談話。他拒絕說他早就被封鎖言論了，還要發表什麼呢？他們還是硬要他發表離開臺灣的感言。他知道他們肯定不懷好意，說不定又要拿他說的話而把他扣起來，但不說幾句又不行。他考慮之後就簡單的說臺灣的政治辦得很好，非常成功。此時，船上敲鑼了。他們也就離開了。不久，船駛離基隆碼頭。在輪船的甲板上，他望著逐漸遠逝的山巒，有感而發地詠了一首題為「追求主義真」的七律詩：

十載杏林守一經，依然衫鬢兩青青。
側身瀛海豺狼滿，回首雲山草木腥。
潮急風高辭鹿耳，雞鳴月黑出鯤溟。
揚帆且詠歸來賦，西望神州點點星。

在廈門參加中國共產黨

一九三二年一月，李應章來到廈門，先住親戚林玉泉家，但日本領事館已追蹤查問，隨即遷宿旅館幾天，再轉往原籍廈門的醫專同學林醒民所辦的慈善醫院。「一・二八」事件發生後，他志願參加醫院籌組的醫療隊。但因經費困難，醫療隊未能北上。

李應章在臺灣搞農民運動，也有階級意識，甚至暗慕共產

鼓浪嶼泉州路神州醫院舊址（藍博洲攝於二〇一四年十月二十四日）。

黨，認為做一名共產黨員是光榮的。但是，初到廈門時，他的思想意識主要還是一個愛國的民族主義者，因而仍被國民黨實行三民主義的虛偽宣傳所蒙蔽。然而，當權的國民黨腐敗無能，國家破爛不堪，民族萎靡不振的現實，很快就打消了他對國民黨僅有的一些幻想，並被民族良心激發而寄希望於共產黨。他很想去漳州尋找據說參加了紅軍的蔡孝乾，進而投入共產黨領導的革命，卻苦於人生地不熟，既沒有熟人帶路，又欠缺盤纏，終究未敢貿然嘗試。他和在鼓浪嶼英華書堂教書的外甥洪允廉商議，決定先在島上掛牌行醫，維持生活，再作打算。他於是向文協老友林木土辦的豐南錢莊貸借五百元，在泉州路烏棣角租了一座洋房，籌開神州醫院。

二月中旬，正在籌備醫院的李應章認識了開照相館的臺灣同鄉張水松，相談甚歡，經其介紹面見了中共廈門市委組織部長嚴壯真，加入互濟會，並與照相館的另一個臺灣同鄉謝某為一小組，由張水松任小組長，展開反對國民黨「新生活運動」的遊行。他們製作大批傳單，於廈門中山路、思明南路的中心市區散發，同時寫標語。其後小組在陳新士（眼鏡陳）領導下，每週定期開會，檢討工作，進行自我批評與互相批評，布置發展會員等新的工作任務。

李應章在互濟會工作表現積極，再加上在臺灣領導蔗農鬥爭的光榮歷史，四月，嚴壯真於是介紹他入黨。他在自傳上填寫了化名李立中。候補期三個月之後，七月，他在神州醫院診療室，由嚴壯真監誓，正式成為中國共產黨黨員。後來他吸收了曾在他家對面博愛醫院任實習生的公妙山，再加上郭星如，三人為醫院黨支部，自任組長。初期仍由陳新士領導，後歸嚴壯真直接領導。以神州醫院為聯絡站，掩護同志進出，搜集情報與其他種種有利於黨的工作，並發展組織，領導內厝奧花磚廠的工人勝利鬥爭。

一九三三年，李應章由組織派去參加宋慶齡領導的中國人民武裝自衛團。同年十一月紅軍高級將領張雲逸（1892-1974）作為中共蘇維埃中央全權代表派往福建，與宣布起義的國民黨第十九路軍人民政府建立軍事上和政治上的聯繫。

一九三四年，李應章的主要工作一是宣傳反對統治階級工部局的白色恐怖。二是以廈門臺胞為中心，組織國際問題研究社，創立光明俱樂部。但因統治階級已注意到，只進行一次座談會即解散。同年年初，嚴壯真帶李應章到鼓浪嶼大德記某大公館給患了胃病的張雲逸診病三、四次。張雲逸說要介紹李應章到中央蘇區做醫務工作。他很興奮地答應了。廈門黨組織也同意。張雲逸回去之後果然派一位姓高的交通到廈門來帶他進去。他也準備好了。不料，高某卻腐化墮落，再也不肯回去，並出賣了由蘇區出來在廈門養病的蔡志新。同年春天，中共廈門市委於鼓浪嶼召開黨內幹部會議，主席嚴壯真、記錄劉英

（湖南人），參加人數約二十多人，李應章和張水松也出席。會議傳達中央反圍剿的方針，決議派劉英到福州省委工作；李應章負責顧養她的小孩，並在注射針藥時或用藥處死叛變的高某。李應章覺得此法不妥，後來再與嚴壯真等人詳細商議，改由他籌款買槍枝，交給嚴壯真，另外派人在廈門大學附近的荒地執行槍決。然而，嚴壯真後來向李應章轉達執行人匯報的情況，說執行同志拿到嚴壯真交來的手槍之後，就把那名叛徒帶到目的地，臨要執行時卻找不到事先藏在穴內的手槍，因而讓這個叛徒繼續苟活了。但是，事後組織並沒有追究那位執行者的手槍丟失是否事實，或者與叛徒有無私人勾結。其後，省委被破壞，劉英被捕後自新，回到廈門，找李應章要回小孩，並要求一定要見嚴壯真。李應章按照單線聯繫的組織既定方針，推說不知道。她卻很肯定地說「找白姑娘就可以找到老嚴」。後來，嚴壯真又和劉英到神州醫院。李應章才曉得她獨自跑去廈門，經過白姑娘而找到老嚴。但白姑娘到底是何許人，組織卻沒有檢討。

有一天，郵差送信到神州醫院，李應章發現負責油印工作的青年團員王顯瑞跑到隔壁人家去收信。雖然他是廈門市委宣傳部長褚阮進（高雄人）介紹的同鄉，平時工作態度也積極。但是，李應章對他的奇特舉動感到懷疑，於是趁他睡熟時的深夜搜查，從他脫了的洋裝褲袋裡抽出一封已寫好、封好、將要寄出的信，外面卻寫著臺灣高雄警察課收。事出意外，他連夜將這封信交給上級「長王」及何加恩，第二天一早又找到嚴壯真，與由中央派來的羅明開會，將信打開，發現內容是向高雄警察課長作間諜式的工作報告，明白記載著所有廈門地下黨的人名、職守。這顯然是一個奸細特務。但組織沒有徹底解決，只是姑息處置，讓褚阮進個人擔保以後不再犯，王顯瑞則在悔過自新後調到漳州游擊區去幹醫務工作。後來中央來信調褚阮進到中央負責其他工作。可是老褚抗命不理，既放下廈門市的工作不幹，又終日在跳舞場玩樂，組織也沒有辦法強迫他動身，再後來就叛變了。

因為這樣，廈門地下黨組織後來也被破壞了。

十一月八日，廈門地下黨決定晚上八時在鷺江道舉行紀念十月革命的飛行集會。李應章和嚴壯真在神州醫院負責留守。可是，六點多，嚴壯真卻獨自跑去廈門。七點多，負責上海交通的孫古平回到廈門，趕來醫院找老嚴未遇，只好與李應章一邊小酌閒聊，一邊等待。忽然，廈門倭仔李（臺中大肚人）來電話通報李應章趕緊撤離，說老嚴在大同路被抓了，而且站在卡車上到處抓人。李應章和孫古平隨即離開神州醫院。孫古平到廈門。李應章到熟識的病人朋友黃賜霞家裡，哄說東洋鬼子要為難他，暫時借住幾天，等風聲稍鬆就離開。第二天，黃氏回報說昨天晚上，廈門公安局、鼓浪嶼工部局和日本領事館的人包圍了神州醫院。兩星期後，李應章根據黃氏每日的反映，覺得風聲漸鬆，於是設法差人到家裡拿些路費，計畫離開廈門，進入漳州解放區。但他恐怕沒有組織介紹而找不到門路，又因為廈門到福州一帶都有危險，轉而決計到汕頭、香港、廣州去找組織關係。十一月下旬，他於是託黃賜霞買了四等艙位的船票，化裝上船，悄然離開廈門，經汕頭、香港再到廣州。但是，人海茫茫，他無從找到關係或熟人，只好又冒冒失失地由廣州、香港跑回廈門，仍舊住在黃賜霞家裡。年底，李應章再託黃賜霞找到互濟會的群眾李生華，籌了些路費，仍然買了四等的統艙票，搭船同到上海。

在上海開設偉光醫院

在上海，由於言語不通，李應章都靠李生華當翻譯，先住旅館，後到大陸公寓，時刻想找組織關係或線索，但人地生疏，茫茫人海，無處可尋。他考慮到，長此以往，經濟將大成問題，因而再作開設診所的計畫。於是改名李偉光，託人從廈門把四千八百塊大洋，連同醫具器材設法偷運出來，租了南京路勞合路（今六合路）太和大樓五〇一號（另說五〇四號），作為診所。

一九三五年二月九日，上海《新聞報》刊登了〈李偉光醫師在滬設立醫院〉的報導。三月九日，《民報》又作〈醫家李偉光應診〉的報導，說現任育英小兒科醫院院長兼醫師李偉光悉心研究中西內外諸科，尤以治痲疹、肺炎、腦膜炎為特長，同時擅治疫痢、童子癆傷、疳積等症，手術精深，早已馳譽社會。雖求治者踵接於門，但收費甚為低廉。

同三月，李偉光在南京路電車站上無意中遇見孫古平；在逃難摸索中再見同志，其愉快非千里遇故知所能形容。孫古平說他也斷了關係，想到上海來找過去的線索，但已經找了兩天卻找不出什麼，正想要去找一個姓唐的蒙古同志。李偉光於是和他同去蒙古同志所住的草棚，但隔壁鄰居說他已經離開一個多星期了。他們只好失落地循原路回來，邊走邊聊。孫古平告訴李偉光說廈門的破壞多是褚阮進叛變搞的。褚阮進向敵人獻計，先將白姑娘弄進去，然後再抓到嚴壯真。嚴起初不肯投降，經不起褚阮進的勸告和威脅，再用白姑娘出來誘降，因此喪失立場而投降了，可是仍被敵人判刑十三年。至於他在卡車上跟著抓人是否被迫佯裝則無法判明。李偉光挽留孫古平住在上海，說他會做裁縫，可以維生，再慢慢地設法尋找組織。但孫古平不肯，認為回去廈門找，比在上海可能性大，堅持明天有船就走；第二天就與李偉光毅然分手，重返廈門，尋找組織關係。

四月，廈門的反動派跟蹤尋到上海，帶了一張「共黨嫌疑犯李應章」的逮捕狀到診所，所幸他們未帶來照片，無法對證。李偉光新收進來的上海人學生兼護理阿鮑說他不認得李應章是誰，李應章當然不是李偉光，當場拒收此怪文書，同時責備他們幾句，就把二隻反動派的狗哄跑了。以後他們就沒再來過，也沒有其他動靜了。

七月十日，《申報》進一步報導李偉光醫師針對貧窮病人的優惠活動和做法：「從七月起，上半天特別為窮人治病，凡上午十二時以前到院者，一概送診，僅收藥費三角。並設有育兒顧問部，關於小兒之衛生及育兒法，如有不明者，均可到該院（南京路勞合路太和大樓五〇四號）面商，不取分文，或寄足郵票質問，李醫師當函覆指示穩妥之方法等。」

年底，李偉光考慮到法租界是住宅區，適合開醫院，房租又比公共租界英國人區便宜，而且臺灣人少可容易避開等理由，於是將診所搬到法租界霞飛路（今淮海中路）康綏公寓。但是，日本領事館的西村不久就尋線上門，迫使他到領事館報到。他因此知道自己「在敵人的戶籍上已經註定是臺灣人」，因而背上了一個精神上的「包裹石塊」。

一九三六年夏季某日，李偉光出診回來，看到有人來訪不遇而留下字條說下午再來。他斟酌字句，判斷此人可能是組織派來接頭的一位同志而期待著。但他等了一下午，那人卻沒再來。他想，時局極端緊張，瞬息萬變，對方應該是有其他要事而不能來了。他也因為自己當天不在家失卻機會而懊悔。從此，毫無線索，組織關係完全斷掉。他因為接不上關係，精神無所寄託，醫院的業務又閒散，因此想利用閒餘時間與清靜的環境，完成到了上海後就開始編譯的小兒科醫書，可又被經濟壓力所迫，急不待緩，不得不擱筆而另尋出路。

夏末，江西友人中醫師邱衡有事來上海，借住李家一、二個月，常在房間點香卜課。李偉光批評他不該做此迷信的舉動。一個晚上，他在邱衡的書堆裡看到一本《梅莊易數》，原以為是才子佳人的小說，因閒散無聊而借來閱讀消遣，終夜看完之後，對卜課和《易經》的神秘也都明白了。第二天，他和邱醫師論辯，果然理解得不錯。邱醫師即將該書送給他。從此之後，他有時也常為好奇心驅使而玩這套江湖玩意。然而，這個時候，他因為經濟困難已經靠典當度日，再加組織關係斷掉以致精神苦悶之至，想借寫作解除此精神上的寂寞卻又無以為繼，因此在思想上的彷徨達到了極點。在無可奈何之下，他決心重新振作精神並告訴自己，雖然失掉關係不能幹革命工作救國了，但也應該找出自己可做的救國方法。他注意到上海吸鴉片煙的人很多，而煙毒是中華民族的一大毒害，搞戒煙醫療既是愛國之道，也可擴增醫院經營的業務範圍，於是重新著手研究過去當作無所謂的戒煙藥品，積極研製，終於在同年年底成功研製出一種名曰「安抵毒盡」注射劑的戒煙藥，實現了此一計畫。

一九三七年一月，李偉光的診所開始用「安抵毒盡」注射劑戒煙門診。據稱該藥「藥性和平，毫無刺激及其他副作用，凡用該藥戒治，既無酩酊若醉之異狀，又無昏迷不省之危險，故受戒者絕無絲毫痛苦，且可照常辦事」。《申報》最先披露此戒煙療法，譽為「醫學上之一大發明」，接著又以〈李偉光之醫績〉為題，隆重介紹推薦李偉光及其戒煙法云：「留日東大醫學士李偉光專攻兒科，兼理內科，經驗豐富，論症準確。前在廈門創辦醫院歷十餘年，成績昭著，口碑載道，至今閩南一帶，無論男女老幼，莫不知李醫師之醫績，而景仰靡既者也。嗣離閩來滬懸壺，已閱三載，凡有求診者，咸慶著手成春。最近復發明戒煙藥名曰安抵毒盡注射劑，功效奇驗，無論新舊重癮，可擔保四天戒除斷根，毫無痛苦。聞此項藥劑，李醫師費十餘年之心血，日夜研究，用最新科學方法及內分泌制（劑）配合而成。自此種藥劑成功後，為人戒除煙癮者數已百計，當茲政府嚴令戒毒之時，特為介紹於社會，俾患有毒癮者，問津有自，脫離苦海。」

由於療效神奇，求戒的病患增多，康綏公寓不敷使用，李偉光便將診所搬到霞飛路四明里二十一號（淮海中路四二五弄二十一號，電話八一〇一三。），改名為偉光醫院，擴大經營。與此同時，他曾計畫在全國各地進行戒煙，肅清所有的煙民煙毒，這樣，經過一省又一省，到了蘇區邊緣，就設法進去蘇區，或許可以再獲得革命的政治生命。他也有過開藥廠，大批售賣戒煙藥而發財起家的想法。但這兩種想法都因為經濟、人力、時間的限制而沒有實現。他只能忙於醫院的醫務工作。

過了一個月多，《申報》再次報導，李偉光通過臨床及學理上的研究，又開發了專供老年及病弱者戒煙戒毒之用的靜脈注射劑——「新安抵毒盡」。它強調該藥「功效特著，藥力和平，而吸收容易，毫無反應，又能寓戒煙戒毒於滋補，非以麻醉或以毒攻毒之其他藥品所可同日而語。據李醫師云，該藥係一種強壯劑，功能恢復中煙毒者之正常狀態，及復原其生理機能，而將煙毒除盡，誠戒煙劑中之聖品也。」

另一方面，二月，臺灣公會成立前夕，李偉光被部分臺灣同鄉包圍，又受到日領館員警的強迫，要他贊助公會。他為恐引起意外的災難，為保身計，不得不簽署贊助。開幕當天，他也被強迫拉去致開會辭。但他不講恭維話，只強調同鄉的團結，鼓勵他們既在上海經商就應當入鄉隨俗，入港隨灣。他用一些規勸含義的詞句，臨時隨口發言搪塞過去，然後藉故尿遁。他後來聽說自己還被選做理事，卻也不理它的究竟。儘管如此，他的開會辭竟然引起日本方面的特別注意，尤其海軍特務頭子大規茂更格外派狗腿深田來盯梢。深田則以和李偉光做朋友的名義敲竹槓，借錢借住等等，無所不至。

三月，李偉光悉心治癒一名「病恙雜出，既患咳嗽驚風，又有丹毒肺癰等症，病在垂危，諸醫束手」的兩個月大的嬰兒，從而贏得《申報》盛讚曰：「救危症於繁難，奏功效於旬日，洵兒科之聖手，亦今之盧扁」。與此同時，他也應旅滬福建同鄉之請而編撰《鼠疫的常識》一書，詳述對於鼠疫菌的媒介、傳染及鼠疫症之症候、治療預防等。《建言（上海）》雜誌特地以〈鼠疫療法簡述與預防法〉為名摘錄近二千字，刊登於一九三七年第一卷第三期，極其有效地普及了防疫的醫學知識。

同年春，李偉光為研究肺病藥和肺癌藥而到日人主辦的自然科學研究所，在曾廣方博士的藥物室，比較長的時間從事細菌研究，一直到抗日戰爭爆發才停下來。

臺灣革命大同盟

一九三七年七月七日，盧溝橋事變爆發。八日，中共中央發表通電指出「中華民族危急！只有全民族實行抗戰，才是我們的出路！」十五日又將〈中共中央為公布國共合作宣言〉交付中國國民黨，要求立即公布。十七日，蔣介石廬山談話，表明中國已到最後關頭，「如果戰端一開，就是地無分南北，年無分老幼，無論何人，皆有守土抗戰之責任。」周恩來等人再赴廬山與蔣介石談判。三十日，北平、天津相繼失守。八月六日，國共兩黨在南京的國防會議上初步建立抗日民族統一戰線。十三日，日軍進攻上海，挑起淞滬戰爭。十四日，中國政府發表〈自衛抗戰聲明書〉，揭開了中華民族英勇抗戰的序幕。

八月十五日，在上海的福建同鄉不落人後召開會議，討論救亡圖存的救國方案。李偉光也以福建人的身分去參加這個盛大的討論會，並和原籍高雄市的光華眼科醫院創辦人張錫祺（1898-1960）負責救護組訓練工作。同時他又去設在大世界的太和醫院，參加傷兵站的醫務工作，負責外科。在福建同鄉會會議上，李偉光認識了思想進步的該會秘書盧秋濤，以後成為革命同志，團結吳澄淵、林志誠、陳志輝等進步的臺灣同鄉，以及硤石人史露沙，共同組織「臺灣革命大同盟」，在上海報上發表宣言和綱領，尤其通過《救亡日報》，署名「林立」及地址，意圖通過它找到中共的關係。他們也組織慰問團，去慰問那些經受過國民黨監禁而解放出來的革命先輩。

李偉光所說的臺灣革命大同盟，全名應該是「中華臺灣革命大同盟」。一九三八年十月二十七日《廣西日報》刊載中華臺灣革命大同盟總部十月十三日印〈中華臺灣革命大同盟告同胞書〉。全文如下：

> 敬愛的臺灣兄弟姊妹們，請大家冷靜地回轉頭來翻一翻我們各宗祠各家的族譜家譜來看一看罷：木有本，水有源，說起來我們哪一個不是黃帝的子孫，哪一個不是由我們中國尤其華南的泉漳潮汕各地東移過去的中華民族的兒女？而且大部分都是不願做奴隸，不願被滿清政府的出賣而跟隨民族革命的英雄鄭成功一同東渡，與富有革命性的忠臣義士的後裔？我們的先烈祖嘗盡了千辛萬苦，墾荒闢野，冒著疫癘瘴氣與惡獸毒蟒的危害？胝手胼足，慘淡經營，創造了東南半壁的錦鏽河山，這都是我們先烈宗以堅苦卓絕的精神，和無數量的寶貴的生命與血汗爭換得來的呵！
>
> 在四十三年前，我們雖然由滿清政府的「寧送鄰邦不送給家奴」的媚外政策，犧牲給東洋大盜——日本帝國主義，但是土地儘可出賣，而革命烈士，及其後裔——我們臺灣兄弟姊妹們的革命精神，卻是不可出賣的。誠然，自甲午以還，揭然而起與倭奴抗戰數十年，幾乎沒有一日不在鬥爭中過日子，就是這種精神的具體表現。
>
> 慘無人道的日帝國主義者，慘殺我同胞，屠毒我婦孺，其兇暴殘酷，非筆墨所能形容，單就不久以前的北埔事變，和西來庵事件的當兒而言，不論老的，壯的，男的，女的，成千成萬的被殺死外，就是呱呱的嬰孩，也要被他們向天空丟去，再用刺刀插上而凌辱處死。嗚呼，童蒙何辜，而要遭受這種野蠻的殺戮！

日帝國主義者為了永遠統治臺灣，特地施行了野蠻專制的暗無天日的六三法律，使駐在臺灣的「皇軍」，無論什麼時候，什麼地點，可以隨他們的意思來決定，要剿就剿，要殺就殺，根本談不到開審，這個比猛獸還厲害的六三法律不是至今還時刻威脅著我們的生命嗎？

試問諸位同胞們：單照這個六三法律的精神來說，日本人把我們當做了什麼？有沒有把我們四百五十萬的同胞當做人類看待呢？我們享有生存權嗎？我們比牛馬好了多少呢？過去二十幾年，我們臺灣的志士，曾經不斷地向日帝國主義者的國議會，叩頭請願，想要把這個野蠻的法律以紳士的路線來取消，可是統治不但不夠，且在最近對這一班哀求者還要給他們加上一個「故意違旨，大逆不道」的頭銜了。

猛醒吧！敬愛的同胞！統治者所創造出來的法律，和種種政策，都是滅亡我們最毒辣的工具，我們一天不粉碎它，便一天不得翻身，日帝主義者更險惡陰毒的政策，就是挑撥離間我們和祖國親睦，欺驅我們，利用我們，以遂其侵略祖國掠奪祖國的大陸政策之野心。看：田中義一的大陸政策的奏摺裡，不是赤裸地告訴我們：「驅朝鮮浪人侵入華北，雜居相處，可藉端尋釁而起事，我帝國乃用兵鎮壓而占有之，但另一方面，須嚴防鮮人的自覺，必要時盡可犧牲鮮人全部以維『皇軍』的威嚴……蓋鮮人的自覺，實予帝國以莫大之威脅……」咳！對華北對鮮人如此，對華南對我們臺灣同胞，何嘗不然呢？

警醒呵，最親愛的同胞們，要爭生存，要謀解放，祇有我們大家團結起來打斷一切鎖鍊向日帝國主義者做無情的進攻才是我們真正的出路。我們祖國的四萬萬五千萬的中華民族的健兒，已經團結得鋼鐵般的堅固，一致對日抗戰，直到進迫東洋大盜雌伏三島為止。

時候到了，我們四百五十萬的同胞雪恥洗恨的時候到了！起來清算血債吧！我們每一個同胞，都要拿出力量來配合與強化祖國的神聖抗戰，非達到最後的勝利絕不罷休！聽呀，澎湖的海潮在怒吼！我烈祖烈宗在那邊泣訴著，要我們洗雪盡堆積得比新高山還高的腥臭的血債呀！要我們自由光榮的跟祖國的兄弟共同地在世界之上！

一九三八年《半月文摘》（漢口）第一卷第六期「日寇鐵蹄下的臺灣」專輯轉載〈中華臺灣革命大同盟告同胞書〉。

我們高呼：

擴大募捐運動援助祖國！

爭取三民主義之自由解放的新中國！

中華民族抗日戰爭勝利萬歲！

臺灣革命勝利萬歲！

接上了組織關係

臺灣革命大同盟組成的消息在《救亡日報》發表後不久，一位名叫吳成方的人來訪李偉光。經核實交談，李偉光知道他是中共上海辦事處派來找他的。他終於和組織接上了關係，後來也才知道該辦事處的主任是劉少文（1905-1987）。從此，他就在中共黨組織的領導下從事抗日地下工作。

吳成方（1902-1992），湖南新化人，就讀北平國民黨陸軍軍醫學校，參加過五四運動和二七京漢鐵路工人罷工鬥爭，一九二六年加入中國共產黨，曾任中共北京市委主要負責人，一九三一年調入「中央特科」，任中共中央特委華北政治局保衛局局長，一九三三年五月協助馮玉祥、吉鴻昌成立察哈爾民眾抗日同盟軍，同年八月調到上海，先後任中共「臨時中央局」警衛科負責人、警衛部長。抗日戰爭爆發後，在八路軍駐上海辦事處工作，協助潘漢年、劉少文恢復和建立中共在上海的情報網，曾負責領導中西功、西里龍夫等日本同志。

吳成方後來就住在偉光醫院三樓。他的愛人向楓，編輯《上海婦女》雜誌，也相幫做募捐工作。李偉光特別警戒借住亭子間的日本海軍特務頭子的狗腿深田。他在吳成方領導下，幾次替人由敵區搬運物資出來，或者利用做生意的方式而搜集敵軍情報，翻譯日文文件給予國際抗日組織，並曾以筆名「燕武」在《神州日報》揭露日軍進攻廣州灣的情報。

一九三九年，吳成方擔任中共中央文庫直接領導人。秋季，中共黨組織準備在中央文庫所在處設置與第三國際聯繫的秘密電臺。吳成方考慮到中央文庫與電臺同設一處不安全，於是由李偉光做保，將文庫搬到貝勒路福熙村可靠之處。李偉光也曾捐出藥品交給吳成方轉寄新四軍；又以收容病人為由遣走深田。同年九月，因為陳阿守與特務通姦，李偉光經與吳成方相議後決定與她離婚。

七至九月，李偉光發明的戒煙藥使得新開設的偉光醫院的門診量增多，而且也以戒煙醫療為主業。每月，上海《大美晚報》「工商週刊」都刊登兩次偉光醫院戒煙醫療的文字與圖文廣告，文字版醒目的標題分別是：〈偉光醫院‧黑籍之救星‧病家之津筏〉〈偉光醫院‧為病家服務‧為染有煙毒者解除痛苦〉〈有嗜好者欲解除痛苦‧可到霞飛路四明里偉光醫院〉〈黑籍同胞猛醒罷！如不趕緊戒煙後悔噬臍莫及‧偉光醫院科學化戒煙‧毫無痛苦‧限期戒絕〉〈欲除嗜好‧首推偉光醫院‧限期戒絕毫無痛苦〉〈戒煙專家李偉光醫師〉等等。而圖文版廣告的主體是「科學化戒煙」幾個大字，其次是上海聞人「虞恰卿‧張嘯林‧林康侯‧袁履登‧黃金榮‧劉春圃‧張錦湖‧張申之介紹偉光醫院」，此外還有「轟動全球」「快樂短戒‧快樂期絕」或「轟動全世界」「七天猛如獅‧四天煙戒絕」等字樣。

總之，一九三九年，偉光「醫院很忙，經濟好轉，添聘護士及護士長」，同時聘用「吳成方介紹來的」吳茵擔任帳房。

一九四〇年。李偉光的主要工作是為新四軍募捐和情報工作及策反等等。一月，陳阿守和其葡萄牙籍日本人姦夫夾種到日本憲兵隊告密，說揭露日軍進攻廣州灣情報的文章是李偉光寫的。李偉光因此被傳到憲兵隊受審。他在敵人面前站穩立場，堅持不暴露組織秘密，據理力爭，全盤托出他們的姦情，力駁她要達到通姦害夫的惡毒企圖而誣告，並指出夾種曾和五、六個外國人毒打他，日本領事館有案底可查。憲兵召領事

李偉光與倪振寰。

館人來查，證實無訛，於是宣告不起訴釋放。他也得以安穩地度過險境。三月，李偉光就由吳成方等同志介紹，與曾任小學校長的倪振寰女士結婚。從此以後，倪振寰一直幫助他管理醫院，謹慎地掩護同志，機智地對付敵人。

一九四一年。

一月，一個在日軍參謀本部任職當狗腿名叫蘇森的人來訪。李偉光從此和他來往，由他搞一些情報資料。

二月，李偉光在勞利育路（泰安路）租屋，增設療養院，住宅由四明里遷往療養院內。

四月二十一日，有個「二十年前因病染煙癖，沉淪黑海，苦不堪言。曾在上海、漢口各醫院就戒者已六次之多，均以戒時難受痛苦，半途作輟，不克戒除斷癮」的病人王奮致函《申報》，講述自己「經友人之介紹，入霞飛路四明里偉光醫院就戒，住院七日，不酩酊，不昏睡，在不知不覺中，竟能毒淨癮除，且於七日中舒適安閒，毫無痛苦……刻下出院以來，精神煥發，飯量驟增，身體健旺，逾於曩昔。」他強調這完全是「李醫師之學術高超，得有此良好效果。」因此「心感之餘，特捐國幣一千元於該院，每月如遇有志戒煙而力有不逮者，可享免費戒除機會……務望黑籍同志及早痛除惡習，回頭是岸……有志戒除而無力者，得能早離苦海，是為深幸。」偉光醫院為提倡戒煙而「盡救濟同胞之責職」，於是與《申報》合作，在王奮捐助十人的基礎上再增加五名，擬分成「五星期施戒，計每星期三人」。為了確保免費戒煙順利進行，偉光醫院又在《申報》公布實施辦法，其中規定的資格是：「一、年齡在二十以上，四十以下者。二、家境確係清貧者。三、曾受教育，現在賦閒失業者。四、過去因病上癮，現在自決戒除者。」並將按期登報披露施戒成績，同時規定：「戒絕出院後，每隔三個月須來院檢驗一次（一年為一度）。」「如一年內重吸者，保人應當負責追償全部戒費。」五月十三日，《申報》報導，第一期三人於同月一日住院，均已戒除舊患，於七日出院。同日，第二期三人即進院，正在施治。六月四日則報導偉光醫院第一次免費戒煙已圓滿結束。第一、二、三期施治煙民早已安然戒絕，脫離苦海，而第四、五期也都戒絕出院，「偉光醫院科學戒煙，安全王道，斷癮迅速」「咸感嘉許」。

由於療養院的集體免費戒煙治療效果不錯，偉光醫院和療養院都經常住滿病號。這也便於掩護李偉光的抗日活動。許多革命同志常到醫院或療養院「看病」、「住院」或做客，聯繫或談工作。李偉光則若無其事地裝著看病。

十二月初，作為日軍登陸部隊與汪逆聯絡員的蘇森託李偉光尋找要作機關的外人住宅。李偉光即利用談話套出一些日敵動靜，並參考能夠讀到的材料，再加上當時的國際情況和緊張局面，從而推定日軍將於八日發動襲擊。他把這些情報都交給吳成方。同月八日，太平洋戰爭果然爆發了。

一九四二年。

李偉光還是做一些聯絡情報工作。他撥出一部分病床，舉行集團免費戒煙，所以不論四明里的醫院或療養院，病人常是客滿。吳成方帶二位新四軍來診病。一位姓劉，吳成方關照是比較高級的負責同志，患重症胃病，治療將近個把月，好了回去。又一位姓李，也是胃病，較輕，不幾天就告痊回去了。他們來診病時，日本憲兵也在醫院的候診室作不速客的狀態等著。李偉光就按照常規給這隻「狗」診病。有時，吳成方闖進來，沒有發覺。李偉光就先問說劉先生，你這兩天的胃病怎樣，發作的厲害不厲害？然後就很自然地把吳請到診察室裡面，給吳示意，照樣診完之後給藥，打發吳離開。像這樣的事情在醫院是經常有的。

夏天，倪振寰患肺病吐血，發熱很厲害，臥床不起。倪家本是佛教家庭，到了藥不靈時，她就勾起了迷信觀念。她的姨夫馬文衡（文人）送來觀音、佛經、《因是子靜坐法》等等書籍。她稍痊能起床時，就在療養院三樓一個小間設了佛堂，時常去念經拜佛。李偉光認為精神寄託與治療對肺病也是重要的，也就不去反對她。因為中國多肺病患者卻沒有什麼更好的治療法，為了研究肺病療法，他就很詳細地閱讀《因是子靜坐法》，然後按照因是子自療肺病的經驗，在佛堂依樣畫葫蘆地試行靜坐。結果，他發現身心靜養對身體有相當好處，因此認為科學界承認的大氣靜養療法也可能治好肺病。但他並不因而停止研究治療肺病的藥，反而更加不懈地努力進行，到了年底，很有進步。倪氏對他的藥也略有信心，肯耐心吃下去了。隔年春天，倪氏的病情大有進步，也開始幹些輕鬆的工作。李偉光也對自己研究的肺藥產生信心。

一九四三年。吳成方由貝勒路搬到福履鎮（今建國西路）福履新邨。李偉光做他的保人。夏天，希特勒和日本法西斯在東京破壞第三國際佐爾格與尾崎秀實的組織，上海也因此被牽連。東洋憲兵特務帶吳成方的房東到四明里醫院，要李偉光說出吳成方的下落。吳成方正在療養院午睡。李偉光設法應付打發敵人走後，再慎重地轉告吳成方，讓他逃往浦東隱蔽。秋天，因為工作關係，他又介紹吳成方和做上海蕪湖間貿易的竹中公司聯繫。從此之後，彼此雖然保持聯繫，但也比較稀少了。

冬天，一名譚姓中國人介紹日本人松島章二來療養院戒煙。這位煙毒最深的、打靜脈的嗎啡毒病人，經三個星期治療，完全戒清而恢復健康。松島非常高興，付清戒費，還送給李偉光一把日本刀和照片二枚，作為紀念。通過松島，李偉光認識了日本特務機關外圍組織「東天紅」的島瑛。島瑛假裝進步，以同情無產階級的面孔出現，曾發刊中國農村的小冊子，也曾在蘇北和新四軍做物資交流。他歌頌共產黨，痛罵國民黨和汪逆。李偉光為了工作就隱藏政治身分而和他來往，所以一九四五年日敵在上海發動大檢舉之前，松島就露出了口風。

一九四三年年底，國民黨在日敵誘降之下和平談判的怪劇日有所聞。此時，吳成方要李偉光陪同一位王開宣同志到東京和談，同時搞一些情報回來。他同意了。但是，一九四四年過年後，一切準備都完成時，忽然因為「三笠宮」將到上海進行直接談判而作罷。同年春天，李偉光出資五十萬和吳成方經營香煙廠，而解決了一些同志的生活問題。但該廠終究還是蝕本而解散了。

自春到夏，李偉光因為工作閒散，毫無進展，吳成方又忙於做生意，因而思想很苦悶。他於是要求吳成方介紹他進蘇北解放區。到了秋末，他又緊緊地催促吳成方。吳成方終於答應了，並介紹李偉光去一位黃小姐處住，準備動身。但是一星期後，吳成方仍然拿不出介紹信。李偉光又從蘇森得知，敵人掃蕩西南之後，要在上海肅清所謂危險分子的愛國人士，所以更是焦急而催得更緊。吳成方後來就答應介紹他到重慶找周恩來，並帶他去和原籍高雄的光華眼科醫院副院長張錫鈞（1905-1981）聯繫，準備進入重慶。李偉光就把三隻箱子寄放張錫鈞處。冬天，吳成方又介紹李偉光外甥洪允廉到浙江三門灣石浦，準備和李偉光匯合後進重慶。

時序進入一九四五年。

年初，李偉光由王大昭（王五美）介紹，認識了思想頗進步，有愛國熱情的彰化人施石青（他父親施至善曾參加閩西紅軍工作）。四月，他們改組以前的臺灣革命大同盟為臺灣人民解放同盟，李偉光負責組織工作，施石青任總務（陳朝政相幫），郭星如管宣傳，王大昭做聯絡，林武忠、葉市養搞情報。

七月，舊曆六月十七日的早晨四點多鐘，李偉光聽有敲門聲，開門之後卻聲音全無。他知不妙，隨即藏好解放同盟的書類。因為他早已拿掉自己房門口的「院長室」小牌子，所以在房門口的敵人沒有目標，又彎到隔壁房間去找他。他急得衣裳也來不及穿，只穿拖鞋，就由二樓陽臺跳下，越過花園的籬笆，再跳過隔壁的牆，又攀越後面里弄的三道牆圍，到了敵人沒有包圍的相反方向。天將亮，行人稀少。幸好是大熱天，他所穿的汗衫褲始終沒有受到注意。但他沒有帶錢，路上也找不到車子，只好彎彎曲曲地找到妻子教書的老東家，住了兩天。為安全計，他再換到中山公園西側連襟的友人家住了七、八天，才由西站搭車到杭州。

這次檢舉，吳成方也於當日早晨被抓。張錫鈞避開沒有抓到。李偉光也就無法再去要到吳成方的介紹信和張錫鈞的聯絡信件了。到了杭州，他按照張錫鈞平時口述的站頭去接洽，才

一九三三年張錫鈞（左五）結婚照，右二、三為謝南光和張錫祺。

曉得上了「張錫鈞拐子的騙局」。他在杭州先住旅館，因為調查來住旅客奇嚴，非常危險，於是借宿福建詩友黃詩隱家。他屢次設法進去重慶，又想辦法和蕭山的游擊隊取得聯繫，但臨時所約的人沒來，關係又斷掉了。他只好一天天等待。

臺灣旅滬同鄉會的鬥爭

八月十五日，日本帝國主義無條件投降。李偉光聽到消息就趕緊用電報聯繫家裡，知道日本領事館還時常來探訪，因此一直等到月底才安全地回上海。在此之前，解放同盟的施石青、郭星如已經在各報發宣言和《告臺灣同胞書》了。施石青也已和國民黨上海市黨部預洽要在上海組織臺灣旅滬同鄉會，郭星如、王大昭、葉市養等也都同意。李偉光接受施石青的要求，於九月二日出面籌備同鄉會。這時，施石青也出乎意料地坦白他是國民黨員、上海站站長的身分。

九月三日。上午，李偉光與施石青、郭星如、王大昭同去復興西路面見國民黨的張彬人。他們到時，反帝大同盟的叛徒陳思齊和黃某已先在張家。敵偽時代，陳思齊在廣州靠日軍部勢力搞鴉片專賣，有鴉片大王之稱，日敵投降前到上海，靠日人勢力搞水產鑵頭廠。王大昭在廣州地下工作時曾和陳思齊有一段宿怨。陳思齊跑過來打招呼並懺悔他的過去。王大昭、郭星如當場表態不和他合作。李偉光認為，事已至此，不能馬上翻臉，只能按下，再作計較。下午，同鄉會第一次籌委會在李偉光的療養院召開，出席者包括：國民黨市黨部直接指派的陳思齊、張添梅、李崐玉等人，以王麗明、廖文奎、林木土為首的臺灣革新協會派的一班人，以及解放同盟的李偉光、施石青、郭星如、王大昭等。在會上，張添梅、李崐玉、張秀光提出楊肇嘉怎麼不能當籌委的質問吵鬧。因為楊肇嘉的問題，同是市黨部派來同鄉會當指導員的葛克信與中統特務周英才和張彬人之間也發生爭執而對立。一開始，周英才就支持楊肇嘉，而陳思齊、張添梅、李昆玉就是「楊派下的小嘍囉」。李偉光因此認為，「同鄉會的對立是落娘胎就帶來的先天性畸形」。

九月五日，臺灣偽總督府派林獻堂、辜振甫、許丙、陳炘等「代表來上海做政治性的陰謀活動」。李偉光等人特別加以反對，在報上揭露它、打擊它。

九月九日，同鄉會籌委會派李偉光、林木土、廖文奎、施石青等代表，參加在南京的對日受降典禮。楊肇嘉、周英才於是派陳思齊到籌委會臨時辦事處耍流氓，要將同鄉會的所有書

一九四五年九月九日臺灣旅滬同鄉會代表施石青、張明顯、李偉光、林木土、廖文奎（左起）晉京謁陵紀念。

籍文件掠劫而去，但被郭星如、王大昭阻止。從此之後，兩派鬥爭更加如火如荼了。中統特務企圖勾引李偉光，中央組織部劉某幾次三番要求，說只要他檢舉臺灣人中的漢奸分子，就給他寫字間和一張專用報紙替他宣傳。他都堅決地拒絕了。

十月，臺灣義勇隊張明顯由杭州帶來一小支隊。張明顯住在李偉光療養院內養病。支隊隊員另住虹口。同鄉會為照顧他們的生活而發動在上海的同鄉募捐米糧等等。李偉光經由王大昭介紹，認識了日本投降後由後方來滬的虹口分局分局長廖公劭。有一天，為了難民的事情，李偉光和張明顯到虹口分局找廖公劭。他們一進去就看見陳思齊被關在局裡。原來，廖在廣州地下工作時曾向陳募款，陳不但不理反而報告日本憲兵隊抓廖。兩人有過這段宿怨，因此在上海又鬥了起來。陳思齊要求李偉光向廖局長求情，放他出去設法弄錢來。李偉光替他說情，要廖放人。但廖不肯，一定要有人擔保才肯放，並要陳思齊捐米救濟難民。李偉光要廖無條件釋放。廖不肯。李偉光因為兩面都不是熟朋友就推開不管了。後來，他聽說陳思齊答應捐米五十擔救濟難民，由張明顯作保而釋放。可是，陳思齊出來之後，不但一文錢都沒捐，反而向軍統頭子鄭介民控告廖公劭敲詐。廖也因此被調進總局。廖向張明顯要陳思齊。張明顯交不出來。張、廖之間也因此感情不妙。

十一月九日，晚上十時左右，李偉光回到家。兩個等在會客廳的青年就說劉先生有話同他談，要他跟他們到外面談話。劉先生是吳成方的別名。李偉光以為他們是吳成方派來的，就和他們走到門口。突然，他們掏出兩支槍，指著他，要他不許出聲，跟他們走。李偉光叫了一聲「綁票」。他們就一個塞住李偉光嘴巴，一個翻出紅冊子說是軍統派來的，硬是把他架上事先預備的汽車，彎彎曲曲地兜了幾個圈子，把他載到中央旅社，押在二一〇號房，由五、六個兵森嚴戒備，然後由大隊長李清吉專司審問。他先從李偉光臺灣的革命歷史說起，說到抗戰時期他怎樣熱心愛國，做了不少工作，來「勾引」他；接著又問他認識張錫鈞嗎？知道國際問題研究所嗎？李偉光說當然認得、曉得。李清吉就要他規規矩矩老實交代他在抗戰期間給那一方面做工作？只要他說出來，不但無罪，而且要嘉獎他。李偉光始終一聲不響，只瞪他一眼。李清吉出去了。過一會，衛兵送茶送煙又送點心來。然後李清吉再進來，開口就問：「最近由延安來了五個共產黨員，叫什麼名字？住什麼地方？你都講出來！時間不早了！講完我們可以先送你回去。」李偉光毫不猶豫地說：「我是臺灣人。我不懂國內的地理，更不曉得延安在什麼地方，延安來了五個人，怎麼問起我來了！你們吃國家俸祿，不用心怎樣努力為國家、為民族做一點有利於國計民生的事情，反而一天到晚在鬧黨派、鬧爭奪，把國弱民窮丟開不管。我們臺灣人根本就不懂共產黨怎樣，更不曉得國民黨又是怎樣。你既然承認我是一個革命的老前輩、愛國志士，今天就不應該用這種綁票手段來對付你所欽佩的革命志士呀！哼！國民黨的政策原來如此？來！來！來！你剛才要我說出抗戰期間的情報給誰！（拍枱子）你們沒有資格問，要明白詳細，喊老蔣來吧！」對方一言不發，置之不理出去了。當夜十二點多鐘，隔壁電話響，李偉光只聽見：「是張醫生嗎？唔，喔喔。所談何事？」

第二天一早，他們把李偉光移送警備司令部。一進門，李偉光看見吳成方也在一間房間坐著，旁邊另有一個陌生人，好像也是被抓的樣子。他們不能交談，只能互相看看。一轉眼間，他們又把李偉光關進另一間電話小間，不理不睬。到了下午，時鐘敲過三點，他才被押到二樓大隊長的辦公室。一進去，那個大隊長很客氣地要他坐，與他寒暄，不像問案的樣子。他感到有點莫明其妙。這時電話響了。對方去接電話，「喔喔」兩聲就掛了，然後回過頭來對李偉光說：「一夜太辛苦你了，沒有什麼，大家有點誤會罷了。現在你可以回去了。」李偉光問他貴姓？他答姓姚。李偉光當然不肯放過姚大隊長說：「請問我昨晚的罪名是什麼？請你告訴我，好讓我明白。」姚大隊長晃一晃手裡幾張檔案似的東西，說有人告你。

李偉光問是誰？他不肯說，只說：「你們臺灣人鬧黨派，過後你就會明白，對不起，你回去吧！」他握握李偉光的手。李偉光聲稱：「我要控告，我堅決保留我的控告權。」他像沒有聽見似的到另外一個房間去了。李偉光被這種隨意綁來辭去，蹂躪人權的作法弄得莫明其妙，卻只能抱著無限的憤怒離開這個魔窟，趕往同鄉會成立大會會場。

下午二時，臺灣旅滬同鄉會假西藏路甯波旅滬同鄉會所舉開成立大會，一千數百名會員出席，外有國民黨中央黨部組織部長陳立夫、市黨部吳副市長、第三方面軍湯司令、市政府社會局長與警備司令部等單位代表，以及臺灣義勇隊第一支隊長蔡人龍、張競立指導委員、周英才指導委員及來賓王曉籟等蒞會。行禮如儀：全體肅立，唱國民黨黨歌，向黨國旗及國父遺像行三鞠躬。次由廖文奎恭讀國父遺囑，並報告開會宗旨；施石青報告籌備經過。其次則長官來賓訓話，王鍾麟宣讀致敬電文，會員演說。此時，李偉光趕到會場，當仁不讓接著主持大會，通過會章，討論議案，然後進行理監事選舉。理事候選人登記三十名，應選十五名；監事候選人登記十名，應選五名。「然以章程明定由會員選舉理監事一條，楊肇嘉力爭會員選舉權於前，擅推半數理監事於後。若是自相矛盾，言行相違，殊欠文明，故會員頗有表不滿者，蓋既已以入場券換得選舉票，各人莫不滿望發揮其自由意志為其意中人物投票，乃一千數百人投票權被一人獨攬專括，正如冷水沖熱血，其不平之鳴，固有以矣。然因時間短促，多數會員，莫不期待該會早日成立，故無論理監事為『黨選』，『官選』，『民選』，或『羊仔選』，未及作徹底計較。」選舉結果，李偉光、林木土、楊肇嘉、廖文奎、施石青、林憲、李岷玉、王麗明、林伯灶、周錫

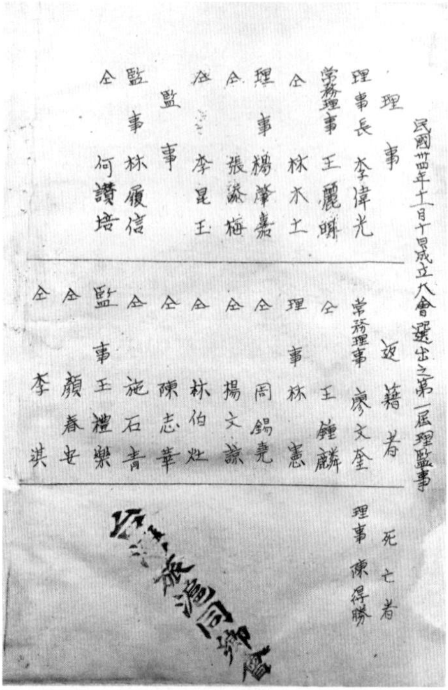

民國卅四年十一月十日成立大會選出之第一屆理監事

理事
理事長 李偉光
常務理事 王麗明
仝 林木土
理事 楊肇嘉
仝 張添梅
仝 李昆玉
監事
監事 林履信
仝 何讚培

返籍者
常務理事 廖文奎
仝 王鍾麟
理事 林憲
仝 周錫堯
仝 楊文諒
仝 林伯灶
仝 陳志華
仝 施石青
監事 王禮樂
仝 顏春安
仝 李淇

死亡者
理事 陳得勝

一九四五年十一月十日臺灣旅滬同鄉會理監事當選名單。

堯、王鍾麟、楊文諒、陳志華、張添梅、陳得勝等十五人為理事（楊派七人）；顏春安、何纘培、林履信、王禮樂、李淇等五人為監事。十五名理事再互選李偉光、王麗明、林木土、廖文奎、王鍾麟等五人為常務理事。五名常務理事再互選李偉光為理事長。最後，由廖文奎領導全會眾起立高呼：「中華民國萬歲」「臺灣光復萬歲」「蔣主席萬歲」等口號，全體鼓掌歡呼而散會。

晚上七點，多數會員假紅棉酒家舉行歡宴會，到會員及少數家屬外，有長官、來賓、指導委員及各大報館記者共三四百人。先由李偉光請大家為慶祝臺灣光復而乾杯。酒過數巡，廖文奎起立談及總理誕辰為十一月十二日，而總理遺教之扶助弱小民族，如援助高麗民族獨立，收回臺灣同胞入祖國懷胞，其目的既然達到，臺胞於慶祝故土光復之日，應記念總理遺教，並慶祝其誕辰，各人應乾一杯。次有王麗明七歲的長公子王安生以流利國語講總理略傳。復有李偉光朗誦其所作〈臺灣光復歌〉，廖文奎唱其所作〈臺灣光復詞〉。最後，鄔國楨奏演手

臺灣旅滬同鄉會成立大會記

本月十日下午二時，臺灣旅滬同鄉會假西藏路甯波旅滬同鄉會所，開成立大會。屆時全體會員一千數百名均出席，外有長官中央黨部組織部長陳立夫先生代表劉百閔先生，市黨部吳副市長代表應仲傑先生，第三方面軍湯司令代表陸久之先生，市政府社會局長代表施篤東先生，警備司令部代表彭育才先生，臺灣義勇隊第一支隊長蔡人龍先生，來賓有王曉賴先生，及張指導委員競立與周指導委員英才等莅會。行禮如儀：全體肅立，唱黨歌，向黨國旗及 國父遺像行三鞠躬。次由廖文奎恭讀 國父遺囑，並報告開會宗旨。次由施石青報告籌備經過。其次，則長官來賓訓話，王鍾麟宣讀致敬電文，會員演說。再次，則由李偉光司儀，通過會章，討論議案。然後，選舉李偉光，林木土，楊肇嘉，廖文奎，施石青，林憲，李崐玉，王麗明，林伯灶，周錫兗，王鍾麟，楊文諒，陳志華，張添梅，陳得勝等十五人為理事；賴壽安，何衛培，林履信，王禮樂，李洪等五人為監事。然以章程明定由會員選舉理監事一條，楊肇嘉力爭會員選舉權於前，擅推半數理監事於後。若是自相矛盾，言行相違，殊失文明，故會員頗有表不滿者，蓋既已以入場券換得選舉票，各人莫不滿望發揮其自由意志，為其意中人物投票，乃一千數百人投票權被一人獨攬專括，正如冷水冲熱血，其不平之鳴，固有以矣。然因時間短促，多數會員，莫不期待該會早日成立，故無論理監事為「黨選」，「官選」，「民選」，或「半仔選」，未及作徹底計較。最後，由廖文奎領導全會衆起立高呼，「中華民國萬歲」，「臺灣光復萬歲」，「蔣主席萬歲」口號，全體鼓掌歡呼而散會。

一九四五年十一月廿五日上海《臺灣月刊》創刊號「記事欄」。

琴，又李偉光與陳炳煌二位合唱〈光復歌〉。席間，指導委員張競立與周英才並致辭勉勵臺胞協力此後建設。至九時許，賓主盡歡而散。

年底，本名張梗，原充中共冀魯豫軍區政治部所屬敵工部日軍科副科長的嘉義新港人張志忠，帶著臺灣省工作委員會書記蔡孝乾（彰化花壇人）的密函到四明里醫院來看李偉光。從此以後，李偉光和臺灣地下黨建立了關係。蔡孝乾到上海以後，又介紹他和中共上海局的張執一聯繫，以後都由張執一領導。

臺灣旅滬同鄉會開展工作

一九四六年。

一月，臺灣旅滬同鄉會接洽美國船隻「藍美斯自由號」，第一次遣送難民一千八百人，開往臺灣。為維持同鄉會經費起見，李偉光向臺銀上海分行借款二千萬元。同月二十九日，同鄉會理監事舉行宣誓就職典禮。

二月十日，臺灣旅滬同鄉會福利部第一次部務會議決議，為便利臺胞回鄉起見，即義務代向招商局購買船票（前後達二十六批以上）。同鄉會也因貧難臺胞乏資返鄉而加收難胞遣送費。

三月二十日，同鄉會安排張深切、何非光、林憲、張才與黃烈火等第二批臺胞七百五十三名，其中全票六百二十名、半票一百三十三名，乘海宇輪返臺。同月三十日，又安排從青島、蘇北、天津先後來滬的臺胞三十名，其中應該包括「張志

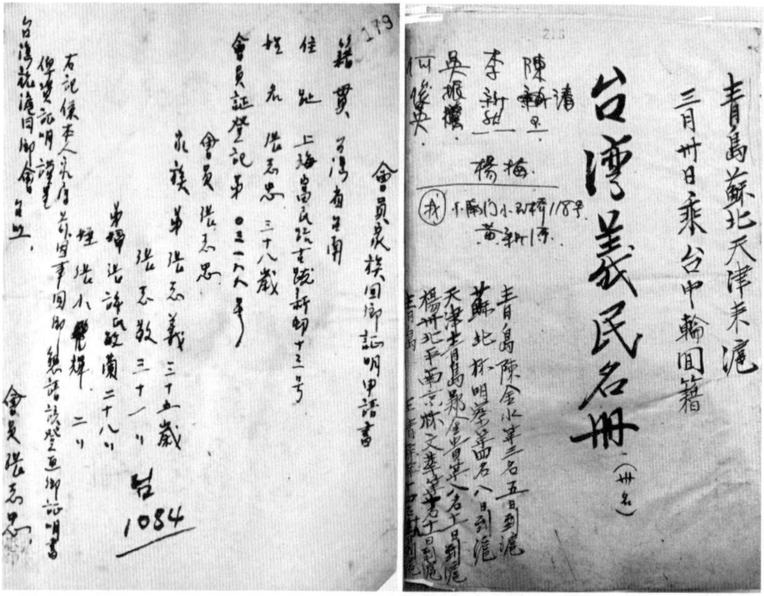

張志忠等五人申請返鄉證明書與搭乘臺中輪返鄉的名冊封面。

忠和洪『幼樵』同志等五位同志」，乘臺中輪回籍。

四月五日，同鄉會安排第三批臺胞三百三十二名（全票二百九十四名、半票二十八名），乘海辰輪返臺。同月十日，安排鍾理和（鍾漢秋）一家三口、張添梅、張朝邦（南投竹山）、李水清、黃山水、陳顯榮（嘉義）等第四批臺胞八百六十七名（全票七百四十五名、半票一百二十二名），乘臺北輪返臺。

五月十日，同鄉會安排莊泗川等第五批臺胞五百三十九名（全票四百九十四名、半票四十五名），乘海宿輪返臺。

與此同時，同鄉會於春季設立附屬臺光中小學，義務收容會員子弟，並特別注重文史教育，學生達二百二十名。同年六月又於會館設立圖書室，藏書共兩百本以上，供會員及臺光中小學學生閱覽書報。

六月十六日，同鄉會又安排從錦州（八十八名）、北平（洪炎秋等一百零八名）、太原（四十四名）、重慶（十八名）、青島（陳大川等三十二名）、漢口（江德興等一百四十六名）來滬的臺胞，共四百三十六名，乘海辰輪返臺。

六月二十一日，同鄉會邀請郭沫若、田漢、茅盾、翦伯贊、周信芳等十位文化名人，於虹口第一食堂召開「臺灣問題文化人座談會」，理事長李偉光暨會員二十六名到會。

七月二十一日，上海《大公報》報導，在東京澀谷區某大企業的空地擺攤維生的臺灣人不堪當地利益集團嗾使日本幫會流氓尋釁生事，十九日前往中國駐日代表團請願，歸途卻遭三百多名日本人和日警攔車包圍。日警開槍射擊，當場打死兩個臺灣人（後來再死兩人），十四人以上受傷，並拘捕其餘臺胞，移送美軍第八憲兵司令部處理。這則消息隨即引起上海臺胞的激憤。二十二日，該報續載：「我代表團發表聲明領事館正擬應付步驟」的中央社電訊。二十三日又發表社評〈抗議日警槍殺我臺胞〉，嚴厲批評「未死的日本法西斯向中國人民開槍」。李偉光也在同鄉會發動同鄉舉辦臨時座談會，出席者都是積極分子和公費生同學們，所謂「虹口楊肇嘉一派」的同鄉都沒有來。自稱因為工作關係被日敵抓去關了兩個多月，受刑得病，勝利後才出獄的國民黨中統特務周某，卻來偉光醫院門診肺病而跟監會場。翌日，周某帶滬杭寧專員的中統頭兒林尹到療養院見李偉光，要求他領導一些同鄉在虹口一帶展開所謂示威運動，並毆打留用日本人，搗毀其家屋，以為報復。林尹保證說有事由他負責，如果因此被捕可以立刻放出，絕無危險。李偉光當面拒絕，表示不能接受的理由：一是他個人無權作此決定，二是此事非同小可必須由理事會決議，三是動員頗成問題，四是群眾很難約束，事情鬧大了，騷亂社會秩序，無法收拾。李偉光明白，這是這幫特務所設的的陷阱，企圖讓他落進泥坑，從而威脅掌控他往後的行動。二十八日，同鄉會舉行記者會，報告澀谷事件始末，籲請報館記者及文化界站在公理正義之立場廣為聲援，並由李偉光以旅滬臺灣同鄉會理事長名義分向蔣主席、行政院長、臺灣省行政長官、駐日中國軍事代表團致電，要求政府採取有效步驟，據理交涉，嚴懲肇事兇犯，釋放臺胞，賠償損失，保証今後不再發生類似事件，要求派兵占領日本，嚴厲管制日人。

七月二十九日，同鄉會安排從南京（三十五名）、西安（二名）、鄭州（一名）、東北（三百六十六名）、天津（一百五十六名）來滬的臺胞，共五百六十名，乘海黃輪返臺。

八月五日，同鄉會安排一百二十九名臺胞乘海宿輪返臺。同月十五日又安排一批臺胞乘海宙輪返臺。

另外，自七月十三日至八月八日，同鄉蔡清棋募來一百七十萬元。同鄉會特誌「捐款明細報告表」，「以示不忘」云：「卅五年七月滯滬待輪回籍之臺胞達七百餘人，東北、華北又有千人左右陸續抵此。若輩生活維艱，囊空如洗，而本會以汲深綆短，愛莫能助，爰刊《救濟災黎募捐緣起》，由同鄉蔡清棋先生獨力負責向外勸募，匝月而得壹百柒拾萬元，救濟遣送費用得有著落。是皆各界之臂助與蔡君奔走呼籲之功也」。另外，自一九四五年十二月至一九四六年八月，同鄉會會員二十八名共捐助一百零四萬六千二百二十五元。

八月二十二日，同鄉會安排一百二十九名東北長春的臺胞，搭乘海玄輪，回返高雄。

九月四日，同鄉會又安排一批臺胞搭乘海宇輪返臺。同月十日，安排北平的臺胞一百二十五名、長春的臺胞一百八十二名，搭乘海康輪返臺。十二日再安排一百二十五名臺胞，搭乘海天輪返臺。

因為會員陸續返籍，秋季開學時，臺光中小學學生減至一百零五名。後因各地難胞來滬眾多，招待所不敷收容，學校不得已暫時停辦，而改為難胞收容所。

同樣是在九月十二日，「背井離鄉多年」之後的李偉光，通過臺灣銀行上海分行代訂機票，搭乘飛機，以旅滬臺灣同鄉會理事長的身分回到闊別十五年的臺灣。長官公署除了派二名官員到機場迎接他，招待住到勵志社，並由秘書長葛敬恩和處長嚴家淦、包可永，以及李翼中等二十多人舉行歡迎會。第二天，李偉光去長官公署拜訪陳儀，並去答謝葛敬恩、嚴家淦以下各官僚的歡宴和招待之禮，然後又在臺北見了老朋友和記者。

為了提高李偉光的聲望，蔡孝乾已經事先通過張志忠布置宣傳工作。在《人民導報》當記者的吳克泰和專門為《自由報》寫稿的蔣時欽，於是一起去採訪李偉光，並由吳克泰寫了題為「莫忘二林蔗農事件」的專訪，介紹李偉光領導的二林蔗農事件，在《人民導報》連載兩天。再翌日，李偉光到了臺中，於臺中旅社和張志忠見面，並布置以後在臺灣的地下黨工作計畫和日程。第四天，謝雪紅和楊克煌，在中央書局經理莊垂勝當館長的臺中圖書館召開了五六十人參加的歡迎會，並由楊克煌寫了一篇會場報導，在《和平日報》發表。李偉光然後回到故鄉二林，舉行蔗農事件遇難志士和故亡同志追悼會，訪問故舊。楊克煌也派了一個記者隨行採訪，報導了他在家鄉受到群眾歡迎的熱烈情況。李偉光後即南下高雄會友座談，並向

旅滬臺胞動態
李偉光氏昨返臺向本社報告
李偉光鳴謝啓事
滬臺灣同鄉會理事長
李偉光先生訪問記

一九四六年九月二十三至十月一日《人民導報》有關李偉光返臺的三則報導。

由他介紹給臺灣黨的張明顯傳達組織的意思與勉勵。最後再回到臺北。月底，他在黨組織同意之下，於臺北廣播電臺向臺灣民眾作廣播。他也特地去向陳儀辭行，趁機談了失業嚴重、農村疲弊、民怨沸騰等在臺期間的所見所聞，交換一些有關臺灣施政的意見。陳儀顯然不以為忤，答應要力行臺灣民主政治，並要他介紹青年幹部。他當即將此事轉告蔡孝乾和張志忠，並且開始計畫怎樣介紹給陳儀。返回上海之前，長官公署的官僚又設宴歡送，他也在蓬萊閣款宴他們答禮。隔天，葛敬恩、嚴家淦、李萬居親自到飛機場送行。他於是搭乘陳儀送的機票飛回上海。

十月四日，同鄉會再獲臺灣光復致敬團捐助八十萬元。同月十六日，安排東北長春（二百零九名）與瀋陽（一百十五名）臺胞，搭乘海宇輪返臺。十七日，安排海南島（二十二名）、廈門（四名）與天津大連（八十三名）臺胞，搭乘海廈輪返臺。十九日，安排海南島臺胞六名搭乘鄧鏗輪返臺。三十日，安排海南島、徐州（四名）臺胞，搭乘海康輪返臺。

十一月八日，長春回鄉團二十九名由楊毓奇代表捐助同鄉會六萬元。同月九日，東北回鄉團二百二十八名由何金生代表捐助同鄉會四十萬元。

十二月十日，同鄉會安排安東（十二名）、無錫（三名）與漢口（六名）臺胞，搭乘臺南輪返臺。

同十二月十日，占領日本的美軍主導的所謂「國際法庭」判決因澀谷事件被拘留的兩名臺灣同胞無罪開釋；其餘三十四人分別判處三年或二年苦役，期滿驅逐出境，在占領期內不得重返日本。國際法庭偏袒判決之後，臺灣旅滬同鄉會立即聯合閩臺協進會、臺灣重建協會、臺灣公費生同學會電請國民大會緊急動議，反對不公之判決，同時電請國府行政院、臺灣省行政長官公署及各有關機關據理力爭，即釋臺胞，並先後接奉外交部、長官公署電覆准予辦理。

年底，同鄉會為解決來滬日眾的臺胞經濟化的食宿，特商請本服務精神成立的臺滬商旅服務社，於福生路慎福里十七號開幕。

除了上述諸事之外，同鄉會為協助遣送日俘工作，防止不願歸國之日俘冒充臺胞潛往臺灣，而與輪船公司協力檢舉了四名冒充臺胞欲乘船赴臺的日俘，呈淞滬警備司令部，先後加以逮捕解送戰俘管理處。

十二月三十一日截止，同鄉會入會會員共三千七百零三名：三千一百六十名發給回鄉證，五百四十三名留滬。常務理事五名：二名返籍，三名留滬。理事十五名：返籍八名，留滬六名，死亡一名。監事五名：返籍三名，留滬二名。發給與臺胞權益有關的各項證明，包括：被扣留船隻六隻，敵偽產業處理局財產四件，其他機關財產三件，敵偽時代使用日本式姓名者十八名，會員身分四十一名，被封電話二十三架，死亡會員四名，房屋十二件，江海關被扣物資一件，

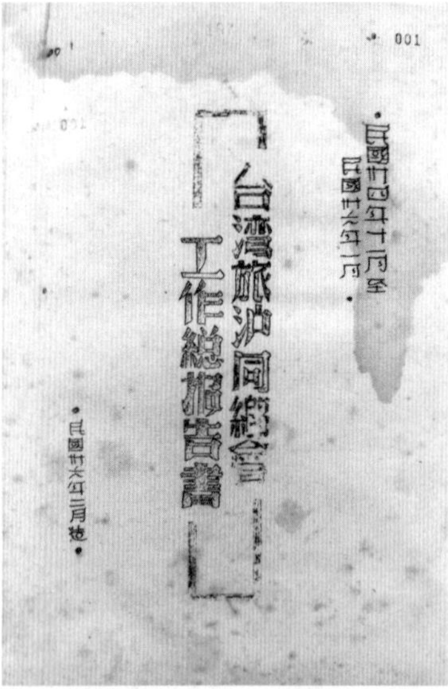

一九四七年二月造〈臺灣旅滬同鄉會工作總報告書——民國卅四年十一月至民國卅六年一月〉封面。

具保狀由法院交保臺胞三名。

至一九四七年一月止，同鄉會一共開過三次理監事聯席會議、六次常務理事會、一次理事會、一次福利部部務會議。二月八日，談話會商決，訂於三月十二日假武進路會館舉行第二屆會員大會。同月二十五日寄出開會通知，希會員「自即日起攜帶會員證來會重新登記並繳會費國幣三千元」。與此同時，秘書處也編造完成內含「會務報告」與「福利部部務報告」兩大部分的「工作總報告書」——一九四五年十一月至一九四七年一月。

聲援二二八與收留被通緝的流亡者

就在同鄉會籌備召開第二屆會員大會的時候，二二八事變發生了。李偉光立即以同鄉會理事長的身分召集林世昌、楊肇嘉、張添梅、張邦傑、張錫鈞、陳重光等臺灣同鄉開會，議決以臺灣同鄉會、內地升學同學會、臺灣革新協會、重建協會、閩臺協會、臺灣政治建設協會等臺灣旅滬六團體成立二二八慘案聯合後援會。其後，楊肇嘉、張邦傑、王麗明到南京去向蔣介石「叩頭乞憐」。

臺灣旅滬同鄉會
將派員返臺撫慰

【本報訊】據臺北處委會消息：臺灣旅滬同鄉會開對此次二二八事件發生後，立即與其他四五團體召開聯合會議，並欲派代表二人回臺慰撫，運載米糧回臺救濟云。

一九四七年三月八日《中外日報》。

三月十三日，李偉光與同鄉會的謝雪堂（化名葉雲）、林昆（化名徐子蓉）、龍新、凡平、許文辛（化名辛鶯）、江濃等六位臺胞應邀出席上海《文匯報》主辦的第五十九次「星期座談會」，就臺灣二二八慘案發生的根本原因作一深入的剖析，對於國民黨和臺灣的政治腐敗所引起的臺灣二二八事件提出嚴正的批評。

三月十五日，下午二時，臺灣旅滬六團體的二二八慘案聯合後援會招待上海市新聞界，報告赴臺經過，並代表六百萬臺胞發表鄭重聲明及呼籲。

三月十六日，上海《文匯報》第八版以「臺灣——一頁傷心史」為題，「焚香祭祖告道重回祖國，如夢初醒原來又是佔領」為引詩，刊出第五十九次「星期座談會」記錄。

首先，李偉光認為這次事變「絕非排外行動」。他說「這一次『二·二八』慘案的發生，固然是偶然事件所引起的，但是這決不是一朝一夕的問題，一定是在慘案發生之前就種下了許多因素，然後才會在旦夕之間引起這麼大的變動。而正因為它是在極短的時間內釀成如此大規模的變動，我們更可看出它的發生決不是偶然的。所以，要對這次慘案有正確的瞭解，我們必須追溯到慘案發生之前的許多原因。」他「特別鄭重指出的是，在慘案發生之後，有的報紙宣傳為那是臺灣同胞的排外與親日思想的表現，這完全是無恥的含血噴人的誣衊，是想遮蓋起事情真相的陰謀。」他強調「我們臺灣同胞都知道自己是中華民族的一部分，是中華民國國民一分子，五十年來，我們一直在渴望著回歸祖國的懷抱，更有不少的志士在省內外從事抗日的工作。『臺灣光復運動』決不是少數人在做的，而是代表著全體臺胞的要求。試看此次日本投降之後，臺灣同胞對接收大員，對國軍的熱烈歡迎，其熱烈的程度是空前的，這一有目共睹的事實，就足以證明臺灣同胞對祖國有多深摯的愛好，對光復有多熱切的嚮往。」

接著，李偉光分析，曾經熱烈歡迎接收大員與國軍的臺灣同胞之所以會在十六個月之後就爆發「二二八」的幾點原因：第一，他舉臺灣三大主要農作製糖的甘蔗、稻米與香蕉的生產與肥料供應的實況為例，批評長官公署只接收日本統治者所享的權利而沒有接收所盡的義務，以致「臺中縣的大排山區，自去年颱風之後，一直到今天還沒有米吃，都是以樹葉青草來充饑，來維持生活。」第二，是土地問題。日本殖民統治時強占臺灣人民開墾的土地。長官公署接收的所謂敵產土地，包括農田、糖廠的蔗田等等，總數占全臺耕地的三分之二以上，而且在「耕者有其田」的幌子下，連租佃權也不給人民。這樣，人民就把對日本殖民統治者的仇恨都轉變為對長官公署的仇恨。第三，發生於以臺北為中心的都市的日本人房產接收引起的官民糾紛。第四，臺灣人民對長官公署一手繼承接收香煙、鴉片、火柴、酒、樟腦等專賣與緝私，沒有意見，但他們最最感到不滿憤怒的是，專賣局的緝私只針對為謀生而不得已賣私煙的民眾，卻不去追究那些販運私煙而發大財的有勢力的人。第五，過去沒有的貿易局，與民爭利，統制有餘，保護不足。例如，去年有人自臺灣運來價值一百萬臺幣的水果到上海，卻只賣到廿五萬法幣，僅合一萬臺幣。為此，同鄉會曾呈請長官公署設法保護水果的輸出，但至今幾個月，卻還沒有得到批示。他概括上面五點強調說，歸根結底，政府對待新歸祖國懷抱的臺灣同胞，在接收的時候缺少「誠」，接收之後又缺乏同胞愛，這樣就到處招引了臺灣同胞的怨憤。他憂心地說，這兩天，從報上得知政府已派大軍和一中隊的飛機前往臺灣，因此政府對事件的處理將是對臺灣人民施壓。他為此感到不寒而慄。因為槍炮炸彈會使一年來所播種下的禍因更加擴大，更

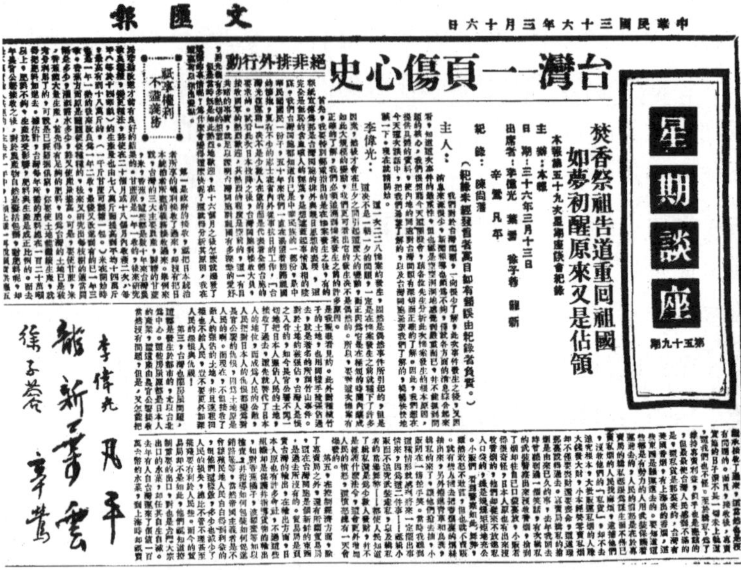
文匯報
中華民國三十六年三月十六日

星期談座 第五十九期

台灣一頁傷心史

焚香祭祖告道重回祖國
如夢初醒原來又是佔領

本報第五十九次星期座談會紀錄

主辦：本報
日期：三十六年三月十三日
出席者：李偉光 葉雲 徐子蓉 韻新 辛黨 凡平
紀錄：陳尚濬

絕非排外行動

一紙享權利 不盡義務

李偉光 凡平 韻新 葉雲 徐子蓉 辛黨

一九四七年三月十六日上海《文匯報》。

加深入，絕對解決不了事情。他因此站在人民的立場，要求政府平心靜氣，在追究原因之後，開誠布公，幡然改過，用「愛」，用「誠」來對待臺灣同胞。那麼，天下的事都可迎刃而解。否則，前途真是不堪設想。

十七日，《文匯報》第七版續刊李偉光有關「臺灣同胞不可侮」的發言。他舉一件民間傳聞說：有一天，一輛滿載臺胞的公共汽車在斷崖絕壁上下臨萬丈碧海的花蓮港公路被六、七個國軍攔住。他們不問原由就動手亂打臺胞耳光，說是國軍都沒有車子坐，你們倒要坐汽車。那位臺籍司機就把所有的臺胞連女賣票員都趕下車，然後載了這群國軍一直駛向海，連人帶車一起葬身海底。他認為，由此可知臺灣同胞「決不是怨所有的國人」，但「對於壓迫自有其抵抗的決心」。因此，他語重心長地「呼籲政府對於此次事件的處理，千萬馬虎不得。不要以為戴兩頂紅帽子，開幾響槍，就可以把事態壓平下去的。來日方長，仇恨愈積愈深，仇結愈打愈死。政府千萬不能把臺胞對日本人的仇恨，連日本人所使用的暴力一起接收過來。否則，臺灣同胞是有其駕車入海的辦法的。」

十八日，《文匯報》第六版續刊未完的座談記錄。當所有與會者第一輪發言之後，主持人表示：「聽到各位先生的沉痛的說明，我們瞭解臺灣問題的真相，我們知道了日本人統治臺灣所用的是『養羊取毛』的作風，而長官公署卻採取了『殺雞取蛋』的手段。但是，我們還有不明白的地方，事實上『殺雞取蛋』是今日政治經濟上的一貫作風，中國人民都遭受到臺灣同胞所受的同樣的苦難，而且已受了這麼多年。為什麼臺灣同胞才受了一年多的折磨就忍不住而爆發了大規模的行動，而整個中國的人民都還在多年的苦難下作沉默的抗議呢？這一點我們還想請各位先生予以指示！」

「我們當然知道全中國的同胞都在遭受同樣的苦難，」李偉光回應說，「而臺灣同胞忍受了一年就要出以行動，其原因最重要的是：在這一次的行動中，不僅是單純的對長官公署的行政的不滿，更包含著濃厚的、累積了多年對敵人統治的不滿與反抗情緒。這一點，我在前面已經指出，就是無論在哪一方面，長官公署把以前敵人所享的權利，不問他的權利是怎樣取得的，都全部接收了，這也就接收了臺灣人民對日本統治者的仇恨。不但是權利方面如此，就是機構方面，今天的長官公署無論在形式上或實質上都與以前的總督府一樣，專賣局也如此。臺胞對這種特殊化的制度機構，早已恨之入骨。在日本統治下，臺灣曾發生過許多事情，如：臺灣議會請願運動，臺灣治安警察法事件，臺灣文化協會，臺灣民眾黨，臺灣革命黨，臺灣農民事件，竹山小作等民眾運動，都是為反抗這種制度而發生的，是對這種制度恨之入骨的具體表現。而今天這種制度非但繼續，更壞的是，若干地方竟較日人統治為更壞，那就更加速了臺灣人民的反抗行動。是舊的仇恨加上新的刺激才使行動早日爆發。也就是因為方才主人所提出的疑問，才使他們誣衊此次人民運動是受某一方面的煽動，或者是以前參加日本軍隊之軍人作怪。」他接著針對這點略作聲明說，「被日本強迫參加軍隊的臺灣人，的確有不少，而他們自日本一投降之後，就落入了極悲慘的遭遇。首先是日軍以為他們已是中國人了，就不再加以過問，甚至連衣食也不替他們設法。而國軍方面，又把他們當作日本人，卻又不把他們與日軍一起遣送，儘管訂有日軍的辦法，對臺灣同胞卻還是不問不聞。而他們是散處在各地的，此後生活上所受之苦痛，實非言語所能形容。」他舉例說，「在海南島的，日軍只發給他們每人三千元中儲券，就把他們解散了。拿了三千元中儲券又有什麼用處呢？連一頓飯都吃不到。他們只好當乞丐，而又言語不通，加上人民又把他們當作日本兵，可憐竟連乞丐也當不好。日軍不管他們，政府不問他們，他們終於也掙扎著到上海來了，骨瘦如柴，破衣赤腳，連人樣子都沒有了。單是從上海同鄉會送回去的這樣的乞丐兵，就有一萬以上。他們到了本鄉，當局又不予理會，依然任其自生自滅，他們所遭受的刺激之深，實在無以復加。後來雖由當地臺胞給予救濟，但杯水車薪又何濟於事呢？這批人回到臺灣，直到現在，百分之百都還在失業。由於他們切身受到的痛苦與刺激，當然參加此次行動」。他進一步提問「他們的參加是否為了排外，為了親日呢？」然後分析說，「他們曾被日軍騙去當炮灰，在軍中過牛馬都不如的生活。日本投降後又把他們丟在一邊不管。他們對於日本的切齒，決不少於任何臺灣同胞，痛苦是親身受到的，他們怎會親日呢？所以說這些軍人的親日思想在作怪，那完全是沒有心肝的人說的。是不通人性的人說的！」

三月底，張執一又來臺，向臺灣省工作委員會轉達中共中央於二二八事變中的指示，並附有華東局補充的三點指示，強調「事變後國民黨統治會加強，主要幹部應即轉入農村。不能存在及暴露的幹部應盡量撤走。」與此同時，上海同鄉會總幹事周文和與幹事林昆也先後來臺。不久以後，地下黨員都接到「停止活動三個月」的正式通知。因被當局查緝而逃離臺北，匿居嘉義其妻處的林樑材旋赴上海找李偉光，再轉香港。

四月十三日早晨，林昆帶領吳克泰及其《中外日報》同事周青從基隆碼頭搭乘臺南輪，逃往上海，投靠去秋在臺北採訪過的臺灣地下黨聯絡站負責人，也就是臺灣同鄉會會長李偉光。李偉光請他接任周文和的同鄉會總幹事之職，統管日常工作及接待。吳克泰隨即遵照蔡孝乾囑咐，寫了〈臺灣政治運動的由來與內幕〉，介紹臺灣人民的奮鬥歷史及二二八發生的深層原因和個人看法，交給李偉光。李偉光說寫得很好，不加修改就交給田漢，在上海及全國各地發行相當廣的《時與文》周刊第十五期，以大字標題排在著名學者蔡尚思和王亞南（研究《資本論》權威）之後，化名「余景文」發表。

大約是四月底或五月初，原《自由報》總編輯蔡慶榮（即蔡子民）也到了上海，同周青、吳克泰一起住在同鄉會。之後，地下黨員林雲〔原臺灣義勇隊少年團團長王正南〕、何斌、林雲斌，以及尚未入黨的臺大學生領袖陳炳基等也都陸續來這裡住下。

五月五日，臺灣省警備總司令部改為警備司令部，由鎮壓高雄二二八而為人所知的彭孟緝當司令。同月十八日，行政長官公署撤廢而改立臺灣省政府，魏道明到任。同日，警備司令部宣布：解除戒嚴令，停止清鄉，停止檢查新聞、圖書、郵政，以及解除各項交通管制等與二二八有關的措施。二十日，上海、南京、蘇杭等地學生六千多人，在南京舉行反饑餓、反內戰、反迫害大遊行，遭到殘酷鎮壓，造成「五．二〇血案」。

六月，謝雪紅、楊克煌與原《中外日報》會計古瑞雲（周明）等人也在地下黨安排下，由臺灣經廈門逃到上海同鄉會。李偉光安排謝雪紅住在吳丁福家，後來再遷到療養院，並執行組織的決定，不許她外出，也不批准她所提探望楊肇嘉、邱念台的要求。楊克煌與周明則另外住在偉光醫院的病房。蘇新與原《民報》總主筆陳旺成也陸續來到上海臺灣同鄉會，住在李偉光的療養所。蔡子民的父親與李偉光是結拜兄弟，所以就改住他家。

一九四七年李偉光攝於四明里偉光醫院前。

七月四日，李喬松和高雄的孫古平，由李喬松的兒子李韶東〔李舜雨〕陪同，來到四明里李偉光的醫院住下。同月，組織要李偉光下一個月到香港去工作。謝雪紅、楊克煌和周明也由交通員陪同，從上海坐上小船要去解放區，在吳淞口靠了岸，交通員上岸辦事去了，久久沒有回來。他們感到不安，便上岸雇車回到同鄉會，說船老大怕不吉利，拒載女人而趕他們下船。第二天一早，林昆就把他們接到別處去。因為謝雪紅進解放區沒有成功，李偉光向組織建議改讓他們到香港工作。上海局決定由李韶東陪同，送他們到香港去。李偉光於是讓吳克泰送他們到十六鋪碼頭大船邊，由臉上有麻子的交通員來接他們上船。

《前進》「二．二八特輯」

「二二八」被鎮壓後，臺灣民眾的祖國認同面臨了第一次分歧。他們對「白色祖國」原先懷抱的不切實際的期望幻滅了。絕大多數的臺灣青年陷於思想無出路的苦悶當中，苦苦地思索著臺灣往何處去的問題。

有一天，李偉光藉過生日的名義，召集流亡的臺灣青年，與同鄉會幹部謝雪堂，以及公費生江濃、劉守文（均為地下黨員），聚集療養所，就二二八事件作了一次總檢討，同時決定每週召開一次時事討論會，創辦一份名為「前進」的油印刊物，由吳克泰主編，在臺灣發行。

七月一日，《前進》第一期「二．二八特輯」創刊，封面是農民起義的套色木刻版畫。〈發刊詞〉斷言：「過去的二二八的失敗正意味著未來的二二八的成功」。署名「志中」的〈二二八事變的教訓〉指出，至少要把握二二八事變帶給臺灣人民的七點教訓：一要認識到反動政權的本質，二要不被欺騙不怕威脅，三要讓工農群眾趕快起來，四要打倒親日老皇民與要求國際託管臺灣的美國奴的「奴隸主義」，五要認識領導者的真面目，六要對人民力量的勝利有信心，七要將島內的運動跟國內爭民主、反饑餓的鬥爭結合起來。未署名的〈二二八事變的內幕──檢討我們的戰線〉，揭露了事變期間國民黨政學系、CC 派和軍統的各派政治勢力利用民變搞內部權鬥的內幕，同時指出臺胞所表現的親美派、親日派、政研派和高度自治派的種種政治傾向，最後強調，二二八的「血的教訓」讓人們切實地覺悟到：「要解放自己，只有自己的力量才是可靠，才能由統治階級爭取到政權。」此外，「特輯」還刊登了〈談屠殺政策〉等與二二八事件直接相關的文論。

李偉光不具名發表了一篇〈二二八詩集──林獻堂的真面目〉云：「五月裡的某一天，上海某一家晚報刊載一篇〈臺灣通訊〉說：二二八許多名流下落不明，另有許多名流賦詩寄感，參政員林獻堂的一首詩寫道：光復欣逢舊兄弟，國家重建倍關情 / 干戈頓起誰能料，風鶴傳來夢亦驚 / 全島幾難分黑白，大墩有幸自昏明 / 從茲綏靖安良善，不使牝雞得意鳴。不久另有一家報紙又登上一首『和林獻堂韻』的詩曰：近衛東條若弟兄，櫻開櫻落總牽情 / 敵酋對泣哀同化，槍後奉公豈震驚 / 認譯膺封為貴胄，逢源到處是聰明 / 而今瀛海復光日，蝙蝠穿飛戛戛鳴」。李偉光解釋說：「所謂大墩係臺中舊名，牝雞云云則指謝雪紅。林獻堂認為自己是『良善』的。他從前是一個三腳半，所以被日本人請去當貴族院議員。貴族院議員的地位是日本的平民也得不到的。現在他却是一个『良善』的中國人了。」李偉光諷刺說，林獻堂「一向做著『良善』的夢，而這場『良善』的夢竟被二二八驚醒了，因此他覺得莫明其妙，『難分黑白』。他向來很『良善』，所以一輩子不但沒吃過虧，反而得到現在的地位。他的處世哲學是以『良善』為出發點，他現在居然坐在省府委員的交椅上了。不能做官的，失業的，以及餓死的人都是『不良善』的緣故。」因此林獻堂認為「謝雪紅這樣的牝雞，大膽談論政治已經是很『不良善』，還要領導人民進行鬥爭，簡直無法無天！」李偉光據此批評說，一九一四年「林氏曾與日本板垣伯，在臺灣唱導同化會兼副會長，受民眾指責而失敗。可惜！林獻堂的『良善』沒有徹底，如果他真的對於日本人『良善』到底，應該感激日本人對他的好待遇，而跟日人同化到日本去才對。但他一點兒也沒有想到，不這樣做就會變成蝙蝠，這也許他太『良善』的緣故吧！」

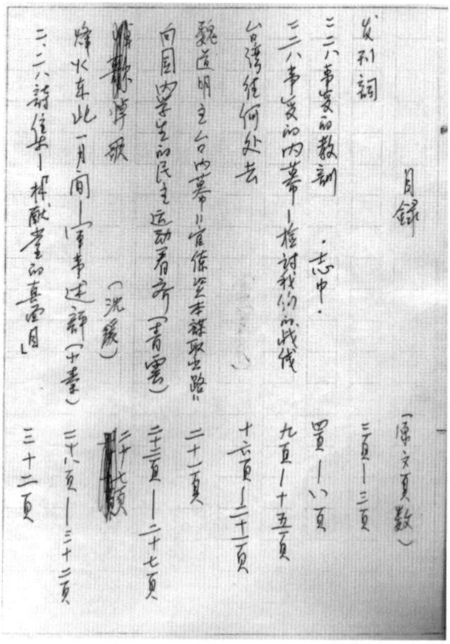
目錄 （原文頁數）
发刊詞 三頁—三頁
二二八事变的教訓 ·志中· 四頁—八頁
二二八事变的内幕—检討我們的战线 九頁—十五頁
台湾往何处去 十六頁—二十頁
魏道明主台内幕—官僚資本謀取出路 二十一頁
向国内學生的民主运动看齐（青雲） 二十二頁—二十七頁
撲級（沈媛）
烽火在此一月间—（軍事述評）（十彗） 二十八頁—三十二頁
二、二八詩集—林獻堂的真面目 三十二頁

吳克泰提供的《前進》第一期手抄本目錄首頁。

《前進》第一期印了幾百份送回臺灣。據反映，它受到島內青年的熱烈歡迎，廣為傳閱。到了年底，為執行臺灣地下黨負責同志的意見，完全停刊發了四五期的《前進》，並銷毀一切證件，以免引起意外。

同鄉會改選鬥爭、返臺募捐與華盛行

九月，張執一回上海，關照李偉光仍須堅持上海同鄉會的據點，所以香港不要去了。李偉光於是再著手籌備召開同鄉會

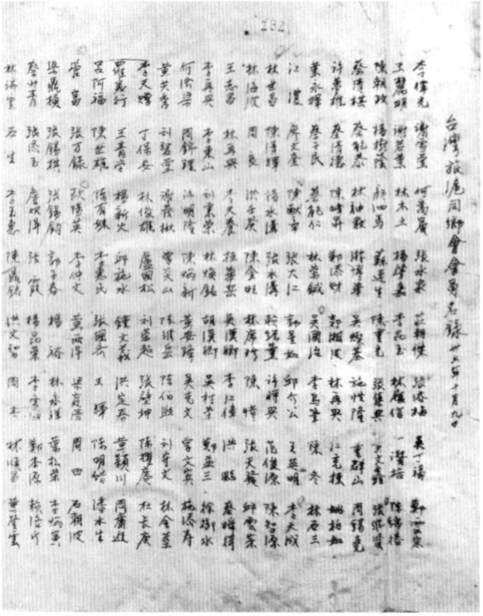
台灣旅滬同鄉會會員名錄

一九四七年十月臺灣旅滬同鄉會會員名冊。

會員大會。

十月，同鄉會召開大會，選出林世昌（六十九票）、王麗明（六十六票）、江濃（六十四票）、李偉光（五十三票）、蔡清祺（四十四票）、廖文奎（四十三票）、林木土（四十票）、謝雪堂（三十九票）、楊肇嘉（三十四票）、張錫鈞（三十四票）等十五名理事，以及張錫棋、張維賢、許夢雄〔徐萌山〕、張添梅等五名候補理事；管富等五名監事，以及歐陽英等三名候補監事。李偉光以團結進步的積極分子及江濃、許夢雄等公費生同學們為基礎，「爭取了蔡清祺、歐陽英、管富等中間分子，並且孤立了楊肇嘉、林世昌等頑固分子」，使得大會勝利閉幕，而完成了預定的政治任務。

是年冬天，國民黨市黨部組織科長應仲傑直接要求李偉光加入國民黨，反復逼促。李偉光無可奈何，向張執一反應之後，乾脆剃光頭，食素，並拜佛念經，以佛門弟子不能加入任何黨派之由，直接回絕了國民黨第三次收編他的企圖。這年，他也利用敵人電臺作了反託管的廣播。

一九四八年。

臺灣同鄉會為解決經費極端困難的問題，經理監事會決議，由李偉光與蔡清祺理事、歐陽英監事於舊曆年初二一同返臺，進行募捐，成績很好，勝利完成此項工作。據統計，從三月起至同年七月，共有臺灣省政府（二百萬元）、臺灣銀行（五十萬元）、臺南市商會（二十七萬七千四百五十元）、土地銀行（二十萬元）、省煙酒公賣局（二十萬元）、林獻堂（二十萬元）、黃朝琴（二十萬元）、華南銀行（十五萬元）、省物資調整委員會（十萬元）、劉明（十萬元）、瑞芳煤礦李建興（十萬元）、基隆顏欽賢（五萬元）、洪健全（五萬元）、陳逢源與郭雨新（各一萬元）等二百一十九人捐款，款額七百五十八萬零四百五十元臺幣，扣除費用一百三十三萬零四百五十元臺幣，匯回上海總數是六百二十五萬臺幣。

與此同時，為解決臺灣地下黨滬、臺間的交通與經濟問題，李偉光和蔡孝乾、張明顯計畫，由他帶頭組織貿易機關華盛行，然後由蔡孝乾直接領導，「經營房地產，解決省委房屋等事務問題。」

二月底，張明顯於是到臺北找前臺灣義勇隊隊員，剛剛辭去《光復新報》臺北分社主任職的萬華人王德民，說要開貿易行，託他幫忙找店屋。三月間，王德民替張明顯向維納餐廳老闆說項，以每月十萬元租借館前街七十五號樓下及全部家具。他們僅僅買了若干茶杯、茶壺和四把椅子就開設了華盛行。張明顯做貿易和房地產仲介業。貿易方面交地下黨員劉英昌負責，跑上海、琉球、香港等地辦理購銷運動鞋、日本軍衣、刺蔘、香煙、砂紙、紅毯等等貨物，在基隆有一分店三榮貿易行，生意很好。王德民不要本錢負責房地產買賣仲介業。四月，抗戰勝利後在上海臺灣義勇隊學員訓練班學習月餘的南投竹山人曾來發到華盛行擔任書記，負責記賬寫字。七月，華盛行與臺北汐止房地產商李木樹合資經營房地產，八月在開封街一段四十號開張。

香港會議與上海解放

一九四八年六月，內戰發生了一個根本的變化。共產黨的人民解放軍在南線和北線都轉入進攻，國民黨方面則不得不轉入防禦。戰爭主要地已在國民黨統治區內進行。

中共華東局為了「提高幹部的認識」，並「提高工作技術」，同時「檢討臺灣工作得失，確定具體方針」，召集臺灣的主要幹部：省工委領導蔡孝乾、張志忠和洪幼樵，計梅真（郵電工作代表），郭琇琮、孫古平（臺北地區代表），陳福添（臺中地區代表），李媽兜、李武昌（臺南代表），朱子慧（高雄代表）等十一人，滬港共幹：陳澤民、李偉光（上海代表）、謝雪紅、楊克煌（原在香港人員）等人，廣東及海南島代表（唐海光）各一人，集中香港，舉行工作會議。華東局所派指導人員是劉曉（中共中央上海分局書記）。會議由章天鳴（張執一，中共中央上海分局工商統戰委員會書記）主持，「根據不同內容，吸收有關者分別參加」，研究了有關「臺灣黨的組織」「臺灣黨內團結」「對託管派的認識」「臺盟參加政協」「舊臺共的處理」和「二二八事件的結論」等六個方面的問題。會議「歷時經月」，並由章天鳴作會議總結，綜合撰稿《關於臺灣工作》的「策略總則」，並由省工委書記蔡孝乾親筆抄錄，主要內容包括：「臺灣工作環境的特點」「臺灣的革命性質、對象、動力」「臺灣目前的形勢與發展前途」「臺灣工作總方針」「目前具體工作」與「如何建黨」等。「大家認為不存在臺灣民族，臺灣對祖國不是民族問題；臺灣有兩個前途，一是和大陸同時解放，二是國民黨反動派繼續盤踞臺灣。」會議也決定了「提高李偉光威望的方針」，要他「在上海鞏固偉光醫院和同鄉會，以此為據點堅持工作。」

同年秋天，組織交給偉光醫院一批化驗儀器；之後文化基金委員會又交來包括X光透視器、顯微鏡在內，本要運往解放區，由於交通受阻，無法送出的一批醫藥與器材。李偉光提著腦袋，將這批貼著送往某某解放區的標籤的藥品、醫療器械及其他物品，暗中存放在他家樓梯下的暗室。如果一旦被特務發現，要禍及全家和其他同志。儘管中統特務加緊盯梢李偉光，借戒煙為名，另派一批阿片鬼特務長期借住療養院頭等房間。但李偉光及其同志們仍掩護二位湖北同志〔中共上海局策反委員會委員王錫珍（1913-1968）與劉毓蘭夫婦〕住在三樓，安穩地沒有暴露（直到解放後劉毓蘭才去取出那批醫藥器材，送到上海醫藥局）。與此同時，李偉光也在王錫珍領導下，通過同鄉會，將臺灣地下黨送來的一批身分暴露的同志進入解放區。

同年十一月，臺灣同鄉會第二次向臺灣各界募捐，至一九四九年一月，計有一百零六人捐款，款額八百三十四萬一千九百元臺幣、金圓券三萬零二百五十五圓，扣除費用二百二十六萬元臺幣，匯回上海總數是臺幣六百二零九萬元與金圓券三萬零二百五十五圓。

時序進入改變歷史的一九四九年。

一月，由上海駛往基隆的中聯輪船公司太平輪因超載，夜間航行又未開航行燈，而與另一貨船相撞沉沒，導致船上近千名紳士名流罹難。同鄉會隨即組織遇難家屬後援會，並另舉行追悼會。

三月二十三日，何應欽繼孫科之後出任國民政府行政院長，拒絕與共產黨和談。臺灣旅滬同鄉會出席上海各同鄉會聯合會會議，在會上宣傳該會的和平主張，並號召不糜爛地方、保護全國精華的大上海，同時爭取了上北京和平談判的代表席位，但代表團將要出發時卻被國民黨反動派禁止。與此同時，上海《申報》報導：「三月二十四日，臺北郵局發起了怠工，並於郵局附近張貼標語，要求『工同酬，不經考試全體歸班』，並聲明於隔日召開討論『歸班』問題的代表大會。」李偉光隨即領導同鄉會，支援臺灣郵電工人罷工運動，直至勝利（五月「歸班」問題正式解決）。

同三月，同鄉會編造《臺灣各界捐助者名冊》，並由理事長李偉光具名《謝啟》，向各捐款人致謝云：「本會自成立以來迄今已逾三載，其間大部陷於經費窘逼困窮之狀態中。然去年本會委派常務理事蔡清棋兩次回臺募捐，而幸蒙吾臺各界人士協力共挽之下獲得相當成就，因此本會經濟情形乃得暫趨安定，各項工作可得順利進行，至於所募之款，用作修葺會館、增設臺光小學教室、設置應用備品、救濟難胞之用等。然募捐乃於今

民国卅八年三月
台湾各界捐助者名冊
上海中武進路
台灣旅滬同鄉會
謝啓

一九四九年三月臺灣旅滬同鄉會的「臺灣各界捐助者名冊」封面。

春結束，故特編造捐助者名冊以為奉告，並祈時賜指教，特此致謝」。

四月一日，南京派出張治中為首的和平代表團北上與共產黨議和，希望隔江而治。南京各大專院校近萬名學生齊集總統府門前，舉行反內戰的集會和示威遊行，要求貫徹真正的和平，但遭到血腥鎮壓，造成「四一血案」。同月上旬，張執一離開上海轉往解放區。臨行之前，李偉光交給張執一先前傳達「調查上海各醫院和各藥廠的機構與內容」的一部分調查材料。張執一又關照李偉光及其同志們堅持在上海戰鬥，準備將來參加接收工作。

四月二十一日，人民解放軍分三路渡江，二十三日攻占南京。二十五日，國民政府遷往廣州。解放軍渡江後，上海的殺人魔鬼毛森猖狂進攻無辜的人民，殺人如麻，血腥瀰漫。李偉光身邊幾個目標比較顯著的同志都已經散開隱蔽了。為安全計，李偉光也於晚上避居朋友家。這時，王錫珍通過住在偉光醫院的同志洪奇〔臺灣同鄉會共產黨支部支書洪旗〕關照李偉光，要他離開上海去香港。可是，飛機已經停飛，除了少數國民黨要人外，其他人無法搭乘。李偉光估計到：他若離開，一定會引起敵人注意，從而影響到同鄉會的暴露，為了堅持同鄉會的掩護工作，就決定站穩崗位，不離開上海。

五月初，在時局緊張萬分之際，李偉光收到臺灣地下黨來信說：不久將送來員林的「甘蔗」一捆和「椪柑」一筐。其後，在臺灣員林已暴露身分的大高個王天強和林青山就來到李偉光家。李偉光與同鄉會的同志設法將他們兩人和先到的李喬松、王萬得、陳炳基等七名同志送往解放區。但他們在吳淞口被駐軍嚴格盤問，並因裝扮和口音而受懷疑扣留。李偉光得悉後立即向王錫珍求救。王錫珍立即請潛伏敵人內部的地下黨員劉友良保出這些同志，領到偉光醫院。李偉光和同鄉會的同志趕緊將他們分別疏散到偉光醫院、同鄉會，或謝雪堂和吳丁福醫生家隱蔽。

五月二十四日，人民解放軍已包圍了上海，從遠處傳來隆隆炮聲。在市內的國民黨守軍分崩離析、驚惶萬狀。到了傍晚，炮聲稀少，國民黨軍似乎撤走，街上平靜下來。到深夜二點，部隊行軍的嘈雜聲驚醒了李偉光與家人。他起來，看到中國人民解放軍進滬西了。天剛亮，他們看到人民軍隊在街上忙著架設電話線，有的挑水，對民眾很和氣。李偉光從滬西一帶的泰安路打電話到虹口的同鄉會，激動又高興地告訴前一晚住在那裡的女兒李玲虹說：「我們這裡已經解放了，中國人民解放軍進滬西了，你們虹口那裡怎樣？大家都好嗎？」李玲虹回答父親，說虹口這裡也快了，正在打巷戰，像追趕鴨子似的，同鄉會已做了紅旗準備迎接解放，還擬印迎接上海解放的宣傳品，等一解放就上街去散發，也組織了臺胞學唱〈你是燈塔〉和〈解放區的天是明朗的天〉等歌曲。

過了兩天，也就是二十七日，蘇州河那邊的虹口解放。上海全部解放了。李偉光盼望多年的革命勝利了，他與負責掩護的約二十位臺灣革命同志都高興地到偉光醫院會面。幾天後，他又邀請分散居住在各處的幾十位臺灣地下黨同志到泰安路家裡聚餐慶祝。他們放聲高唱〈解放區的天是明朗的天〉，高興地扭秧歌舞，同時也激動地合唱〈國際歌〉而熱淚盈眶。

參加開國盛典

上海解放後，上海的臺胞開始醞釀組織團體，配合解放臺灣。南京的臺胞也來上海，要李偉光帶頭組織「臺灣民主促進聯盟」。謝雪紅則從北京來信，催促李偉光在上海正式成立臺灣民主自治同盟的支部。

七月十五日，中共黨組織決定由李偉光負責籌組臺盟華東總支部。歷經緊張籌備，同月三十一日舉行總支部成立大會。李偉光當選總支部主任委員。

八月十九日，新政治協商會議籌備會決定：臺灣民主自治同盟作為一個單位參加即將召開的新政協。李偉光作為臺盟五名正式代表之一，於同月二十六日抵達北京。

九月七日，李偉光和來自各地各界的六百六十二名政協代表到北京飯店，領到第一屆人民政協徽章，並分組討論共同綱領、人民政協組織法和中央人民政府組織法等草案，共商建國大事。李偉光還參加了國旗、國徽、國都、紀年方案審查委員會的討論。同月二十一日，中國人民政治協商會議在中南海懷仁堂正式開幕。三十日下午，會議通過起臨時憲法作用的共同綱領，選出毛澤東為中央人民政府主席。接著，全體代表到天安門外舉行了「人民英雄紀念碑」奠基典禮。

十月一日，李偉光和三十萬軍民一起參加了開國大典。毛澤東主席在大會上莊嚴地宣告中華人民共和國成立，中國人民從此站起來了。

李偉光參加開國盛典後回到上海。他對大家說，這是他一生最激動、最光榮的時刻，他一生追求的願望終於實現了。其後，他結束偉光醫院的醫務工作，在上海市人民政府衛生局擔

一九四九年九月參加新政協第一屆全體會議的臺盟代表田富達、楊克煌、謝雪紅、李偉光、王天強與候補林鏗生（左起）。

任顧問，同時擔任中共華東局臺灣工作委員會臺盟華東總支部主任委員，為新中國的建設和解放臺灣而走上新的征途。

一九五四年十月一日，李偉光滿懷喜悅參加上海市國慶五週年慶祝大會，在人民廣場觀禮臺上參加檢閱。回到家後，萬分激動的他整夜興奮，寫下了一首〈歌頌一九五四年的國慶日〉新詩，期望全國人民「一定解放臺灣，把革命任務完成！」然而，十月二日卻因腦溢血而不幸逝世，享年五十六歲。

——二〇二五年三月六日初稿，三月十六日修訂。

參考資料

- 《臺灣農民運動先驅者——李偉光（上、下卷）》，臺北：海峽學術出版社，二〇〇七年。
- 《中共的特務活動原始資料彙編——附錄五，中共特務對臺工作》，香港：阿爾泰出版社，一九八四年。
- 矢內原忠雄《日本帝國主義之下之臺灣》（周憲文譯），臺北：帕米爾書店，一九八五年。
- 林書揚總校訂《臺灣總督府警察沿革誌第二編領臺後的治安狀況（中卷）一臺灣社會運動史》》中譯版，臺北：創造出版社，一九八九年。
- 古瑞雲《臺中的風雷》，臺北：人間出版社，一九九〇年。
- 連橫《臺灣通史》，北京：商務印書館，一九九六年。
- 謝雪紅口述，楊克煌整理《我的半生記》，臺北：楊翠華出版，一九九七年。
- 《二林鎮誌》，彰化二林鎮公所出版，二〇〇〇年。
- 臺灣史研究會編《王敏川選集》，臺北：海峽學術出版社，二〇〇二年。
- 《吳克泰回憶錄》，臺北：人間出版社，二〇〇二年。
- 連溫卿《臺灣政治運動史》，臺北：稻香出版社，二〇〇三年。
- 黃頌顯編譯《林呈祿選集》，臺北：海峽學術出版社，二〇〇六年。
- 楊克煌《我的回憶》，臺北：楊翠華出版，二〇〇五年。
- 胡治安《統戰秘辛——我所認識的民主人士》（增訂版），香港：天地圖書公司出版，二〇一〇年。

【《臺灣民報》】

〔一九二四年〕

- 〈臺灣文化協會會報〉（創立第四年度第一回報告），第二卷第四號，三月十一日。
- 〈文化協會大會之盛況〉，第二卷第廿四號，十一月廿一日。

〔一九二五年〕

- 〈二林庄講演農村問題〉〈二林大城之兩庄民奮起組織蔗農組合〉，第三卷第二號，一月十一日。
- 〈二林農民大會〉，第三卷第三號，一月二十一日。
- 〈農村講演〉，第三卷第十五號，五月二十一日。
- 〈內新厝農村講演〉，第三卷第十六號，六月一日。
- 〈重大之臺灣農民運動〉（轉譯自《大阪朝日新聞》），第三卷第十八號，六月二十一日。
- 〈各地文化講演情報──竹塘〉，第六十號，七月十二日。
- 〈二林庄蔗農組合成立總會〉，第六十一號，七月十九日。
- 蔣渭水〈五個年中的我〉，第六十七號，八月二十六日。
- 〈各地文化講演情報──二林〉，第六十九號，九月六日。
- 〈蔗農組合設立旨趣書〉，第七十號，九月十三日。
- 追風〈歸臺雜聞〉，第七十一號，九月二十日。
- 社論〈土地問題與無產者〉，第七十二號，九月二十七日。
- 〈二林農民大會狀況〉〈二林農村講演團出演〉，第七十八號，十一月八日。
- 〈林糖今年度買蔗的價格〉〈林糖紛擾事件真相〉〈蔗作

協會規約〉，第七十九號，十一月十五日。
- 〈產業事情的調查〉，第八十號，十一月二十二日。
- 〈林糖事件續報〉，第八十一號，十一月二十九日。
- 〈蔗農運動勃興之兆〉〈蔗農們大憤慨〉，第八十三號，十二月十三日。
- 〈種甘蔗呢？種雜穀呢？〉、懶雲（賴和）〈覺悟的犧牲（寄二林的同志）〉，第八十四號，十二月二十日。
- 李應章〈獄中感作〉，第八十五號，十二月二十七日。

〔一九二六年〕
- 〈民報日記：十二月三十一日〉，第八十八號，一月十七日。
- 〈民報日記：一月二十五日〉，第九十一號，二月七日。
- 〈民報日記：二月二十日〉，第九十五號，三月七日。
- 〈臺灣司法靠得住嗎？林糖案豫審又更新了〉〈民報日記：三月九日〉，第九十七號，三月二十一日。
- 〈二林蔗農紛爭案後聞〉，第一〇五號，五月十六日。
- 〈二林事件公判號豫告〉，第一百二十一號，九月五日。
- 「二林蔗農與林糖爭議事件的公判」專輯：〈農民組合與蔗作爭議〉〈二林事件的考察〉〈二林蔗農與林糖爭議事件的公判〉，第一百二十二號，九月十二日。
- 〈為二林事件的公判竟暴露臺日社的內訌〉〈法廷雜感——二林事件的公判〉，第一百二十三號，九月十九日。
- 〈二林事件一審判決〉，第一百廿六號，十月十日。
- 「餘錄」，第一百二十七號，十月十七日。

〔一九二七年〕

- 李應章〈蔗農爭議的回顧〉，第一百卅八號，一月二日。
- 〈文化講演三則：二林〉，第一百四十三號，二月六日。
- 〈二林事件二審公判布施氏將渡臺辯護〉，第一百四十六號，二月二十七日。
- 布施辰治〈渡臺之先言〉，第一百四十八號，三月十三日。
- SM 生〈寸鏡萬景集：臨監的矛盾〉，第一百五十二號，四月十日。
- 「二林事件第二審公判號」：〈法廷與社會〉、〈二林事件第二審公判〉、〈法廷雜感〉與李應章〈蔗農爭議的回顧〉，第一百五十三號，四月十七日。
- 〈二林事件第二審判決〉，第一百五十四號，四月二十四日。
- 〈二林蔗組改稱為農組〉，第一百五十五號，五月一日。
- 〈戒嚴令下的二林〉，第一百五十六號，五月八日。
- 〈島內各地五一勞働節——二林〉，第一百五十八號，五月二十二日。
- 〈臺灣唯一的政治結社——臺灣民黨〉，第一百六十一號，六月十二日。
- 〈農組二林支部發會式〉，第一百六十三號，六月二十六日。
- 〈各地通信——二林 / 送李君等的入獄受檢束〉〈臺灣民眾黨出現〉〈二林案三審判決 上告全部被棄却〉，第一百六十六號，七月二十二日。

〔一九二八年〕

- 〈李應章氏出獄〉，第一百九十二號，一月二十二日。
- 〈小言：輓聯也遭檢束之殃〉〈二林李氏之葬式聯軸被當局差押〉，第一百九十八號，三月四日。
- 〈五一節臺灣各地紀念狀況續報：二林〉，第二百零八號，五月十三日。
- 〈源成農場的爭議〉，第二百十五號，七月一日。
- 〈二林山寮事件二審的求刑〉，第二百十八號，七月二十二日。

【《臺灣新民報》】

〔一九三〇年〕

- 〈北斗籌組民黨支部近將舉結黨式〉，第三百零六號，三月二十九日。
- 〈北斗民黨支部結黨式竟被檢束十餘名〉，第三百零九號，四月十九日。

【其他】

- 《臺灣日日新報》，第七六八八號，一九二一年十月二十七日。
- 〈臺灣旅滬同鄉會成立大會記〉，上海：《臺灣月刊》創刊號「記事欄」，一九四五年十一月二十五日。
- 臺灣旅滬同鄉會〈工作總報告書——民國卅四年十一月至民國卅六年一月〉。
- 臺灣旅滬同鄉會檔案，上海臺盟保存。
- 社評〈抗議日警槍殺我臺胞〉，上海《大公報》，一九四六年七月二十一日。

- 《臺灣新生報》，一九四六年七月三十日。
- 〈臺灣——一頁傷心史〉，上海《文匯報》，一九四七年三月十六—十八日。
- 李志茗〈李偉光在上海行醫〉，北京：《臺聲》雜誌，二〇二四年第十五期。
- 陳澤民《供訊筆錄》，一九四九年十一月二十二日。
- 蔡孝乾《訊問筆錄》，一九五〇年八月二十九日。
- 《楊春霖（即張志忠）供述筆錄》，一九五〇年十二月卅一日。
- 陳炳基口述證言，一九九〇年四月。
- 王德民、李木樹、曾來發《訊問筆錄》，一九五〇年二月二、三日與三月九日。
- 臺北國安局檔案「228-E，3-（14）」。
- 省工委〈關於「二二八」的經驗教訓〉，一九五一年十月保密局印。
- 劉毓蘭〈戰鬥在敵人心臟裡的王錫珍〉，紅色 IP，二〇二二年七月十日，北京。

老農組伍金地
（1913-2002）

一九九三年三月三十日伍金地於高雄老臺共蘇新夫人宿舍（藍博洲攝）。

瘦盡我一身肌肉，
把田畑阡陌開墾得齊齊整整，
流盡我一身血汗，
把稻仔地瓜培養得青蒼茂盛，
眼見得秋收已到，
讓別人來享受現成，
這就是法的無私平等！
這就是時代的文明！
這麼廣闊的世間，
著一個我怎這樣狹仄，
到一處違犯著法律，
到一處抵觸著規則，
耕好了田卻歸屬于官吏，
種好了稻竟得不到收穫，
這麼廣闊的世間，
著一個我怎這樣狹仄。
天的一邊，地的一角，
隱隱約約，有旗飄揚，
被壓迫的大眾，
被榨取的工農，
趨趨！集集！
聚攏到旗下去，
想活動於理想之鄉。

這是被譽為「臺灣新文學之父」的賴和所寫的敘事詩〈流離曲〉的第三節「生乎？死乎？」的其中兩段。全詩於一九三

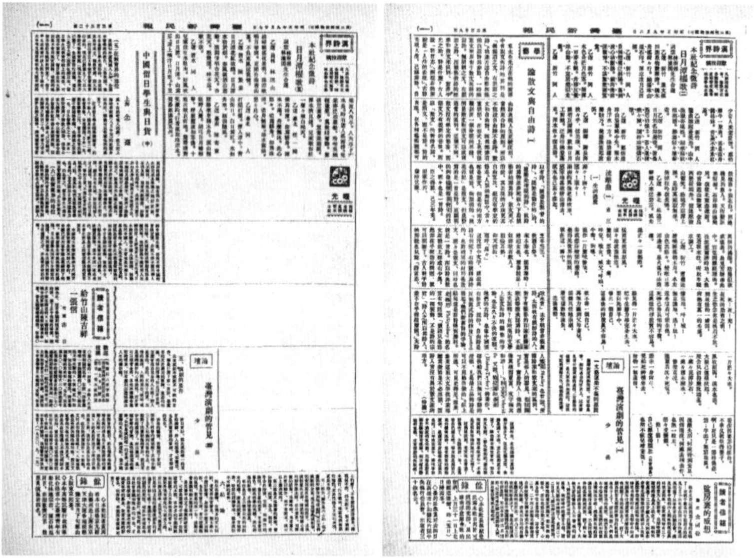

《臺灣新民報》第三二九、三三二號刊登〈流離曲〉。

〇年九月六日、十三日、二十日、二十七日，以筆名「甫三」於《臺灣新民報》第三二九至三三二號「曙光」欄目連載。前面所引的詩句應該刊載於第三三二號第十一頁，但全部都被日本帝國主義者開了天窗。

一九二五年至一九二六年間，臺灣總督伊澤多喜男為了挽留日籍退休離職官員長住臺灣，以提高島內日本籍民的比例，於是給予他們優厚的經濟特權或社會地位；其中，最大的特權便是將三千八百八十六甲多的官有地極廉價出售給三百七十名日籍退職官員。然而，這些所謂「官有地」原都是臺灣農民辛勤開墾出來的良田。伊澤總督以農民「未經許可逕自墾拓」為由，將這些「無斷（無許可的）開墾地」強行「拂下（批售）」給日籍退職官員的強盜政策，馬上就讓這些善良農民陷入流離失所的悲慘境地。為了保護自己的土地，農民在請願無門的情況下，只有向一九二六年結成的全島性農民團體——臺灣農民組合求援，並且在農組核心幹部簡吉、趙港等人領導下起來抗爭。

賴和這首題為「流離曲」的史詩，反映的就是在所謂「退職官拂下無斷開墾地」事件後農民的悲哀與反抗。至於詩中所述那面「隱隱約約」「飄揚」的旗幟，那面將「被壓迫的大眾」與「被榨取的工農」邀集、聚攏到它的旗下，以共同追求「理想之鄉」的旗幟，自然是指代表臺灣農民組合的那面旗幟了。

那是一面曾經在日本據臺期間在臺灣各地的農村公開飄揚過的紅旗，紅旗上頭還有一株枝幹、一節節的甘蔗和一束金黃色的稻穗、飽滿的稻禾；甘蔗和稻禾的枝幹交叉，彎成橢圓形；綠色的枝葉分別向上；橢圓形裡面則是交叉的鋤頭和鐮刀。

據日本「臺灣總督府警察沿革誌」檔案所載，臺灣農民組合成立以來，從南到北，一共有二十七個支部，三萬多名組合員，堪稱日據當時全臺灣

臺灣民報
臺灣農民組合全島大會
代議員齊集二百餘名
議決重要議案及改選委員

一九二七年十二月十一日《臺灣民報》臺灣農民組合第一次全島大會的報導。

最有組織、行動能力及群眾基礎的一個反日社運團體。

伍金地，就是其中一名曾經在這場澎湃洶湧的農民反帝運動中搖旗吶喊的小卒。

父親打醒的素樸民族意識

一九一三年生於屏東縣萬丹鄉社皮村的伍金地之所以會從十三歲起就走上反抗日本帝國主義殖民統治的路，可以說是被他父親伍篤「打醒」的。

伍篤原本是個篤實的挑夫。一九一四年二月十五日阿猴線（今高屏線）鐵路通車以前，高雄、屏東之間的貨物往來，只能靠人力挑擔。伍篤經常以三天來回的時間，從屏東萬丹走幾十里的路到鳳山、高雄，再從高雄挑些手工藝品回萬丹來賣。這樣，勤儉持家的伍篤漸漸有了一點積蓄，也陸續買了幾甲農地，成為自耕的中農。所以，伍金地出世以後，家裡的生活還算不錯。

伍篤略懂漢文，也注重孩子的漢文教育。因為這樣，伍金地從小便跟著父親學了一些基本的漢文。由於妻子早逝，伍篤就與位於他家隔壁的社皮公學校交涉，設法讓還沒到就學年齡的伍金地提早入學。學校方面也因為校地是伍家所捐的緣故，破例讓年紀才六歲多，未滿七歲的伍金地提早入學。

有一天，族裡的長輩看到伍金地放學回來，就隨口問他說猴捆仔，你讀書回來了。來，我問你，你在學校，老師都教些什麼呢？伍金地老老實實地回答說老師說，我們萬丹庄是土匪窩、土匪庄、土匪穴……伍金地話沒說完，他父親已經一巴掌狠狠地打了過來，差點把他打昏。在幾個孩子當中，伍篤向來最疼愛伍金地，從來不打他、罵他。伍金地被打得莫名其妙，就委屈地問說阿爸，你為什麼打我？咱萬丹庄是有名的抗日庄，不是他們日本人說的什麼「土匪窩、土匪庄、土匪穴」。伍篤耐心地告訴伍金地一段他所知道的歷史，說當年林少貓他們那些抗日義勇軍都是最勇敢抗日的人，他們也最疼惜自己的同胞。我每次挑東西經過他們的根據地，就是日本臭狗仔說的什麼「土匪窩」，不但沿路都有茶水喝，還受到他們的保護呢。他們都是最有慈悲心的人，怎麼會是「土匪」呢？我跟你講，他們這些臭狗仔跑來臺灣糟蹋我們，還要誣賴我們的抗日義勇軍是「土匪」，實在是做賊的喊捉賊，打人的喊救人，一點良心也沒有。停了一會，伍篤接著又憤憤不平地跟伍金地說，當初臭狗仔要強占我們家的土地，我沒有乖乖聽話，就被抓進官廳好幾次；每次，都被打得死去活來才放我出來……然後，伍篤又告訴伍金地臺灣割讓給日本的原因。最後，他向伍金地強調說：地仔，你放心！我跟你講，咱中國就像一頭睡獅一樣，總有一天會醒過來的。到那時……經過父親這一番歷史教育，殖民地的孩子伍金地也開始有了素樸的民族意識。

被侮辱的清國奴的孩子

伍金地的記憶力過人又好學，接受正式的學校教育後，自然輕易就取得優異的學習成績。但是，情況卻在他讀公學校三年級的時候起了根本的變化。他的人生道路也以此為界，有了決定性的變化。

社皮伍家是大家族，五月初五過端午節都會包肉粽。那時候，臺灣農村沒人在賣肉粽，農村的孩子平常也不太可能

週刊
臺灣民報
臺灣人唯一之言論機關
星期日定期刊行
昭和二年三月廿七日發行
第一百五十號要目
農民的最後生存權
警告當局宜改土地拂下政策

一九二七年三月二十七日《臺灣民報》替農民爭取最後生存權的社論。

吃得到肉粽。因此，當家族裡頭的婦人在包肉粽的時候，伍金地和其他小孩都會去削粽箬，然後聚成一堆，準備要去挫肉粽來吃。一個老婦人看到伍金地和其他小朋友圍在那裡津津有味吃肉粽的樣子，突然感觸頗深地指了指學校的芒果園，說要不是這些臭狗仔來喔，我們要吃青的也有，要吃黃的也有，要吃熟的也有……那時候，正是芒果成熟的季節。伍金地聽得懂她指的是芒果，也知道她說的「臭狗仔」就是日本人，於是就好奇地問說這要怎麼說呢？老婦人說，就是因為他們搶咱家的呀！喔！是這樣子，伍金地似懂非懂地自問自答說搶的，搶我們的。老婦人進一步解釋說，我們的土地一半以上，差不多八分地，都是被日本人硬搶去的。你老爸當時還因為沒有乖乖聽他們的話，被抓去官廳，打得半死才放他出來呢！

伍金地聽父親提過他被官廳抓去，打得半死才放回來的事；也知道那是因為日本人要強占自己家的土地。但是，他並不知道，就連學校的校地，原來也是自己家的。年紀雖小，膽識卻很大的他憤憤不平地想，既然學校芒果園原是自己家的土地，為什麼不能去摘那些芒果呢？他隨即提著籃子，進入學校的芒果園，摘了滿滿一籃之前沒人敢摘的芒果，然後提回家去。

伍金地摘芒果的舉動很快就被學校的校工發現，並且向學校當局打了報告。隔天，事情就不得了了。朝會時，站在隊伍當中的伍金地突然聽到司令臺上的日籍老師用日語厲聲喊道：伍金地，出來！他於是乖乖地被叫到司令臺上，兩手伸直，端著一臉盆水，罰站，同時被當眾羞辱說可惡的清國奴的孩子！做賊！八歲的他被罰得又累又氣，手腳一直發抖。可個性好強的他還是強忍著，不在日本人面前流淚。他在心裡不服氣地罵道：你們這些沒有天良的臭狗仔，搶我的東西，還罵我清國奴！做賊！這世上還有公理嗎？

伍金地一直被罰到朝會結束後，才讓他回教室上課。他隨即痛苦地認識到一個事實：為了拍統治者的馬屁，臺灣人對待自己的同胞往往比日本人還壞。他一進教室，臺籍女導師什麼也沒問，隨手拿起一支掃帚就朝他肩背猛打下去。因為提早入學，個子算是全班最矮小的他，當然受不了這樣的毒打。他一邊挨打，一邊就抓起座位上包書的布巾，朝窗戶一跳，逃出教室；同時還邊跑邊用閩南話朝那名女老師罵三字經。他逃離教室後就躲在學校後面伍家屋後水池邊的竹林裡頭，到了中午也不敢回家吃午飯，一直躲到傍晚學校放學後才敢回家。

回家以後，伍金地也不敢把學校發生的事情告訴父親。這之後一個星期，每天早上，他仍然背著書包，裝作去上學，然後就躲進竹林裡頭，到了傍晚，才又回家。一直要到學校去家裡找人。他父親才知道，伍金地已經逃學一個星期了。

第二天，伍金地又被二哥押回去上課。那名臺籍女老師雖然沒再打他，卻總是故意冷言冷語的侮辱他。其他同學也因為誤解他是小偷，對他不抱好感。受到這樣的打擊與侮辱，他再也提不起一點勁來學習，時不時就翹課，並且經常和嘲笑他是小偷的同學打架。這樣，原本在全班四十幾名同學中總是排在前三名的成績，從此一落千丈。

抗爭的力量

伍金地好不容易勉強完成了公學校教育。畢業後，樸素的民族意識已經覺醒，充滿怨恨的他，再也不願意接受日本帝國主義的殖民教育，就在家附近二哥經營的雜貨店幫忙。現實生活又讓少年的他再次體驗了日本帝國主義統治下殖民者的蠻橫不講理，以及被殖民者的悲哀，從而認識到反抗的出路。

因為社皮派出所的日籍主管廣井經常到伍家的雜貨店賒帳，買煙、買酒，或其他生活物品。到月底時，伍金地就拿著帳本到派出所找廣井結帳。但是，他沒有料想到，就在收了帳後的當天下午，廣井竟然跑到店裡，不分青紅皂白就把他二哥痛打一頓。他和二哥憤恨不平，就到屏東街上，找盧姓民眾黨黨員求助。盧某偶爾會到他們村子走動，每次去，都會到伍家的雜貨店坐坐，與他們兄弟和其他到店裡購物的村民閒聊；有時候，也會向他們介紹《臺灣民報》登載的內外消息。盧某聽了伍家兄弟的投訴，立刻帶領他們去文化協會屏東支部，找文化協會理事洪石柱（臺北師範學校畢業後任教屏東市）求助。洪石柱聽了伍家兄地的報告，隨即向社皮所屬東港郡的警察當局據理抗議。兩個星期以後，抗議取得效果，廣井被調職了。

通過這次的抗爭洗禮，從此以後，年紀上還算是小孩子的

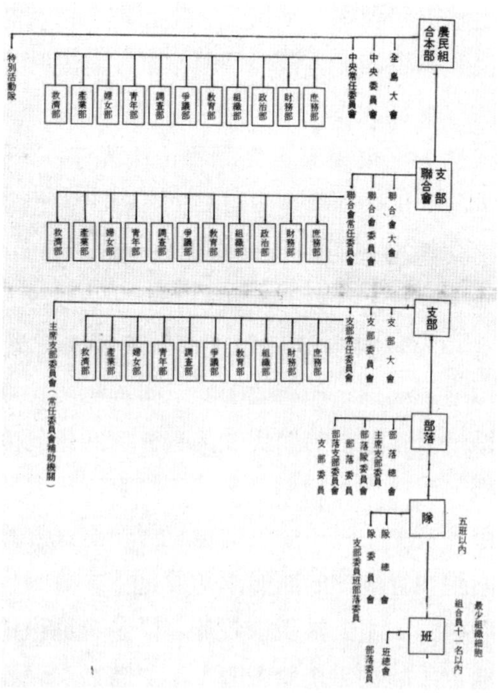

臺灣農民組合組織圖。

伍金地，也開始跟在那些反日運動前輩的後頭，熱衷從事反對日本殖民統治的社會運動。

一九二六年六月二十八日，臺灣農民組合在鳳山、大甲、曾文、虎尾、竹崎等五個支部的基礎上在鳳山成立。此後，殖民地臺灣的農民運動也逐漸進入發展的高潮。到了一九二七年年底，臺灣農民組合的組織也由原有的五個支部發展為四個州支部、二十三個地方支部及四個出張所聯絡處，會員人數高達二萬四千一百多人的規模。同年三月與七月，屏東地區的東潮（東港與潮州）支部、屏東支部及內埔支部也陸續成立。

為了擴大組織的發展，農民組合在各地農村開辦讀書會，啟蒙一般農民的文化知識，提高他們的階級意識。就在這段期間，農組和文化協會的地方幹部在社皮共同組織了一個青年讀書會，公開招生。對日本帝國主義的殖民統治不滿的少年伍金地立刻和村裡二十幾個年輕人一起加入。社皮讀書會除了教學生讀平民課本、平民千字文課本、百家詩、改編的三字經和農民歌謠等等，也帶他們讀報紙，討論時事。

平民課本主要是為那些不識字的農民編寫的教材，第一課是：「來來來，來讀書，來識字；不讀書，不識字，苦一世。」伍金地雖然已有漢文基礎，卻也讀得津津有味。平民千字文課本裡頭則有孫中山先生的照片和傳略，也有象徵漢、滿、蒙、回、藏五族共和的青紅黃白黑五色的中華民國國旗。這些內容對少年伍金地的中華民族意識，起到了一定的強化作用。另外，他對改編的三字經和農民歌謠印象最深刻。他記得，當時教唱的農民歌謠有七字四句的歌仔戲調，如〈六月割稻〉：「六月割稻真辛苦，點點汗珠滴落土，田頭家啊快活收租，哎……哎……」他也記得喚醒民族意識的曲子，如〈臺灣同胞要覺醒〉的開頭兩句便是：「臺灣兄弟要知悉，野蠻日本領臺時，祖公被伊來殺死，橫逆土地也搶去。」學了這首歌的他也才能夠完全體會剛上小學時被父親打巴掌的歷史背景。當然，他所學的也有喚醒佃農的民族與階級意識的歌，如〈佃農哀怨歌〉：「走狗的人奴隸性，專靠勢力來橫行。蹂躪人權行不正，威力壓迫真無情。有益事業歸會社，剝削臺灣無產者。無產兄弟著打拼，若無敢會做乞食。土地拂下退官者，不怕農民無處食。欺瞞民眾講好聽，日臺融合真好名。咱的性命有關礙，若無團結慘難來。帝國主義無打倒，腹餓失頓免驚無。」從內容來看，它雖然局限於抗議日本製糖會社的剝削與「土地拂下」制度的不公，但相對於賴和的〈流離曲〉，卻直接喊出了「打倒帝國主義」的尖銳口號。

伍金地一直到晚年都還清楚記得改編的《三字經》，也可以隨口暗誦那些經文。因為它概括了日本帝國主義統治下殖民地臺灣無產佃農在經濟與政治雙重壓迫下的悲慘命運。

《三字經》的第一段主要描述無產佃農的生活苦況——在不合理的土地租佃關係下，一家老小不眠不休地勞動，仍然負債重得只能勉強維持吃地瓜簽配豆豉，住破房子：「無產者，善良人。勞動者，日作工。做不休，負債重。住破厝，風砂窗。無電燈，點番油。三頓飯，地瓜簽。每頓菜，豆脯鹽。設備品，萬項欠。咱身軀，日曝黑。咱帽子，像桶圈。老至幼，著勞苦。瘦田園，贌貴租。」

第二段緊接著就描述：在這樣惡劣的生活條件下，一到冬天，老人就容易生病。但是因為無錢就醫，只能求神保佑，終於病情惡化，一命嗚呼：「咱棉被，世界薄。厚內衫，大概無。冬天時，迫近到。老大人，痰多多。腸肚響，哮哮叫。斷半錢，請醫生。不得已，拜神明。雙祇腳，跪做前。金香紙，陸續用。嘴出聲，誓豬敬。無聽著，佛神明。豈有力，來同情。那瞬間，變惡症。哀一聲，失性命。搥心肝，父母情。」

於是，第三段就呼籲這些無產勞動者們一定要覺醒，團結起來，打倒這種不合理的地主佃農制，才有可能過上較好的生活：「兄弟們，要知道。無覺醒，定惹禍。無團結，慘難到。萬項事，自己做。要努力，力自靠。惡制度，來毀破。惡地主，來打倒。這時候，萬人好。」

然而，這些無產佃農們除了受到地主的經濟剝削之外，更受到日本帝國主義要他們投入戰爭「總動員」的政治迫害：「戰爭近，飛行機。日夜練，無停時。兵演習，像做戲。濫人工，費大錢。警察官，練弓箭。學柔道，推白旗。帝主戰，切迫時。總動員，照準備。」

最後，它提醒這些無產佃農們一定要認清帝國主義戰爭的本質，不要被那些甘願充當日本帝國主義走狗的皇民欺騙，並批判趁機哄抬物價的「資本賊」；同時直指造成貧者愈貧、富者愈富的萬惡之源——資本主義私有制：「咱要識，這意義。反動狗，倒瞞欺。說盡忠，不怕死。你殖民，應該是。我同胞，要銘記。資本賊，乘那時。逞物價，得大利。貧工農，亡身屍。壯男兒，被召去。做人夫，無工錢。徵牛馬，運糧資。老婦人，顧空厝。要自濟，無人扶。目屎流，數年久。這原因，在何處。私有制，保大富。虐待貧，且殺誅。」

兩次被捕入獄

讀書會開辦的那段期間，農組高屏地區的領導幹部顏石吉、張玉蘭、簡娥、陳昆崙等人也經常來社皮講演，並跟讀書會成員開座談會。因為年紀最小，記性好又認真學習，伍金地很得這些領導幹部的疼愛，並被暱稱為「猴姻仔」。

因為上課教室的問題，社皮庄的農民讀書會後來不得不暫時解散。為了重開讀書會，有一天，這些領導幹部就對伍金地說，猴姻仔，你家經濟環境最好，回去問你爸爸，看他能不能提供場地，把讀書會再辦起來。伍金地隨即回家問過父親，並取得他的同意，提供伍家後院一棟既隱密又廢棄無用的茅草房，作為讀書會的上課教室。從此以後，社皮庄的青少年又在每天傍晚（白天怕日本特高注意）重新聚集伍家後院的茅草房，圍著一張又大又長的竹桌子，恢復讀書學習的活動。

少年伍金地的思想認識，也通過續辦的讀書會得到進一步的啟蒙與提高。有一天，一個叫做林新木的農組幹部和文化協會屏東支部的幹部林清山來到讀書會的教室。日本話說得很好的林新木和他們談到日本警察時非常激進地煽動說：臭狗仔如果來的話，不用怕！把他抓起來，揍一頓就是了。揍？聽他這樣說，伍金地心裡卻不同意地懷疑道那不是要被他們揍死嗎？於是就沒有理他。然而，沒多久，日本高等警察就來取締讀書會了。那天，幸好是中午，不是上課時間，只有伍金地和一位叫鄭騰位的人被抓走。因為這樣，伍金地懷疑讀書會之所以會被檢舉很可能是被林新木出賣的。

伍金地和鄭騰位被抓到東港郡役所關押。兩天後，鄭騰位被放回去。伍金地則被關了五日。要放出來那天，一個名叫傅乞食的臺籍刑事陪同一個不知名的日本刑事和警部補澤松，把伍金地叫出來問話。那個不知名的日本刑事態度很凶，警部補澤松見狀就把他支開，然後改用嘲諷的語氣，裝作親切地問伍金地說你們家是有錢人，繳得起所得稅，你去管農民組合的事究竟有什麼利益？伍金地雖然不會講日語卻聽得懂澤松話裡的意思。他沒有回答什麼。澤松繼續說你要搞政治，也要先研究一下。你才讀公學校，跟人家搞什麼社會運動。巴加野囉！你若有興趣，我介紹你去日本讀書。先前，伍金地已經調查過澤松的背景，知道他在日本是曾經參加日共的社會運動者，轉向以後才跑來臺灣當警部補。因此，他雖然都聽得懂澤松講的每一句話卻懶得搭理。這樣，澤松講完話後，他也被釋放回家。

儘管社皮讀書會已經被解散了，反帝的民族意識已經覺醒了的少年伍金地，並沒有因為嘗過坐牢的滋味而畏懼日本殖民當局的高壓統治。他雖然沒有實際參加農組或文協的組織，出獄後仍然熱衷參與農組、文協、高雄借家人同盟或其他反日團體舉辦的各種民眾運動，幫忙散發傳單及到處張貼海報，從事宣傳動員的工作。

一九二八年農組第二次全島大會。

一九二八年，臺灣農民組合鳳山支部在鳳山郡大寮庄鼓動蔗農向糖廠爭取權益。十五歲的伍金地也通過散發傳單的方式，參加了這場鬥爭，並因此再次被捕，而被扣押鳳山郡役所。其後，農組辯護律師古屋貞雄以未成年為由，替他辯護，僥倖獲得從輕判決的處分。

林先生的教誨與指導

有一次，伍金地去支援農組屏東支部辦講演會的時候，那個叫顏石吉的領導幹部把他叫過去，說金地仔，今天有一個林先生要來。你可不可以去車站接他？伍金地隨口就答應了。顏石吉於是又告訴他，這個林先生穿什麼樣的衣服，繫什麼領帶，戴什麼款式的帽子，以及身材大概怎樣等等。他於是在屏東車站接了林先生，帶領他走回農組屏東支部。在路上，這個林先生邊走邊跟他閒聊，說姻仔，你叫什麼名字？是哪裡人？他說我叫做伍金地，是萬丹社皮人。你怎麼會認識顏石吉？他說以前在社皮的讀書會認識的。你家在做什麼？他說做生意。談話間，他們已經到了農組屏東支部。伍金地把這個林先生帶給顏石吉，就出去幫忙動員群眾來聽講演。晚上，講演會進行的時候，他便拿著一疊宣傳單在臺下分發。到了講演會進入尾聲的時候，臺上的林先生恰好看到他，於是走下臺，把他叫到一邊，親切地問說這麼晚了，小孩子該睡覺了。我帶你去睡覺。然後不管他說好或不好，就往前走去。伍金地也就傻不楞登地跟在他後面走。到了休息的地方，林先生就跟伍金地說你在這裡好好睡。我還有事，要出去。臨走前又特別叮嚀說這裡蚊子多，而且有傳染病，你一定要記得掛蚊帳。

林先生前腳剛走。伍金地因為累了，還來不及掛蚊帳，就呼呼睡著了。一直到林先生跟一群農組的同志從外面回來時，看到熟睡中的他正在餵蚊子，於是伸手幫他打蚊子。這樣，他就醒過來了。林先生於是帶著關懷的心情責備他，說姻仔人怎麼不聽話呢！我不是跟你說，蚊子很多，有傳染病，要掛蚊帳嗎！你怎麼就這樣讓蚊子叮。伍金地從小到大從來沒有碰到有誰在他睡覺時幫他打蚊子，心裡萬分感動地想道，這個林先生，人還真不錯啊。

後來，伍金地就跟著林先生，一起工作了二、三個月。這段期間，林先生教了他很多關於鬥爭的理論與方法。林先生告訴他說搞社會運動，遲早都會被日本警察當局逮捕的。但是，只要我們靈活一些，它還是抓不到我們的。同時強調要跟人家鬥，沒有本事是不行的。鬥爭贏了，也才能達到目的。講完了抽象的鬥爭原則之後，林先生接著又指導他具體的工作方法，說姻仔，我跟你講，你出去街頭貼傳單，動員群眾的時候，就要注意，街上一定會有做日本當局走狗的人，那種人，總是鬼鬼祟祟的，很好辨識。如果你發現有這種人在附近走動，你的傳單就還不要貼。如果沒有，你就趕快貼，然後趕快跟一起行動的夥伴離開現場，一個往東跑，另一個就往西跑。

林先生又將伍金地及其他年紀較小的組合員組成小鬼隊，教他們如何在反動派的集會場合反制他們的反動言論。他說，反動派舉行群眾演講會時，都會有高等警察的人馬替他們護航。這時候，小鬼隊就要埋伏在講演臺下，伺機提出針對性的反對口號，不斷進行有力的游擊反制來煽動群眾。他同時也教他們如何隱藏與脫身等等。

不久，反動派在屏東地區舉行大眾講演會。伍金地就與那些受過林先生教導的小鬼混入會場，按照林先生的說法，裝作聽講的民眾，分散這裡那裡。當他們聽到右派的辯士脫口說出諸如「日臺融合，人民的生活水準才能提高」等狂言時，立刻在臺下不約而同地高喊：「交官窮，交鬼死，交乞食，蝕了米。」小鬼隊這樣反復地高聲喊叫，最後終於鼓動其他聽眾也一起怒吼了。日本特務趕緊抽出懷中的手電筒掃射全場，想要找出煽動者。但是，伍金地與其他農組的小鬼們，早就機靈地隱藏到群眾裡頭，始終沒被發現。

通過林先生的調教與實踐鍛煉後，少年伍金地對鬥爭的理論與方法也有了愈來愈深的理解與掌握。後來，林先生知道，他已經有好幾個月沒回家，家裡人到處在找他，於是勸他趕快回家。伍金地說我不要啦！我若回去，警察仔一定會常常來找麻煩，早晚要被抓去的。林先生看他意志很堅決，沉默地想了好久，然後嚴肅地說：你還是想清楚一點。參加這樣的運動，未來的路是很辛苦的。你若沒有決心，以後一被捕就叛變，那就太漏氣了。嘿！嘿！他笑了笑，然後繼續說你還是仔細想清楚吧。不要逞強。我們三天後再來做結論。他於是認真回想跟隨林先生以來的這些日子。從感情上，他覺得從來沒有人像林先生對他那麼好；從理智上，林先生又經常向他講東講西，教他那麼多鬥爭的道理，雖然林先生也經常批評他不對的地方，他也打從心底服氣。這樣，三天後，他還是決定留下來，繼續從事反對日本殖民統治的社會運動。當天傍晚，林先生於是安排他搭火車，前往北部的石底碳礦，在蘇新與蕭來福的領導下，做工人運動。

潘欽信

臺北人，臺北太平公學校畢業，一九二四年十月於第二度前往大陸時，進入上海大學中學部就讀，開始信仰共產主義。一九二八年四月十五日臺共建黨大會被選爲入黨工作人員，後因「上海臺灣讀書會」事件的牽連，日警搜捕甚嚴，與蔡孝乾、洪朝宗、謝玉葉從臺灣潛返中國大陸。謝阿女進行臺共「更生運動」時，原擬由其負責高雄地區工作，但因其逃亡被斥爲機會主義者，遭到開除黨籍處分。一九二九年九月在廈門鷺江國小擔任教職，隨即加入中共組織。一九三一年三月與中共福建執委蘿一詩會合，受第三國際遠東局之派遣返回臺灣，要求臺共進行改革，遂有五月卅一日起連續三天臺共第二次大會的召開，並獲選爲黨中委，臺共工作路線也因此爲之一變，活動日趨擴大強化。九月一日與[illegible]同於基隆被日警逮捕，拘役十五年。

臺灣光復後，擔任三民主義青年團臺北分團第一股股長，曾經參加「二二八事變」，經當時臺灣省行政長官公署通緝，爾後即下落不明。

調查局的潘欽信檔案。

從一開始，伍金地就只知道林先生名叫林麗水。可一直到一九三一年臺共大檢舉後，他看了報紙刊登的照片才知道，原來林先生就是臺共的主要領導幹部——潘欽信。

結婚成家

一九二九年二月十二日，臺灣農民組合遭到全面檢舉，史稱「二．一二事件」。事件後，因為幹部幾乎遭到全面逮捕，動搖分子脫離組織，失去領導的一般組合員也紛紛離散，整個農組組織陷入絕大困境，一切活動都暫時停頓。幾個月後，被捕幹部相繼回到戰線，並進行內部的理論鬥爭，使得農組的思想更加傾向共產主義。到了十月以後，隨著合法運動的更加困難，農組的活動完全潛入地下，大肆發行鬥爭情報與指令情報，並在全島建立秘密發行網。

為了紀念對勞動大眾意味深長的「十月革命」紀念日，農組本部指令各地支部，參酌地方情勢，組織紀念俄羅斯工農革命十三週年的鬥爭委員會，通過舉辦遊行示威、紀念大會、講演會或座談會的方式，展開為期七天的鬥爭周，極力宣傳「十月革命」紀念日的歷史與意義。農組本部同時也制定了「土地歸農民」、「田租立即減三成」、「言論、出版、集會、結社絕對自由」、「支持中國工農」、「擁護蘇聯」、「反對日本帝國主義強盜戰爭」等十一條共同口號。

十一月七日，農組屏東支部準備在屏東郡鹽埔庄香蕉捆裝所公開舉行紀念講演晚會。下午，伍金地就趕到會場，幫忙拉起「蘇聯革命十三週年紀念大會」的布條。簡單吃了晚飯後，他跟隨顏石吉等農組幹部及另外數十名農民走進會場。不料，事先等在那裡的取締警官立即檢束了顏石吉等五名幹部，並且命令伍金地等數十名農民立即解散。然而，他們並沒有乖乖聽命，仍然留在會場，準備按時舉行紀念講演會。到了八點，前來參加紀念大會的農民已經將近兩百人了。大會於是按原訂計畫開始。結果，當局馬上動用武裝警察團團圍住農組成員，展開驅逐行動。在混亂中，伍金地與農組的其他同志高喊「土地歸農民」等口號，並且四處張貼寫著這些口號的海報……最後，伍金地和另外四人也被捕了。

因為拒捕，伍金地還遭到刑警的輪毆。到了監獄，那些刑警又揪住他的頭髮猛撞牢門來洩憤。刑警的行為立刻引起牢房裡農組前輩的抗議，他們大聲痛斥日本警察是禽獸，並一齊用力踢地板抗議，發動了一場監獄鬥爭；最後，終於驚動了警察局的主管。伍金地這才被鬆綁，送入牢獄。這次，十六歲的他總共被拘禁了十八天才釋放。

從此以後，伍金地也成為警察當局注意的黑名單。當他再參加各種運動時都會被警察盯得很緊。為了躲避警察的追蹤，他先後在高雄工廠、基隆礦山及下營農組支部活動。後來，他因罹患瘧疾而返家休養。警察也尾隨到他家，嚴密監視。幾個月後，也就是一九三一年初，臺灣的反帝左派組織遭到大肆破壞，從此，臺灣的反帝社會運動逐漸萎縮。在這波大檢舉中，未足十八歲的伍金地因為尚未成年，又沒有證據，僥倖沒有入罪。

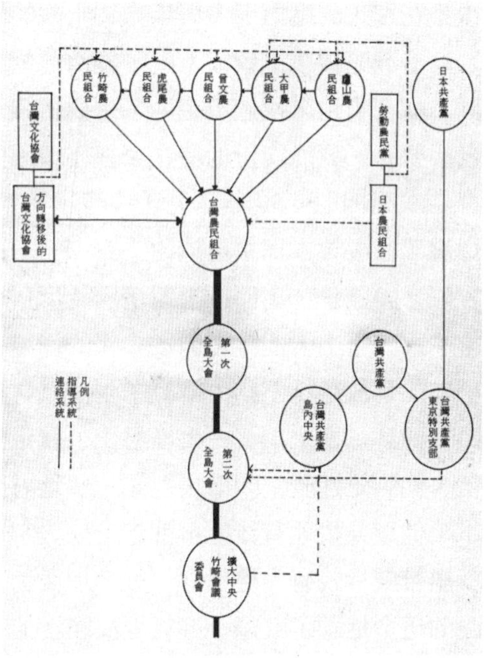

臺灣農民組合聯絡系統圖。

面對這場全面性的大檢舉，伍金地的思想和感情都遭到很大的衝擊，並且有著一種難以擺脫的失落感。在往後的日子裡，他的行動也受到當局嚴密的注意。每當有日本皇族來臺灣視察觀光的時候，東港郡役所就會請他到拘留所住幾天，一直要等到貴客離臺後，他才能獲得自由。因為這樣，他只能無奈地待在家裡，當個安份的自耕農。

一九四一年，二十八歲那年，向來不想成家的伍金地，不得不在家人的壓力下，與年方二十歲的同庄女子結婚成家。

臺灣光復後，政情紊亂，經濟蕭條。這段期間，農組的老同志顏石吉也來找過伍金地，想要組織青年團。他卻因為一家老小要養，只能安份地待在家裡耕四甲多的田。

一九四七年早春，生活疾苦，怨憤四起的臺灣民眾終於爆發了一場要求民主自治的「二二八」事變。伍金地雖然沒有實際參與鬥爭，事件後，還是因為反日經歷，差一點被抓去坐牢。那天早上，他穿過屋後小學的操場，要去田裡巡看第一期稻作的水放得夠不夠。身為學生家長會會長的他經過學校禮堂時，看到那裡聚集著一大堆村民，就走上前去，看看是什麼事情。他剛走進禮堂門口，裡頭一個地方政府官員就叫他進去一下。他以為找他有什麼事就走上前去。可他還沒有開口，那人就語帶威脅說有人檢舉你有去參加暴動。誰講的！性情容易激動的伍金地聽了就毫不客氣地反駁說他有親眼看到嗎？叫他拿出證據來。停了一會，他看到住他家對面的校長坐在一旁，於是要校長作證，然後頭也不回就逕自朝田裡走去。他終究在校長作證下免於被構陷入獄。

後來，伍金地也通過各種不同的管道聽到許多關於「二二八」的整肅消息。他聽說蘇新、潘欽信等許多日據時代反帝民族解放運動的革命先輩們因為投入這場起義，領導群眾，而被迫流亡大陸。因為這樣，他深刻地體會到，歷史留給他們還在臺灣的老鬥士的任務便是繼續戰鬥。

新民主主義青年團

一九四九年十月，通過新聞報導，伍金地得知祖國大陸創建了人民力量支持的新中國，百年來飽受帝國主義列強與國內封建軍閥壓迫的中國人民終於站起來了。然而，就在這時候，在大陸的內戰戰場上節節敗退的蔣介石政權殘餘勢力也撤退到了臺灣，並且把臺灣作為最後的反攻基地，而開闢了內戰的「另一個戰場」。

歷史，讓剛剛脫離日本帝國主義半世紀殖民統治的臺灣人民面臨了最嚴峻的考驗。伍金地跟其他進步青年一樣認識到：為了臺灣的民主自治，為了民族的徹底解放，除了打倒敗退臺灣的獨裁政權之外，沒有其他解放之路可走。

與此同時，中共地下黨「臺灣省工作委員會」把握國民政府在臺灣農村實施三七五減租的契機，決定通過「減租減息運動」，開展合法的農村工作。屏東地區，以市議會議長為首的有識之士也認為，這是能夠幫助佃農出頭的一大善政而熱心推行。

有一天，不懂中文的鄉長找上老農組的伍金地，要他到鄉公所當試用代書，幫他處理每天都有的地主與佃農爭議的訴狀或陳情書，同時保證說三個月後就可以讓他升任正式的代書。伍金地雖然家有四甲肥田，生活還算富裕，沒必要出外做事，可他想到可以幫那些佃農爭取權益就去了。

一九五〇年六月二十五日，朝鮮半島的韓戰爆發。面臨生存困境的蔣介石政權絕處逢生。入秋之後，同村二十幾歲的青年盧慶秀從臺北回來，找到社運前輩伍金地與同鄉其他有志青年，籌組「新民主主義青年團」。然而，蔣政權在美國支持下發動了腥風血雨的肅清。盧慶秀經常看到「報載槍斃匪諜消息」而「內心惶恐」；為了自保於是向情治單位線民偽稱：伍金地在屏東萬丹鄉組織「臺灣民主自治同盟解放聯盟委員會」。同年十月十日起，保密局於是根據密告線索展開嚴密偵查，並於一九五一年二月十三日逮捕了林琨隆等七名青年。

那天，三更半夜，伍金地在睡夢中被一陣叫門聲吵醒，起來後，看到一大堆人已經闖進家裡。他知道情況不對，就趕緊從旁邊的小門溜走。他躲到大舅子家裡觀察動態，因此知道他太太和才四、五歲大的孩子都被抓走了。整個社皮村的搜查行動持續進行著。兩天後的傍晚時分，他又通過二舅子的協助，沿著還沒有放水的灌溉溝渠（三天放一次水），一路逃向內山，在內埔鄉隘寮一個叫陳鼻的農民家過夜。陳鼻一邊給他們張羅簡單的睡鋪，一邊歉疚地解釋不便之處，說這一帶最近也四處在抓人，不是很安全。伍金地沒讓陳鼻把話講完就語帶感激地說：今晚你敢收留我，我感謝都來不及了。我向你保證，日後要是被捕也一定不會連累你。請你放心。

第二天清晨，天剛濛濛亮，伍金地和他二舅子就離開陳鼻家，在隘寮溪的溪埔躲藏，等到天暗下來了，才又向陳鼻借了一臺腳踏車，騎往高雄縣旗山的方向，最後騎到臺南縣玉井鄉竹頭崎山村一個在山裡盜柴的朋友處。伍金地隨即要他的二舅子回家，以後也不要再來。同時交代他說如果人家找你問話，絕對不要承認和我有什麼關係；不管問你什麼，一定要說不知道。二舅子把身上僅有的兩百元留給伍金地，然後騎著腳踏車離開。

山裡的物質生活非常困苦。只有稀飯可吃。伍金地經常餓到受不了。可他不忍心讓收留者增加負擔，就到山上幫人家燒炭，通過勞動換取暫時的生存，一直到同年七月十六日，才被保密局「運用線民策動」而結束了長達幾個月的逃亡生涯。

偵訊與判決

在臺北保密局。他們把伍金地押進一間密室，讓他躺在一條長桌子上，手腳綁起來，進行偵訊。他看到，密室裡頭除了負責偵訊的兩名特務之外，同庄青年盧慶秀也坐在一旁。當下，他就知道大概是怎麼一回事了。果然，偵訊一開始，盧慶秀就一口咬住他說他認識謝雪紅和簡吉等共產黨員。他立刻向坐在一旁的保密局特務反駁說，你們如果相信他講的話，就叫謝雪紅和簡吉來跟我對質。看他講的話是不是事實？盧慶秀隨即氣急敗壞地罵道幹你娘！共產黨。自己做的事不敢承認，講話還那麼凶。駛你娘！伍金地不示弱，立即還擊罵道你講的都是無影無隻的事情。要不就讓神明來評評理嘛！盧慶秀說我不曾見過像你這麼凶的人。我哪裡凶，我又不是對你凶。伍金地反駁說，你沒天良，隨便冤枉人。證據拿出來嘛。

偵訊持續了一個多鐘頭。盧慶秀每咬一次。伍金地隨即毫不客氣地罵回去。到後來，盧慶秀被他罵到心虛，也就不敢多講了。最後，他反咬盧慶秀說幹你娘！你這個傢伙，你是因為你老爸當不上家長會長，對我不滿，所以才設計害我。幹你娘！你是不是想要侵占我家那幾甲土地。保密局的偵訊特務眼看他怎麼也不承認盧慶秀的指控，就把他吊起來，要他承認盧

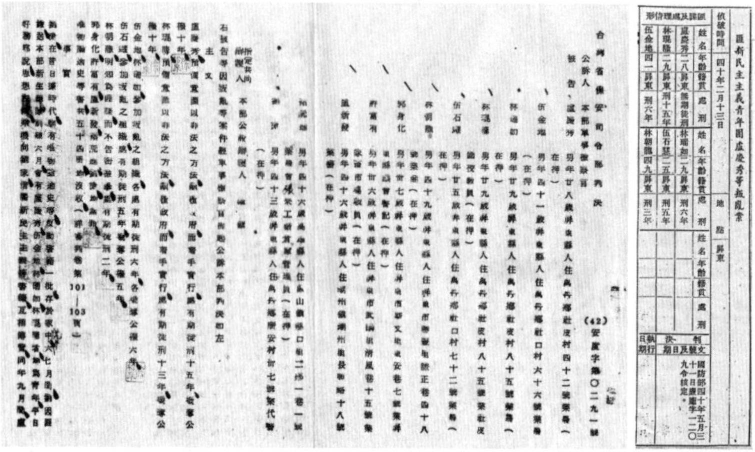

判決書首頁與安全局處刑檔案。

慶秀所指控的事。他知道，只要自己承認，不但有可能會死，還會連累那些曾經收留他的人，於是咬緊牙關，抵死不肯承認。刑的也沒用，最後，他們只好把他放下來，押回牢房。這之後，他又經歷了將近二十天嚴厲的疲勞審問。但是，不管怎麼刑，他始終堅持一個鬥爭原則——絕對拒絕在不讓他過目的所謂「供述筆錄」簽名。

後來，伍金地就與包括他的侄子伍石慧在內的所謂同案被移送臺北青島東路軍法處看守所結案。該案經軍事檢察官依「懲治叛亂條例」第二條第一項提起公訴，於一九五三年五月二十一日宣判。伍金地被指控的所謂「叛亂事實」是：不但「附和」盧慶秀所提組織「新民主主義青年團」之倡議，並且「欣然參加」。按理，以「懲治叛亂條例」第二條第一項起訴者，通常都會被處以死刑。由於伍金地抵死不承認盧慶秀的指控，於是以其「受殖民地教育政治觀念薄弱一時不慎致為所愚」，而且又「系自行投案衡情不無可恕」之「理由」，給予「酌情減刑」，以「參加叛亂之組織處有期徒刑六年褫奪公權六年」。盧慶秀則「意圖以非法之方法顛覆政府而著手實行處無期徒刑褫奪公權終身全部財產除酌留其家屬必須之生活費外沒收」。「伍石慧參加叛亂之組織處有期徒刑五年褫奪公權五年」。

移送安坑軍監

判決後，伍金地便與十幾名難友，兩人一組，手銬在一起，押到新店安坑國防部軍人監獄。他和一位原本不認識的臺南大灣人陳飛虎扣在一起。一路上，陳飛虎的話很多。可他一直沉默著。

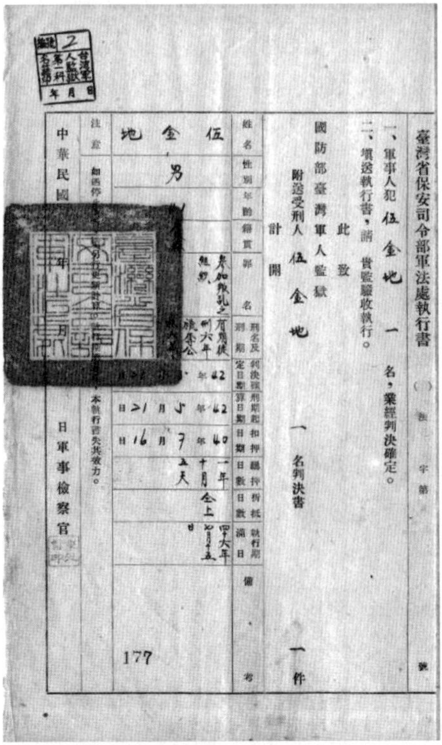
臺灣省保安司令部軍法處執行書 （ ）安 字第 號
一、軍事人犯 伍金地 一 名，業經判決確定。
二、填送執行書，請 貴監驗收執行。
此致
國防部臺灣軍人監獄
附送受刑人 伍金地 一 名判決書 一 件
計開

姓名	性別	年齡	籍貫	罪名	刑名及刑期	判決確定日期	刑期起算日期	羈押日期	羈押日數	折抵日數	執行期滿日	備考
伍金地	男			參加叛亂之組織	有期徒刑六年褫奪公權六年	42年	42年5月21日	40年7月16日	一年十月五天	仝上	四十六年四月十五日	

注意 如遇停……本執行書失其效力。
中華民國 年 月 日 軍事檢察官
177

一九五三年五月二十一日軍法處移送伍金地到軍人監獄執行書。

安坑軍監建於山坡上，四周用紅磚砌成兩丈多的高牆，包圍著裡頭的仁、義、禮、智、信五個監房，起初只關押一般軍事犯。一九五四年初，由於各監所的政治犯人滿為患，信監開始關押從各監所疏散過來的政治犯。其中，第一房專關女犯；第二房則是五十歲以上老政治犯的所謂「優待房」。其他則為一般押房。每間押房都是四坪大，按設計可關十五人，但是幾乎都關了三四十人。

伍金地和侄子伍石慧同關第七房。陳飛虎恰好也關在這一房。進了押房，他立刻又來和伍金地搭訕，說他不識字，可否幫他寫封家書報平安。伍金地就要陳飛虎口述信的內容，替他抄寫。這樣，兩人算是有點交情了。怎知，信才寫好沒多久，陳飛虎卻突然大聲責罵伍石慧。伍金地想把狀況搞清楚，於是問伍石慧怎麼一回事？你們兩人過去是不是同過房？鬧過什麼不愉快的事？伍石慧一臉無辜地回答說和他素不相識，怎麼會有什麼過節呢？真是莫名其妙。伍金地認為，他們兩人既然素不相識，那麼一定是有什麼誤會吧，就出面調解。可陳飛虎一點也不領情，仍然不停地叫罵伍石慧。伍石慧個子瘦小，再加上肺病纏身，身體虛弱，始終任其叫罵，不敢回嘴。陳飛虎並沒有因為這樣就停止叫罵。伍金地認為，陳飛虎一定是看他們叔侄一老一少，身體都不大好，好欺負，就想對他們作威作福。這樣，脾氣向來容易衝動的他也漸漸忍耐不住了。這時，同房一個先來的難友已經看不過去而站出來，替他們打抱不平，說這裡沒有誰是龍頭，大家都是受難的人，不要欺人太甚，否則……陳飛虎未等他把話說完，立刻把挑釁目標轉移到這名難友。兩人先是你一言我一語展開口舌大戰，接著就動手打起來了。伍金地看那打抱不平的難友個子不高不矮，中等身材，雖然長得頗結實，卻也漸漸招架不住了。他雖然知道自己身體老弱，不堪一擊，可他想，人家是為著自己的侄兒才出面管事的，自己怎能袖手旁觀，就要出手相助。就在這時，同房另一位身材高大的難友已經衝到兩人中間拉開他們了。然而，這個陳飛虎卻故意大聲嚷叫救命，說他們所有人打我一個。救命啊！押房的看守聽到喊叫聲就跑過來。陳飛虎立刻向看守大聲告狀，說一共有那幾個人打他，連伍金地也被點名在內。這時，一直坐在一旁的室長看不過去而站出來，向看守報告說沒有這回事，是他自己先出手打人罵人，欺負新來的病犯；大夥兒只是想把他拉開而已。一場眼見就要擴大起來的押房風波，這才平息下來。

經歷過這場風波之後，伍金地和他的侄兒伍石慧，以及那位替他們抱不平的先來的難友，便被調到信監後半部的第十三房。伍金地主動向那位難友致謝，並禮貌性地和他聊天。那名難友告訴伍金地說他名叫曾明達，原來是個魚販，人家都用日本話叫他的綽號「臭魚仔」。他說他在安坑軍監已經關了一段日子。據他瞭解，軍監的每棟牢房都分為上下半部，為的是區隔表現成績好壞的政治犯。可他不服氣地說，所謂好壞，全都根據那一小撮品性不

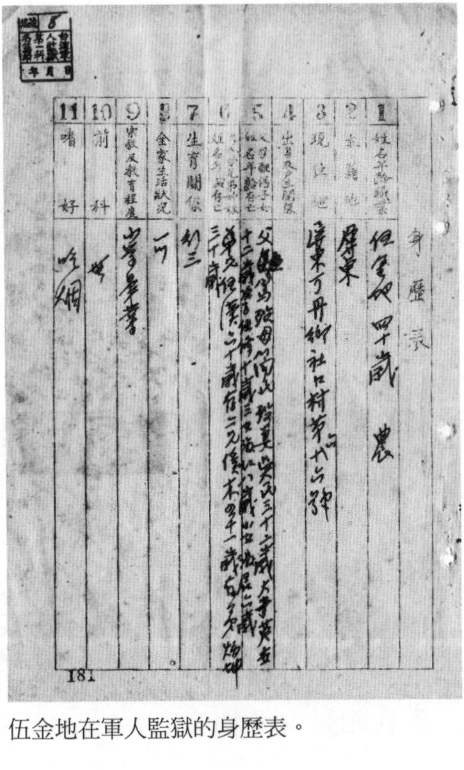
身歷表
1 姓名年齡職業 伍金地 四十歲 農
2 本籍地 屏東
3 現住地
7 生育關係
8 全家生活狀況
9 宗教及教育程度
10 前科
11 嗜好
181

伍金地在軍人監獄的身歷表。

好的狗仔的報告。他說那些甘願做狗仔的人，往往是貪得無饜的壞蛋；你給了他東西，他還要錢財，有的甚至要其他難友同流合汙，一起做狗仔。因為這樣，那些狗仔都會被同房的人孤立。那些看守自然就會針對他們的弱點，收買他們來打小報告。他強調說，依我看，那個陳飛虎就是刻意要製造事端的狗仔吧。

對曾明達所說的這種現象，已經在保密局和軍法處看守所有過兩年牢獄生活的伍金地其實早就清楚了。這也是他在押解過程中始終不跟陳飛虎多話的原因。曾明達又感慨地提醒伍金地說，他在這裡看到許多難友，往往因為被關得精神崩潰，或是因為生病無法獲得治療而口出怨言。那些狗仔就會去打小報告，大作文章落罪於人，讓人罪上加罪。總之，對這種人，不能不小心提防。伍金地對曾明達的這番提醒感到存於難友之間的一股溫暖。通過閒聊，他也知道曾明達跟自己一樣，只念過日據時代的公學校。可他個性爽朗，土氣十足，人緣很好。兩人習性相投，從此就

伍金地在軍人監獄的指紋表。

成了莫逆之交。

調到信監十三房以後，伍金地的監獄生活過得比較安靜，一直沒有發生過什麼事情。可是，有一天，他卻看到每個房間都人頭竄動，齊聚窗門，不知在看什麼。他也好奇地擠過去朝窗外看。他看到，在看守前呼後擁下，兩個彪形大漢正得意洋洋地挑著一個不知觸犯了什麼條例，雙腳雙手被腳鐐手扣緊緊地綁在擔架上仰躺著的難友，「遊街示眾」。目睹這樣的情景，包括伍金地在內，每個押房的政治犯都氣得目瞪口呆。儘管如此，他們卻只能在心裡為這個被侮辱的難友抱不平。伍金地聽到一個外省籍的難友既感嘆又痛心地批評說，他們一方面公然對外宣傳德政仁政，另一方面卻在牢獄中用這種傳統的酷刑來虐待我們政治犯，真是無恥啊。

不久以後，伍金地和一批難友又突然被調離軍監，關到一個四周都有高牆圍住的陌生的大牢房。這棟大牢房隔成二間押房，每間關五十個人，加起來有一百個人左右。押房幾乎看不到光（電燈整天亮著），而且十分陰

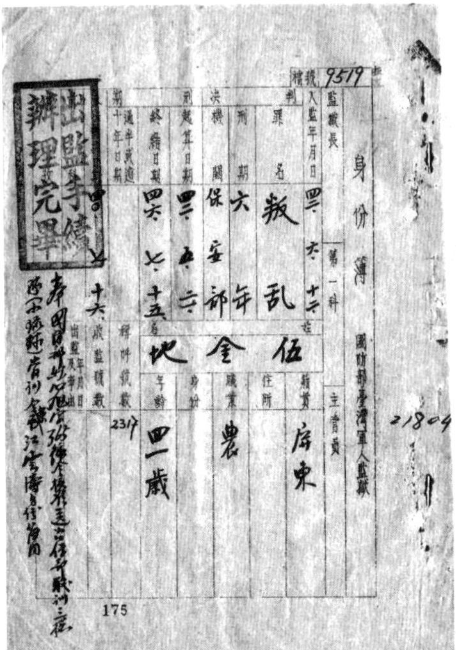

伍金地在軍人監獄的身分簿。

濕。蚊子很多。他們都被蚊子咬得又痛又癢，非常難過。儘管如此，始終沒有放封散步的機會。整天都無所事事地關著。

大約三個多月後，伍金地才又被送回安坑軍監智監的後半部押房。不久，他突然接到一封家書，說他的妻子已經過世了。他悲痛得就要暈倒了。可他不願在眾人面前出醜，強壓情緒，暗吞淚水，極力保持鎮靜。然而，不管他在表面上表現得如何平靜，他那情感脆弱的內心卻無時無刻惦念著家裡那四個沒爹沒娘的孩子，無助地擔心著他們要怎麼活下去呢？

在酷熱的獨身牢房主宰生活

伍金地在保密局關押的一年期間，先是吃了六個月的冬瓜；之後又換吃豆芽六個月。在長期營養不良的情況下，他的牙齒早已搖動疼痛了。他雖然幾次申請就醫，卻始終沒有獲准。在安坑軍監，他又發現膀胱無力，尿道失控，兩個鐘頭非得小便一次不可。有一天，放封散步的時候，他正在小便，還沒尿完，看守卻突然吹哨，要他們緊急回房。他於是匆匆把小便解完，趕回牢房。可看守硬是把他拉住，不讓他進去，並且罵他調皮搗蛋。接著，幾名外役便不由分說把他強行拖到智監最後排，給他腳鐐手銬，再前推後擁，硬是把他強押進去一間又髒又濕的獨身牢房。之後，一名外役偷偷告訴他，曾經有關在這間押房的政治犯上吊自殺，所以傳說常常鬧鬼。他聽了只覺得好笑地安慰自己，說我現在的處境不也等於是半個鬼嗎？假如真的有鬼，與鬼為友，起碼也能稍解心中的苦悶與寂寞，有什麼好怕的。當天晚上，他覺得累了，就躺下來睡覺。可他躺下沒多久，就被不知什麼東西咬得無法入睡。他於是起身搜查，並且抓到好幾隻臭蟲。鬼，我倒不怕！他憂心地想，可這樣下去，我怎能好好睡覺呢？第二天，他便「打電報」（通過敲牆壁與隔間通話）問隔壁的難友有沒有殺臭蟲的藥？對方說沒有，也沒有辦法弄到。他只好任由那些臭蟲來咬了。幾天後，最前排的押房一位相識的難友終於設法弄了一瓶殺蟲劑給他。他終於消滅了那些咬得他無法入睡的臭蟲。

然而，酷熱的五月天。臭蟲的問題解決了，押房的酷熱卻不好解除。每天早上，還不到九點，在高不及六尺，寬只足以翻身，屋頂用水泥密封的牢房，像動物般蟄居的伍金地，就已經汗流滿身了。不到二、三天，一條乾淨潔白的毛巾就擦汗擦得變黃發臭了。到了一天中最熱的中午，他只好稍微屏息呼吸，雙眼合閉，靜靜地躺著。更糟糕的是，儘管天氣如此酷熱，他每天卻只能領到一小半盆的水，用來洗碗筷及擦擦身體。另外，按規定，押房裡頭的便盆每天要拿出去倒一次。可獄方對他特別虐待，非要等它積得滿滿了才讓他拿出去倒。

伍金地在這樣又熱又臭的狹小囚牢裡的生活，真可以說是活在人間地獄了。可就在這樣艱難處境下，他想到在軍法處時，一位已經判決死刑的同房難友曾經和他談過的道理。即使面對即將來臨的死期，那位大陸籍的知識分子難友卻依然平靜地讀書思考。他感到難以理解就問那名難友在讀什麼書？那麼好看嗎？裡頭都說些什麼？那名難友抬起頭來，看了看伍金地，然後笑著說他在看蘇聯作家高爾基的一篇散文〈時鐘〉。它主要在談人要怎麼活才不虛度此生的道理。說著，那名難友指出其中一段念道：「多多重視思想吧！促進思想產生出來吧，思想永遠不會辜負您的勞動。思想是無所不在的，如果您願意，甚至在石頭縫裡，您也會發現思想的。如果人們願意，他們將得到一切；如果他們願意，他們將成為生活的主宰，而不是像現在這樣的奴隸。」是啊！在這種封閉的地方，至少思考是不犯法的，也是我僅有的自由。伍金地一邊回憶那名難友念給他聽的高爾基所講的道理，一邊認同地想著。只要我認真去想，一定會想出辦法來改善自己的生活的。他於是發動腦筋，想著要如何在這個鬼地方活下去。

終於，伍金地想出一個好辦法來了。他想到，只要把這只便盆吊到押房的半空中，它的臭氣就會發酵到窗外。這樣，至少就不會那麼臭了。問題是沒有繩子怎麼辦呢？他想了又想，終於想到做繩子的線不就在那幾雙襪子嗎。他於是細心地一絲絲抽出襪子的線，再把這些線慢慢揉搓成一條繩子。忙了好久，終於大功告成了。他於是興奮地用那條自製的繩子纏住便盆，把它慢慢拉起來，然後再把繩頭繫在窗柱上。這樣，押房的臭氣就不再讓他那麼難以忍受了。他對自己腦筋的潛力也更加有信心了。他整天閒著沒事，就在想東想西，看看能不能做些什麼，改善自己的居住條件。有一天，他望著窗外下著的傾盆大雨不禁想到，如果能把這些雨水弄進來不知多好啊！於是他就無時無刻都在想要怎麼來實現自己的想法。終於，他想出一個可行的辦法──先把幾條毛巾一條接一條綁成一條長索，再將這條長索毛巾的頭打結，從窗口拋到屋頂。這樣，雨水就會順著毛巾流到屋裡。想到這裡，他立刻動手用毛巾製作長索，然後一遍二遍地試著把它拋到屋頂上。經過無數次的拋擲以後，他終於把那條毛巾長索拋上去了。接著，他又運用已經掌握的抽襪結繩的技術，只花了二三天功夫又搓好一條繩子。他於是用那條繩子綁住面盆，繫在窗門柱上。這樣，他的引水工程終於完成了。天從人願，湊巧，窗外又適時地下起傾盆大雨。雨水立刻隨著那條毛巾長索源源不絕地流入面盆。他高興極了。有了水，他不但把全身洗得乾淨痛快，還在囚房四周的牆壁上灑水來降低室溫。自從坐牢以來，不論是他的身體、衣服，或是押房的牆壁和地板，從來也沒有這麼清潔過。他想，思想果然永遠不會辜負您的勞動。他的身心因此感到無限痛快。然而，大概是他動作的聲音太大了，看守很快就發現他的「異狀」而立即向上級報告。不一會，軍監裡頭好幾個軍官都來他的押房瞧個究竟。他想，這下真是樂極生悲了，於是就像一頭待宰的豬羊一樣，靜靜等待他們發落。不料，那些軍官看了以後只是搖頭苦笑說他媽的！這傢伙腦筋還真好。他們不但沒有責備他，還邊走邊誇讚說天上的雨水，他也有辦法搞到房裡洗澡。

伍金地發現沒事後，馬上打「電報」給隔壁牢房的難友，教他如此這般。很快地，他發明的引水技術立刻傳遍各牢房，造福難友。他的貢獻也讓他得到該有的回報。因為天氣悶熱，吃得既不好又不衛生的關係，他先前已經罹患痢疾，卻一直沒有條件好好醫治。現在，關在這間熱不堪言的獨人押房，既沒有藥吃，再加上正值酷暑，症狀就一天一天嚴重起來。每天，他起碼都要腹瀉幾十次。人都拉得快脫水了。正當他被這病苦惱得不知如何是好的時候，一天早上，他估計應該是一般政治犯放封的時刻（他的獨房就在放封場旁邊），突然有個東西從窗外丟進來。起先，他聽到聲音便本能地以為是有人開槍要把他幹掉，立刻趴下去。過了一會，沒什麼動靜了，他才仔細看看是怎麼回事。他看到地上有一個用紙包好的小包，於是好奇地打開來看。他看到那竟然是二十多顆治痢疾的金黴素。他心懷感謝地想著，這一定是哪位好心的難友，利用散步的時候，

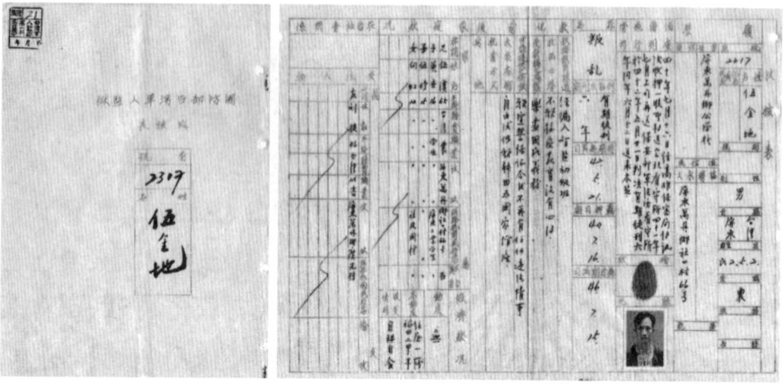

伍金地在軍人監獄的考核表。

冒險丟進來給他的。

強迫勞動與延長羈押

在人間地獄般的獨房煎熬了兩個月後，伍金地又被送去強迫勞動。勞動隊都是一些獄方認為調皮搗蛋的重犯，因此雙腳都被銬上鐵腳鐐。他一走出獨房立刻被銬上腳鐐，走到勞動隊時，腳已經痛得受不了。幸好，他又碰到曾明達。曾明達邊把事先準備好的一付腳套套在伍金地的兩腳上，邊說他曉得伍金地被關進獨房後，就知道這個老傢伙早晚會被帶到勞動隊，於是開始為他做了這副腳套，以免他的腳被那副腳鐐磨得鮮血淋漓。

伍金地經過幾個月帶腳鐐的強迫勞動才被解除處罰，回到智監後半部的集體牢房。回來以後，他一直惦記著要向那名冒險丟藥給他的難友當面致謝。可押房裡頭狗仔監視得很厲害。他怕萬一走漏消息，就要連累人家，因此一直不敢提起這事。

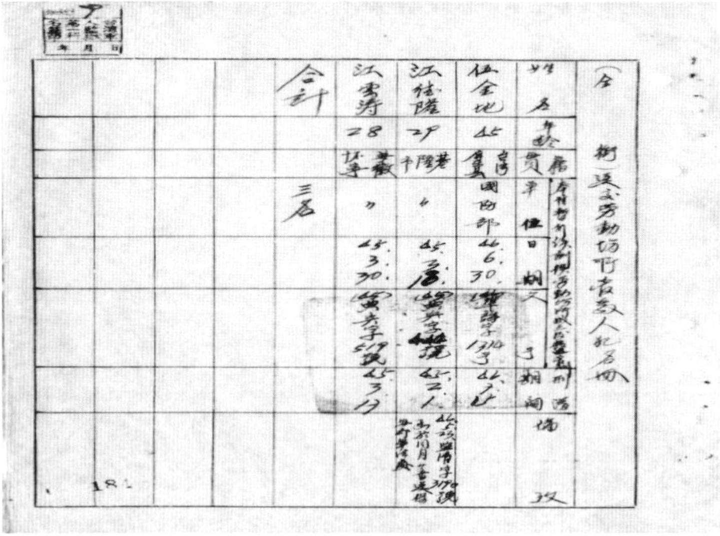

姓名	年齡	籍貫
伍金地	45	台灣
江[illegible]	29	[illegible]
江[illegible]	28	[illegible]
合計		三名

軍人監獄送交伍金地三人勞動管教的名冊。

伍金地是在一九五一年七月十六日被羈押，一九五三年五月二十一日處刑六年，按法理應該在一九五七年七月十五日執行期滿而釋放。時間一天一天過去。伍金地眼看著就要服滿六年的刑期了。同年五月三十日，軍監也派人詢問而填寫了「受管教人志願調查表」，其中「今後志願」是「自由後願耕田為國家生產」。六月十一日，伍金地

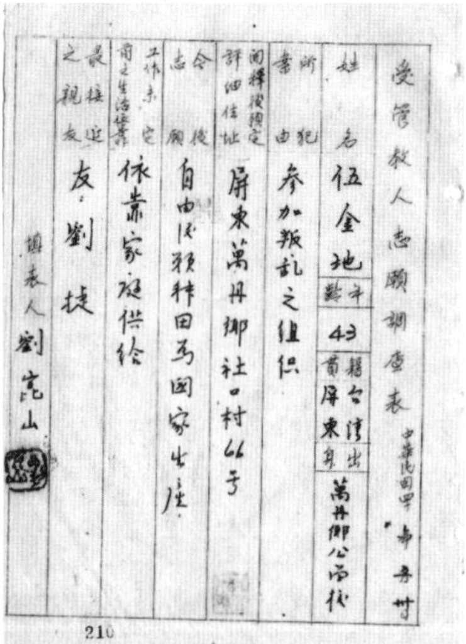
受管教人志願調查表
姓名 伍金地
年齡 43
所犯事由 參加叛亂之組織
開釋後固定詳細住址 屏東萬丹鄉社口村66号
今後志願 自由後願耕田為國家生產
工作未定前之生活保證 依靠家庭供給
最接近之親友 友，劉捷
填表人 劉[illegible]

軍人監獄填寫的伍金地的「受管教人志願調查表」。

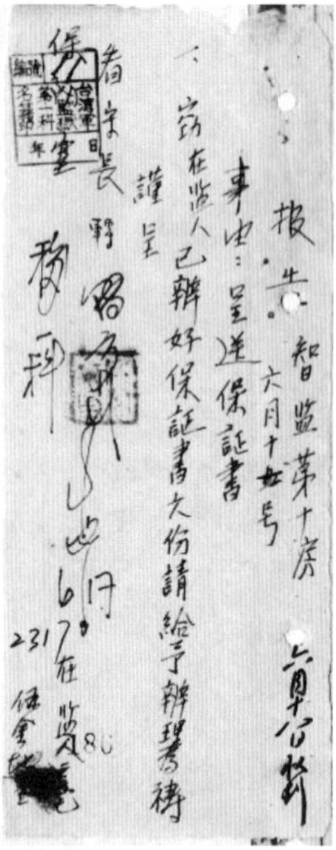
報告　智監第十房　六月十五號

事由：呈送保証書

一、竊在監人已辦好保証書六份請給予辦理為禱

謹呈

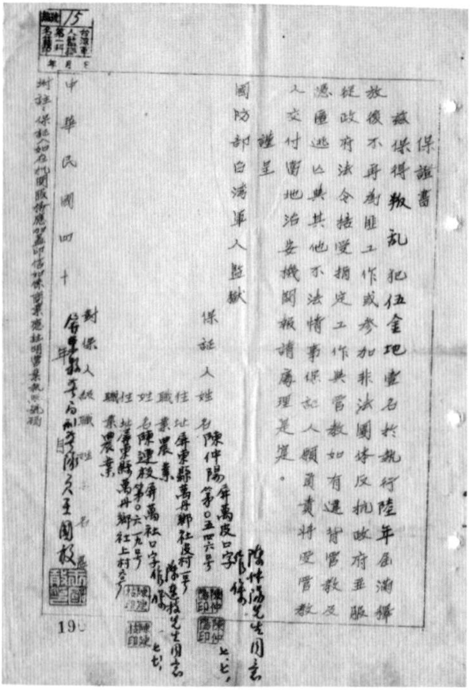
保証書

茲保得叛亂犯伍金地業已於執行陸年屆滿釋放後不再為匪工作或參加非法團体反抗政府並服從政府法令接受指定工作與管教如有違背管教及憑匿逃亡與其他不法情事保証人願負責并受管教人交付當地治安機關報請處理是實。

謹呈

國防部台灣軍人監獄

保証人姓名　陳仲陽

中華民國四十　年

伍金地提交的報告與保證書。

在智監第十房寫了「已辦好保證書六份請給予辦理為禱」的報告謹呈看守所所長。同月二十八日，伍金地又在監督下宣讀了「永久脫離匪幫永不參加匪幫」的「誓書」。顯然，再過半個多月，他就可以刑滿出獄，回家「耕田為國家生產」了。

然而，就在刑期屆滿前的某個晚上，伍金地那一房卻發生了一件難友打架的衝突。事件過後，監獄值班的管理幹事把他叫去，先是笑嘻嘻地向他恭喜說你的保釋單寄來了，馬上可以回家團圓了。接著又問他你想不想回去？聽到這樣的問話，伍金地內心覺得事情有點兒蹊蹺，於是警覺地回答說我又不是神

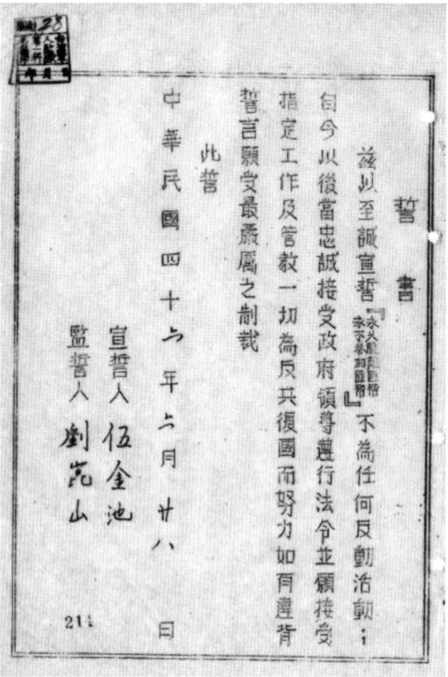

誓書

茲以至誠宣誓『永久脫離匪幫永不參加匪幫』不為任何反動活動；自今以後當忠誠接受政府領導遵行法令並願接受指定工作及管教一切為反共復國而努力如有違背誓言願受最嚴厲之制裁

此誓

中華民國四十六年六月廿八日

宣誓人 伍金池

監誓人 劉亮山

214

伍金地宣讀的「誓書」。

經病，哪有人刑期到了不想回家的呢？很好！幹事邊笑邊拿出一支香煙給他，問說你們那房打架的事你知道嗎？伍金地不客氣地點煙，吸了一口，然後不慌不忙回答說我的身體不太好，凡事都不敢跟人家大小聲，押房裡頭大大小小的事向來也都不管。再說，每個難友大都離家很久了，心情自然不好，容易鬧情緒，偶爾為一些小事吵架或打架，也是司空見慣，不足為奇的事啊。幹事面露不悅，語帶威脅地說你倒教訓起我來了，少囉嗦！今天晚上的事，你不會不知道吧。伍金地又吸了一口煙，說今晚他正好在押房的角落，沒有看仔細，所以也不知道內情。幹事氣得把伍金地手上的香煙搶過去，丟在地上，踩了又踩，然後拉下臉說你馬上給我回去詳細查個清楚，務必查個水落石出，再來報告究竟是那個幫派主謀，打人鬧事。伍金地警覺到幹事的這種回話很嚴重，非當場弄個究竟不可，於是老實說裡面沒有什麼幫派，也沒有辦法去查。幹事於是改口問他跟高雄大榮鐵工廠老闆李天生有什麼關係？伍金地說不認識。幹事一臉不悅說你想騙我是嗎？你要是跟李老闆沒有任何關係，他為什麼要迢迢千里到這裡替你說情呢？然後他又把語氣放緩，改口說他跟李老闆很要好，會看他面子，儘量想辦法讓伍金地早點出去的。伍金地說他確實不認識李老闆。他想，李老闆在南部是個名人，可能是他家人為了讓他早點回家才去拜託他吧。幹事向伍金地直接攤牌說，今晚輪到我值班，你那房卻發生打架的事情。你要是不幫忙調查，我就無法向上面報告。既然這樣，我也幫不了你。伍金地靜靜地坐著。幹事仍然不死心，繼續說服伍金地說你老婆已經死了，家裡還有四個孩子等著你回家撫養長大，難道你就不想回家嗎？可是，那些壞東西在牢房裡頭作亂，你卻不敢向我吐露半句，你要我怎麼幫你呢。伍金地仍然什麼也沒說。幹事顯然認為自己已經摸清楚伍金地的顧慮了，於是跟他打包票說只要你現在告訴我，我保證，明天一早就調你到優待房。這樣，就不會有人找你麻煩了。你覺得怎樣？伍金地看著幹事那張皮笑肉不笑的臉，心想這傢伙以為抓住我急著回家的心理弱點，就想把我推入陷阱。哼！沒那麼容易的。於是他打定主意，直截了當向幹事說，為了自己而把痛苦推在人家頭上，這

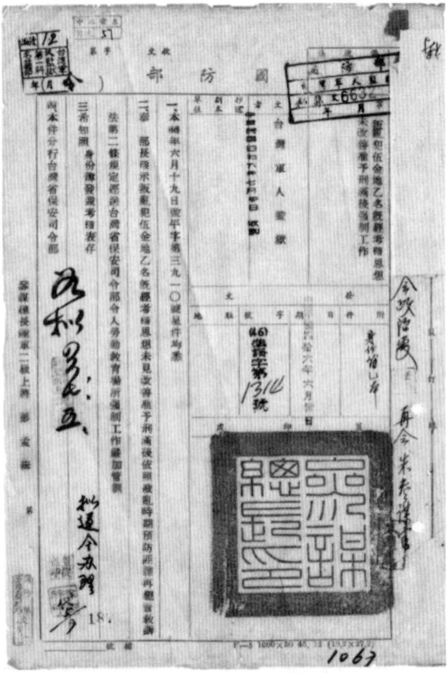
國防部 令
受文者 台灣軍人監獄
一、本(46)年六月十九日監平字第三九一〇號呈件均悉
二、奉 部長核示叛亂犯伍金地乙名既經考核思想未見改善准予刑滿後依照戡亂時期預防匪諜再犯管教辦法第二條規定逕送台灣省保安司令部令人勞動教育場所強制工作嚴加管訓
三、希知照 身份簿發還考核表存
副本件分行台灣省保安司令部
參謀總長陸軍二級上將 彭孟緝

國防部令臺灣軍人監獄准予將伍金地刑滿後逕送勞動教育場所強制工作嚴加管訓。

種事，我伍金地萬萬做不到。請幹事不要再多費心機，讓我回房吧。可他沒料到，幹事立刻翻臉，站起來，把桌子一拍，大聲罵道你這頑固的傢伙，這輩子休想走出軍監大門。伍金地也火了，牛脾氣大發，回報說我就不相信你可以無法無天，難道我的刑期滿了，你還可以故意刁難，不放人嗎？我告訴你，你們既然在每個房間都布有耳目，有什麼事就問他們好了，何必問我。然後，他就不顧後果地離開辦公室，走回押房。

政治犯的刑期不能縮短，卻可以延長。這種延長羈押，叫做「保安處分」，以半年為一期，可以無限延長下去。而決定延期與否的許可權，又掌握在指導員（後稱輔導員）與幹事的手中。六月三十日，參謀總長陸軍二級上將彭孟緝以國防部令臺灣軍人監獄謂：「奉部長核示：叛亂犯伍金地乙名既經考核思想未見改善准予刑滿後依照戡亂時期預防匪諜再犯管教辦法第二條規定逕送臺灣省保安司令部令入勞動教育場所強制工作嚴加管訓。」

移監小琉球強迫勞動

這樣，伍金地六年刑滿後又在安坑軍監繼續關押，熬了近兩年度日如年的漫長歲月。終於，一九五九年三月二十五日，參謀總長空軍一級上將王叔銘再以國防部令臺灣警備總部（副本抄送臺灣軍人監獄）謂：「奉部長核示：叛亂犯新生伍金地一名受訓期間既既按考核思想已見改正言行表現良好准予飭具妥保依法開釋并依戡亂時期預防匪諜再犯管教辦法之規定加強考核嚴予管教。」然而，他依然未被開釋。

時序已經進入一九六一年。

有一天，伍金地又突然被押往一個不知名的地方監禁。他感到十分訝異的是，在那裡還看到幾位先到的女犯。在此之前，監所的管理幹事經常故意當著他的面，以一種諷刺恐嚇的語氣說像他這種不肯合作的壞蛋，不久就要被送到南日島，嘗嘗終身監禁的滋味，到時候看他還敢不敢搗蛋。伍金地心裡明白，幹事所講的這些話，絕對不是無中生有；他們一定是聽到什麼風聲，才敢這樣威脅他。可他聽了以後卻沒有放在心裡。而且，他在被轉移到隔離房的當天晚上就讓自己的思想武裝起來。他告訴自己：既然被判的六年刑期滿了，他們都可以不讓你回家，由此可見，在這個暗無天日的黑牢裡，「法治」兩個字是沒有任何意義的。現在，你雖然已經被多關了三年，可你最好不要奢想短期內能夠恢復自由。你最好死了回家的心吧。如果你夠聰明，對你來說，最好的自處之道就是把這些念頭都丟掉。只有這樣，你才能讓你的精神保持正常，不會錯亂。他給自己做好了心理建設之後，隨即心情平靜地倒頭入睡。

國防部令臺灣警備總部准飭伍金地具妥保依法開釋。

第二天早上，大約八點鐘左右，伍金地和其他六名難友又被叫出押房。看守隨即叮叮噹當地給他們統統帶上腳鐐手銬，然後由另二名全副武裝的看守，一前一後，把他們押上囚車，駛往臺北火車站。在眾目睽睽之下，他們七個腳鐐手銬的「囚犯」又被押下囚車，穿過擠滿旅客的候車大廳，進入月臺，搭上一輛南下的火車。在這段短短的路程中，他嘗到了非常難堪的階下囚滋味。但是，難受歸難受，他卻有一種理直氣壯的心情。他告訴自己：我們都是政治犯，不是做奸犯科的罪犯，沒什麼見不得人的。他看了看其他難友，覺得他們也都有同樣的神情。因此，每個人都能夠心安理得面對那些民眾輕視性的眼光。上了車後，他們便又泰然自若地在車廂裡談笑風生。

午後，他們終於輾轉被押解到屏東東港碼頭。伍金地恍然大悟。他想，原來幹事所說的南日島，只是恐嚇我的謊言。看這樣子，他們顯然是要把我們送到小琉球吧。他知道，小琉球設有「第三職訓總隊」；其中，第二大隊專門收容從各監獄送來的刑期已滿卻被「保安處分」的政治犯。

小琉球與東港之間的距離大約七海里，航程卻需要兩個小時左右。傍晚時分，漁船式的交通船終於駛抵專供小漁船停靠的漁港。伍金地和另外六名腳鐐手銬的難友，一路從碼頭走了約四公里遠的路程，終於走到位於島嶼頂端小丘上的「第三職訓總隊」總隊部。總隊部坐西朝東，兩側各有三棟長方形的營房。越過公路的小山坡上，一南一北，坐落著另兩棟橫列的營房。他們隨即被帶到拘禁他們的北舍隊部。

小琉球有三多三少，其中一少就是缺水。島上住民的飲水都要靠白沙尾海邊山腳下的那幾口深水井。每天早上，「職訓總隊」的人犯都要輪流到那裡挑當天所用的水。晚上，洗澡的用水量大，就直接到那裡洗。

伍金地等七人被解開腳鐐手銬後，就被帶到幾公里外白沙尾海邊的一個古井邊沖洗身體。可是井的周遭並沒有用來汲水的鉛桶。他們於是按照班長的命令，去向附近的居民借。可他們找了幾家，都被拒絕。最後，年紀最大的伍金地只好出面去借。他也碰了釘子，迫於無奈，只好向老百姓老實說他們是剛來的政治犯，不是一般的犯人；他解釋說因為到這裡時天已經快黑了，所以來不及買水桶，只好先借用了。他保證絕不會不還，如果用壞了，一定還新的。他強調明天一定會自己帶桶子來，不再打擾。經過他一番懇切的請求後，他們終於借到水桶，並在用完後立刻去還。然後，他們又由那名班長帶隊，沿著一條田畦小徑跑步回去隊部吃晚飯。他注意到，一路上都有老百姓栽種的穀物被亂踩。他邊跑邊想，這一定是那些先來的雜犯來洗澡的時候給人家亂踩的。他們這樣不顧老百姓的死活，也難怪老百姓會敵視他們了。而他們這些政治犯今後絕對不可以犯同樣的錯，一定要做好跟老百姓的關係。

晚飯後，伍金地和其他難友就坐在板凳上聽「職訓總隊」的長官訓話。長官訓完話後，副班長和班長又輪流向他們說教。儘管他們已經很累了，還是得乖乖坐著，不能隨便離開一步，即使要上一號，也要報告。他們在小琉球的第一夜，就這樣一直搞到就寢為止。

第二天早上，他們五點就起床，分工打掃隊部環境。然後大隊長向他們訓示，說今天起你們就要開始勞動，有多少力量就做多少工作，不必勉強；還說，只要你們遵守隊規，表現好，六個月一到，就可以結訓回家。聽完大隊長說得很好聽的訓示後，他們才能吃早飯。早餐後，他們便被分配到白沙尾海邊，挑小石頭回來燒石灰。同行的，除了他們，還有一些雜犯，以及分擔前後監防任務的正副班長。那些雜犯大都年輕力壯，健步如飛。可他們七個剛到的政治犯卻個個體弱多病，怎麼也跟不上。班長先是怒目相待，然後冷言冷語地威脅他們，說你們最好給我搞清楚，這裡不比其他地方，不管你們有多麼了不起的經歷和學歷，只要表現不好，就休怪我們手下不留情。他們七人因為實在跟不上那些雜犯，也就只好默不作聲地任他責罵了。

幾天後，班長又宣布說隊部要他們新來的七人寫自傳，三天後交。對伍金地來說，寫個千百字的自傳，其實也不是什麼難事。問題是，他每天一早就出去挑石頭，等到晚上就寢時已經精疲力盡了，哪還有精力寫什麼自傳。他於是拖了一天又一天。到了規定繳交的前一天晚上，他只好按照日本履歷表的模式，簡單寫上姓名、住所、職業等等基本資料。第二天交差了事。不料，當天晚上，他便被職訓總隊的長官調去問話，說他在裝蒜。伍金地裝作一臉莫名其妙地問道：報告長官，我不知道你說這話是什麼意思？長官說，你以為，我不知道你懂中文嗎！你是不想回去了是嗎？伍金地先替自己辯解，說我只是日本時代公學校畢業而已。不相信，你可以查查我的檔案。然後又客氣地請教那名長官，說這個自傳究竟要怎麼寫，請多多指導；最好，有什麼樣式可以先借我看看。聽伍金地這樣說，這位長官也不好再對他發脾氣，於是又看了看他的履歷表，然後說在這裡沒有任何事瞞得了的，你回去吧。伍金地邊離開邊想，他這是故意給我下馬威吧，以後還不知道要用什麼花招來整我們呢。他告訴自己，看來，往後只好認份地隨他們折磨糟蹋了。

一段時間後，伍金地的身體漸漸習慣了這樣日復一日的強迫勞動。隊部也不讓他們閒著。當他們不用去海邊挑砂石時，就要他們去打蒼蠅，而且還規定每人每天要打多少隻，達不到目標就要挨整。

因為居民以打魚為生的關係，小琉球有「三多」——蒼蠅、寺廟和寡婦。這「三多」當然也是隨著當地的生活方式而產生的現象。其中，蒼蠅之所以多，主要還是因為當地居民習慣把沒有賣出去的魚攤在路旁草地上，讓它自然風乾，再賣給飼料場，做雞飼料添加物。因為這樣，大量的蒼蠅就聞腥而來了。然而，職訓總隊隊部裡頭畢竟沒有那麼多吸引蒼蠅的東西。通常，他們努力打了一天的蒼蠅，還是無法達到規定的數量。迫不得已，他們只好去找臭魚皮等穢物來吸引蒼蠅。

伍金地對隊部的用意清楚得很。他感慨地尋思道，其實叫我們打蒼蠅，顯然不是為了環境的衛生清潔，而是為了折磨我們的身心。為什麼他們就從來不叫那些雜犯去做這樣的事，卻只叫我們這些政治犯做呢，這當然也是他們故意侮辱我們的一種方式啊。

新來的綠島難友與魔鬼班長

幾個月後，從綠島「新生訓導處」送來了另一批政治犯。隨著政治犯的人數增多，職訓總隊便開始給他們上政治教育課。他們給這些政治犯每人發了幾張「三民主義」講義，叫他們認真細讀，然後再輪流發表心得。

相處幾天後，伍金地發現，裡頭有好多人已經被關到神經不正常了。有一次，他講完以後，輪到一位年紀大約六十左右的外省籍難友。他聽說這個難友曾任上海復旦大學教授，可現在神經已經不太正常了，平常一整天也難得講一句話。怎知，當他起來報告時，卻彷彿又回到大學的講堂那般，講得條理分明，神采飛揚。正當人們聽他講得入神時，他卻突然蹦出一句：「所以，民生主義就是共產主義。」完了。伍金地心想，這下他有苦頭可吃了。果然，指導員已經氣得滿臉鐵青，大聲說再說一遍。「民生主義就是共產主義！」那個老教授顯然不知事態的嚴重性，仍然一板一眼地強調這是國父孫中山先生說的。幾個滿臉橫肉的班長為了向上面表現忠誠度，已經跑到老教授面前，一頓拳打腳踢，一直打到他幾乎暈過去了，站在一旁的指導員才叫他們罷手。面對這樣慘不忍睹的場面，伍金地只能在心裡頭替那名老難友抱不平。他想，隊裡頭有誰不知道那老教授的神經不正常呢？誰不知道他不是故意這樣講的，為什麼還要對他拳打腳踢呢？

當然，伍金地也知道，那些所謂「班長」大都是由流氓出身的雜犯挑選出來的；他們對上逢迎，對下欺壓，無時無刻都在犯人當中製造事端，逞兇邀功。他們經常無端生有毆打謾罵政治犯，不把政治犯當人對待。每次集會，唱反共歌曲時，他們這些正副班長都會突然走到每個政治犯前面，瞪著眼睛，仔細聽他們是否有盡全力唱。在這樣的監視下，伍金地和其他難友一樣，雖然打心底不想唱這些歌，卻也不能不唱。有一次，一位桃園籍的難友就因此被一個跛腳班長打得死去活來。那個跛腳班長手抓一把木椅，朝著難友的胸背猛打下去。站在一旁的指導員也放縱班長，一直讓他打到快出人命了才下令停止。還有一次，一位福州籍的難友也因為同樣的原因，被一名班長用扁擔狠狠打了一頓。

相對地，伍金地和其他六名一起從安坑軍監到小琉球的難友卻是比較幸運的；因為他們所屬的第七班班長算是比較講理的，管教雖嚴卻按照隊規行事。他也有同情心，在挑砂時，看見年老體衰又多病的伍金地跟不上其他人，不但沒有責罵，反而時時幫他代挑。對其他隊員，他也不會苛求迫害。可是，不久之後，伍金地卻不幸被調離七班，調到第九班。第九班班長是個外省人。伍金地聽說，他是因為當小偷被抓進來的。一到九班，班長就私下向伍金地吹噓說他在大陸殺了不少共匪；還說他如何用牙刷刷那些被捕的「女匪幹」的私處，又怎樣把那些「男匪幹」刑得求生不得求死不能。後來，他幾乎每天都不厭其煩地向九班的政治犯誇耀他虐待共產黨員的威風暴行。伍金地第一次聽完這名班長的吹噓後，心裡就很清楚，在九班的日子絕對要比在七班時難過得多了。他甚至常常有一種大禍將要臨頭的莫名預感，因此就格外留心自己的言行。然而，不管他再怎麼小心謹慎，卻也難逃這位處心積慮想找他麻煩的班長的挑釁。

由於小琉球距離伍金地的故鄉萬丹較近，前來探監的親族就比其他難友較多。因為這樣，這位班長就以為伍金地是個有錢人。伍金地也從班長的言行舉止觀察到他對自己有這樣的認定。伍金地因此知道，自己的災難快要到了。

在小琉球職訓總隊，政治犯是可以抽煙的。每次，伍金地抽煙時，也都會請那名班長抽。可那名班長卻始終冷冷地，沒有表現出什麼善意。伍金地知道，光是請他一支煙，不會滿足的，他想要的是整包。可伍金地已經坐了將近十年的牢，對這種貪得無饜的壞蛋看得太多了。伍金地清楚，給他更多，他還會得寸進尺。況且家裡還有四個可憐的孩子要過日子，怎能讓他敲詐呢？再說，自己也不能為了過得輕鬆而討好他。這樣，其他沒有接濟的難友日子會更難過的啊。伍金地清楚知道，這個壞蛋和監牢裡的那些狗仔都有共同的劣根性——要了你的物質，也要你的命。因此，他一向避免和這些敗類往來，儘量不要被抓到小辮子。怎知，他再怎麼小心，還是防不住小人的暗算。

有天清晨，天要亮未亮的時候，伍金地就醒了過來。他看看離起床還有一段時間，於是又躺下來睡。可他卻怎麼也睡不著了，就輕聲坐起來，點了一根煙來抽。那名班長就睡在他旁邊。他如果看見班長也醒著，肯定會恭敬地遞給他一根，那就不會出什麼事了。問題是，當他發現那名班長已經醒過來時就來不及了。他媽的！那名班長突然一拳打過來，大聲喝罵伍金地說現在才幾點鐘，你就起來抽煙，妨害大家睡覺。伍金地一時控制不住，牛脾氣也大發起來，立刻反唇相譏說你對我敵視，我不是不知道。我知道你要我給你錢。可是補給官再三吩咐我們錢不要亂借給人家。我怕被懲罰。要不然，你是我的班長，借你錢救急，有何不可？他們兩人這樣一吵，所有人都被吵起來了。這時，除了

一九九三年三月二十九日伍金地（左一）與難友於屏東縣長治鄉崙上村（藍博洲攝）。

伍金地原屬的七班班長之外，其餘各班的正副班長都跟九班班長同一鼻孔出氣，一起大罵伍金地。九班班長於是就要出手再打伍金地。這時候，幸虧大隊長和各分隊長也都趕來了。伍金地所屬分隊長大聲制止，說吵什麼，都回去。那些班長於是退回原位。九班班長也才住手，不敢作聲，隨後就被大隊長叫去問話。一場即將爆發的衝突就這樣平息了下來。這時，天色已經亮了。伍金地已經嚇出一身冷汗了。他慶幸自己總算逃過一劫了。他想，這真是虎口餘生。要不然，活活被打死也說不定啊。

吃早餐的時候，伍金地沒有看到九班班長。後來又聽說他已經被調走了。伍金地感到不解的是，經過這事後，那些班長對政治犯的管理不知怎麼竟變得比以前緩和了一點。只是，強迫勞動仍舊照常進行。每天，仍然非要他們流盡汗水不可。

歸鄉之後

伍金地在小琉球職訓總隊強迫勞動了一年後，終於可以回家團圓了。這樣，他雖然只被處刑六年，實際卻被監禁了長達十年之久。

在兩岸對峙，長期反共戒嚴的臺灣社會，伍金地對自己的農組歲月與被侮辱與被傷害的十年黑牢生涯，一直不願意多談。他的家族那麼大，平常有人問，他也不太想講自己過去的那段歷史。他想，講了，人家聽不進去，反而麻煩。何況，年輕人沒有那種歷史經驗，告訴他們，他們也不太相信。所以，他在家族裡頭也很少講自己過去的經歷。面對過去的歷史，他只是以一首打油詩簡單說明他的態度謂：「判刑六年牢，繫

一九九二年十一月六日伍金地與蔣碧玉、潘欽信夫人及農運女鬥士簡娥（自左而右，藍博洲攝）。

獄卻十載。問我是何故？懶得說因由。如今體已衰，只求學到老。平生只向前，不計昨天事。」

當然，伍金地心裡免不了會有一種切齒之恨。可他認為，自己經歷的生命過程，在變動的大時代不過是小事一樁而已。他覺得，像他這樣一個微不足道的鄉下農民，在那樣的時代遭到那樣的劫數，實在也算不了什麼。他感到遺憾的只是，在日據時期搞農組的時候，蘇新曾經要介紹他去蘇聯。他就回去告訴非常疼他的後母。他後母聽說他要遠離她，就一直哭，哭得他不知如何是好，最後就沒去了。他因此體悟到革命是很殘忍的，走革命這條路的人，太孝順也不好。他就是因為家庭觀念太重，才會待在臺灣做龜孫子，還給抓去關個莫名其妙，一關就關了十年。要不然，他起碼也去過蘇聯留學，死也死得有價值些。也就是這樣的革命熱情，使得晚年的伍金地仍然不辭辛苦，為了延續年輕時候追求民族與階級雙重解放的理想，而投身臺灣的反獨促統運動，至死方休。

臺灣工友協助會
婦女部長許月里
（1912-2008）

一九九六年十月二十二日的許月里（藍博洲攝）。

一九八五年三月十二日，抗日作家楊逵先生因為心臟病發而辭別人間，享年八十。同月三十一日，以《文季》和《臺灣文藝》為代表的統獨兩派黨外各團體，在臺北市議會地下室交誼廳聯合舉行了一場楊逵先生逝世紀念追悼會。

當天下午，只有三百個座位的會場早就被六七百個人擠得水泄不通，站著和坐在地板上的比坐在座位上的人還要多。這些老老少少，都是來自各地敬愛楊逵先生的人。兩點整，大會司儀宣布追悼會開始，然後就在莊嚴肅穆而熱烈的氣氛下，進行了長達近五個鐘頭，包括講演、幻燈片介紹、民歌演唱、散文朗誦及家屬致答等內容的節目。

為了參加這場追悼會，前一天晚上，我特地遠從岡山服役的營區搭夜行的野雞遊覽車北上。也就在這場追悼會上，我和所有在座的青年一樣，第一次聽到許月里女士及其革命老伴周合源先生的名字與簡單事蹟。追悼會主持人王曉波教授說：「周先生現年八十三歲，和他的夫人許月里女士，都是日據時代楊逵先生反日運動的同志，但被扭曲了的歷史，卻使得周先生夫婦在光復之後遭到和楊逵先生一樣的命運。今天我們在這裡紀念楊逵先生，要還給楊逵先生歷史的公道，同樣地，我們相信，歷史也一定會還給周先生夫婦公道的！」

周合源老先生接著走上講臺，以楊逵老戰友的身分，打破他個人長久以來的沉默，宣讀了感人的悼念報告。他首先提到：「我和楊先生相識有五十八年了。」關於他自己，他只簡單地介紹說，他是因為幫忙愛愛寮創設者施乾先生從事乞食消滅運動，而「被那股滾滾的時代洪流捲到渦裡，成為臺灣文化協會的一分子」。然後，他的講話就完全在介紹他的老友楊逵先生了。最後，他才稍微透露，他「比楊先生虛長兩歲，在日據時代也（與楊逵有）同樣（坐日本牢）的遭遇，光復後也去食十二年的無錢飯」。然而，具體的歷史內容為何？他卻沒有多說。

懷著對楊逵先生一代歷史先行者的尊敬心情，我在當下就對周合源先生和他的夫人許月里女士的歷史，產生了一種想要知道的渴望。

一九八七年三月初，因為加入了當時《人間》雜誌報告文學的工作隊伍，我終於有機會採訪到周合源與許月里夫婦了。從那以後，為了尋訪被湮滅的臺灣歷史與人物，我經常到北投拜訪周合源與許月里兩位抗日老前輩，並且通過他們的指導與引介，尋找到一個接一個不被人知卻值得記錄的臺灣歷史人物。

一九九三年年底，蟄居花蓮鄉村的我突然接到一貫身體健朗的周合源先生的訃聞。儘管周老是以九十一天年逝世的，我在情感上還是不太能夠接受這樣的事實。想著在寂寞的尋訪臺灣民眾史的道路上，少了一個經常在工作上、思想上和生活上給予指導與照顧的溫煦長者，因而感到前進的路上的孤獨與寒冷。同時也想到老來喪偶的許月里女士，未來的路將要怎麼走下去呢？

一九九六年十月，因為攝製電視節目《臺灣思想起》，我再次詳細訪談了獨居北投的許月里女士。看到許女士仍然因為她對社會永遠的關懷而活得熱情有勁，我心裡感到欣慰，同時也告訴自己，一定要盡快把她與周合源先生的革命故事寫出來，讓後代子孫能夠從他們一生實踐的道路，認識到日據以來的臺灣社會運動史，進而找到前行的方向。

日子在瑣碎繁忙中不覺又一天一天過去了。我終於把難友們稱作「歐巴桑」的許月里的生命史完成了。

唱赤旗歌的少女

民眾的旗——紅旗，
包裹著戰士的屍體。
死屍逐漸冷卻，
血泊染滿紅旗。
高舉紅旗，
讓我們在旗下戰死！
懦怯者大可離去，
我們堅決擁護紅旗！
在黎明之光照耀間，
戰鬥早已開始了。
勇敢奮戰的我們的同志犧牲了，
悲哀是何等深切！
壇上的死屍，
含恨永眠！

這是少女許月里在日本殖民統治時期在臺北街頭與一群信仰無政府主義的黑色青年混聲高唱的〈勞動進行曲〉，其中一人後來成了她的丈夫，另一人則成為她年老以後的革命伴侶。

一九一二年，許月里出生於日據下臺北市一個賣點心的小販家庭。家境窮苦。她因為有姑媽照顧疼愛，而免於像兩個姐姐都送人當養女。第一次世界大戰爆發後，殖民地臺灣的經濟受到戰爭景氣的影響而有所好轉，她父親的小生意也讓一

少女許月里。

家人的生活稍微安定，母親又先後生了兩個妹妹，並且堅持不再送人。窮苦人家的孩子早當家。所以，還沒有滿六歲，營養不良而長得又瘦又小的她，便要負起照顧小妹的責任而辛苦地一天天長大。

一九二一年，未曾生育的堂叔抱養小妹。十歲的許月里才得以進入蓬萊公學校就讀。六年期間，殖民地教育當局增加了日本歷史及手工實業等科目，同時把漢文改為隨意科（選修科）。因為這樣，她只能在四年級以前學到一點簡單的漢文。不過，她父親經常到臺灣文化協會設立的新聞雜誌閱覽所（也就是讀報社），閱讀島內及日本內地的新聞雜誌及特別準備的十幾種中國的新聞雜誌，並且聆聽各種文化講演。晚上，民族意識強烈的他經常會講孫中山先生與秋瑾女士的革命事蹟，以及《三民主義》與《三國演義》等等給她聽。這樣，在民族歧視教育體制下，她的中華民族意識被啟蒙了。後來，她也經常穿著鞋跟高高的木屐，跟著父親到文協的讀報社看報，或擠在人群中聽演講。每當聽到臺上的講者罵日本警察，或是高喊打倒日本帝國主義、打倒走狗御用紳士等口號時，她也情不自禁地跟著其他大人一起熱烈地喊口號、鼓掌。她覺得平常累積的對日本帝國主義的不滿，似乎都通過喊口號和鼓掌而發洩了。有一天，一個日本警察的小孩罵她和其他臺灣同學是「清國奴」，她就不顧後果當眾打了對方一個耳光。她父親也因此被管區警察認為思想有問題而被取消了鄰長資格。

工友協助會婦女部長

一九二五年以來，臺灣的工人運動開始以工會為中心有組織地展開。為了保障工人權益、改善勞動條件、發展工人福利事業等主要宗旨，他們曾經先後發動多次罷工。一九二七年年初，臺灣文化協會左右分裂，左派取得領導權，將團體的運動方針由民族主義文化啟蒙轉變為無產階級文化啟蒙。同年四月，高雄的臺灣鐵工所罷工以後，臺灣的勞動運動就如洪水一樣急激地流溢全島。在這股洪流中，五月五日，工友協助會在臺北市永樂町蓬萊閣創立。

這年，十六歲的許月里公學校畢業，並由老師推薦而考上臺灣銀行儲蓄部，實習三個月後升為雇員。就在那時，她參加

工友協助會呱々墜地
各地代表出席
滔々講演三小時
關於勞働精神

臺北工友協助會。於去五日午後七時半。在蓬萊閣大餐廳。舉發會式。是日因降雨。出席會員。不過半數。約四五百名。而無產青年會。青年讀書會。文化協會基隆機械工會。高雄機械工會。臺北木工會。臺北機械工會。臺灣塗工會。中華會館等。亦均派代表出席。定刻一至。會衆著席。首推辭玉龍氏。為臨時主席次舉許希年李阿松二氏。為速記。並選出糾察員二名。然後由主席。報過經過。次選九部委員。欲由九部委員。別選出執行委員一名。顧問二名。因時間切迫。節略未定。由是移入來賓講演。會員講演。滔々三小時。其大意不外欲喚醒各種勞働精神。聞如女會員鄭氏卅女士。亦登臺雄辯。尤惹一般視聽。至同十一時。講演告畢。由辭玉虎氏。述閉會辭。一同撮影紀念。而後散會

如所豫民黨左傾派話動。發行民叢雜誌。專注力宣傳左傾主義。其中李山火。於數日前。受土匪拘去。同志大形恐慌。者番面會厦門國民左傾派倒戈者。施至善。翁澤生亦受拘禁王萬得。行衛不明已有消息。到臺北某所云。

集絃堂之曲唱

臺北集絃堂。定來十三十四十五等日。在建昌街林忠氏宅。開曲唱會。稻艋南管一派。俱欲參加展技不論何人。可隨意往聽云

保甲研究會
研究發表

文山郡景美保甲研究會。六日午前九時起。開於景美居。保甲役員七十餘名著席。中島郡守。高橋警察課長。其他警察方面人士。多數臨場。比開會。高橋課長。捧讀勅語。而後自第一保高水柳氏。「共

一九二七年五月七日《臺灣日日新報》第九千七百零六號有關工友協助會創會的報導。

了改組後的新文化協會，並通過該會舉辦的讀書會，初步學習了無產階級世界觀的文化。她也通過引介，在工友協助會事務所見到了該會創始者薛玉龍和薛玉虎兄弟。從談話中，她瞭解到，薛氏兄弟原本自營一家油漆工廠，兼做零售業務，算是生活不錯的「中產階級」，但他們有公平正義感，不顧個人的利益得失，幫工友兄弟爭取合理的工資，同時一點也不畏懼殖民當局加害，毅然領導工人反抗日本殖民統治。因為這樣，她對薛氏兄弟由衷感到敬佩，就加入工友協助會。

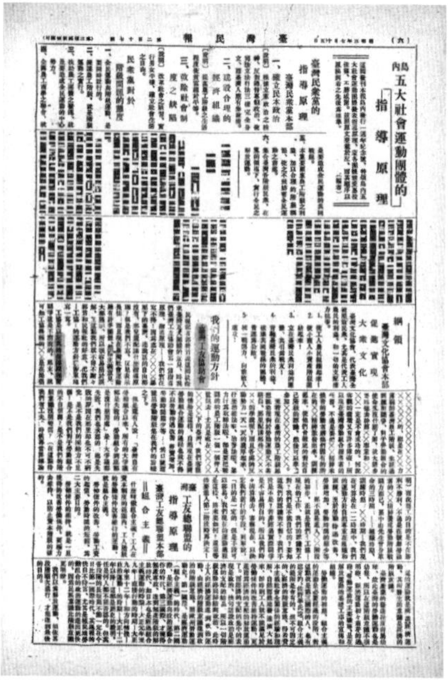
臺灣民報
島內五大社會運動團體的「指導原理」
臺灣民黨的指導原理
我們的運動方針

一九二八年七月十五日《臺灣民報》第二百十七號有關工友協助會運動方針的報導。

工友協助會除了總部以外，還包括屬於產業支部的製材部與製材部基隆支部，以及松山、雙溪、羅東與大溪等地區性支部。總部的事情主要由薛玉龍主辦。許月里與另一位男士則幫忙處理抄寫等事務。就組織系統來說，該會是新文協的外圍團體。所以，許多文化協會或農民組合的反日志士，以及一些具有反對日本帝國主義意識的鐵工、木材工、郵局工友或其他工友，都經常在總部出入。在那樣的環境下，許月里耳濡目染皆是反對日本帝國主義的思想與言論。

許月里（前左二）與農組幹部侯朝宗（前左一）等人。

彼時，臺北爆竹會社發生爆炸，男女工人死傷很多。薛玉龍要許月里去慰問死傷家族，並調查他們的困難與需要。根據這次調查，工友協助會決議幫死傷的家屬向業主展開要求賠償的鬥爭。由於情況複雜，鬥爭的結果並不太理想。儘管如此，那卻是令她難忘的第一次社會實踐。後來，自認為還是一個幼稚淺薄的小女孩的她也經常跟著協會的前輩到苗栗、新竹、桃園及大溪等地演講，展開工人意識的啟蒙運動。

除了一般工運事務之外，許月里的主要工作是從事婦女運動。在此之前，臺灣從事婦女運動的主要是以「改革家庭、打破陋習、提倡教育、修養道德及圖婦女社會地位向上」為

許月里與工友協助會的女同志。

宗旨的「浪漫的」「有產階級」婦女團體。新文協則在修訂會則的十項須實行綱領的第五條「提倡女權思想運動」，並在各支部和分部為這些婦女會員特設婦女部。許月里也被推為工友協助會的婦女部長，擔負了婦女事務。然而，因為社會風氣保守，職業婦女很少，參加該會的女工只有十多個女孩子。起初，還經常有幾位年紀比她大的女孩子出入，到後來，有人因為家庭反對，有的因為搬家，也就不見了。儘管如此，在性質上屬於無產階級婦女運動的實踐經歷卻讓她認識到，婦女受壓迫的根本原因是在經濟組織，也就是社會制度；除了與這個制度鬥爭，婦女絕不能達到完全解放的目的。因此，在實踐方面，它就不能只是浪漫的講演而已；重要的是，它還要能夠喚醒婦女意識到她們所受到的壓迫與不平等，激勵她們敢於起來反壓迫、打不平，形成大眾的實際運動。她認為，只要人壓迫人的社會制度解決了，婦女的解放就自然可以獲得。因為這樣，她對婦女運動就比較不那麼熱衷了。一直到她八十幾歲的晚年，儘管蘇聯已經解體了，她卻更加深信列寧所說：「沒有無產者的解放便沒有婦人的解放，沒有無產者的勝利也就沒有婦人的勝利。」

黑旗與紅旗的混聲合唱

十八九歲那年，許月里嫁給無政府主義青年黃天海（1904-1931）。

黃天海是宜蘭人，家裡開漢藥店，在上海讀書時曾因反日繫獄，釋放後回臺，先成立文化協會外圍團體宜蘭青年讀書會與新文協宜蘭分部。在思想系譜上，他是一個「早已認同無政府主義」思想的黑色青年，並與張維賢等人通過宜蘭民烽劇團、民烽演劇研究會等合法的演劇運動，推展無政府主義運動。

一九二八年黃天海、張維賢（右一、二）與周合源（前拄杖者）等無政府主義青年在羅東車站前〔臺灣民眾文化工作室資料庫〕。

一九二九年十一月一日，無政府主義團體臺灣勞動互助社成立，宣稱：「地球上沒有不勞而獲的事物，衣食住行都是如此。然而，採棉、縫衣、耕田、植樹、蓋房子等等勞動，卻沒有一樣不受資本家、地主等不勞動者所剝削。所以，勞動者如果不努力奮發就唯有飢寒至死。馬爾薩斯的人口論認為，這是因為人口以幾何級數增加而糧食卻僅以算數級數增加的結果。然而，我們無法確切知道，一百年前的人口與一百年後的人

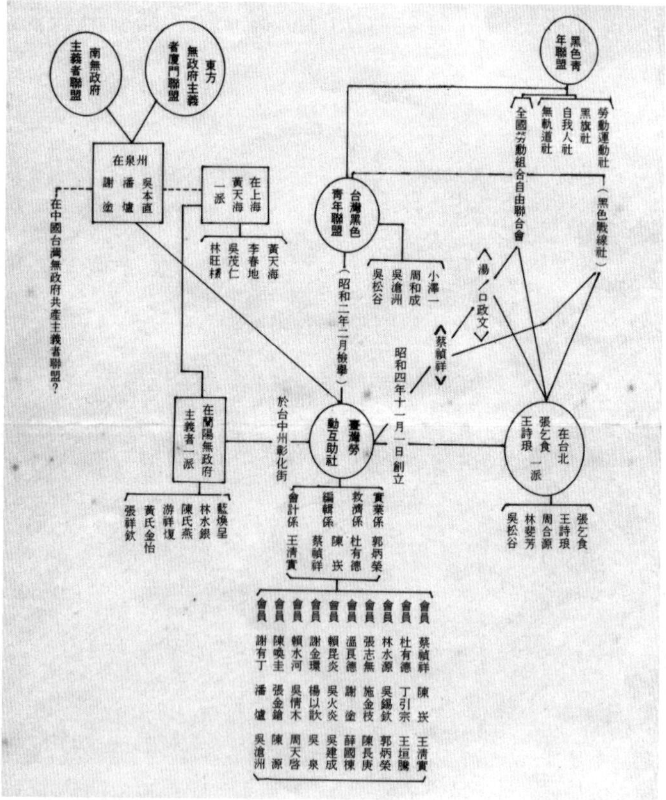

日據時期臺灣無政府主義組織系統表。

口究竟相差幾倍。觀諸貧富懸殊的現代社會的現實，我們毋寧相信人口劇增是次要問題，而社會罪惡的根源在於社會結構與分配的不均。我們如果要解除這些痛苦就必須打倒資本主義。為了打倒資本主義，我們就得覺醒，團結起來鬥爭！我們必須透過覺醒與團結來完成五一勞動節未竟的光榮歷史任務！」一九三〇年，黃天海又與林斐芳等創辦作為臺灣勞動互助社機關雜誌的《明日》，出刊四期以後被查禁，並因經費困難而停刊。

《明日》雜誌社恰好就在許月里家附近。因為這樣，她認識了黃天海。但她因為家裡窮，只對強調階級鬥爭的組織有興趣，總覺得那些無政府主義青年的搞法不怎麼實際，所以並沒有參與。但是，愛情和為殖民地臺灣求解放的熱情，終究還是掩蓋了思想的差異性，使得她接受了黃天海的求婚，嫁給這個無政府主義青年。有一次，她和黃天海及其一群朋友在路上走著，一邊就唱起〈勞動進行曲〉。但是，每當黃天海和其他人唱到「黑旗」的地方，她就獨自高唱為「紅旗」。

一九三一年的大檢舉與愛愛寮

一九三一年《明日》夭折以後，許月里和黃天海搬到基隆蚵殼港，製造販賣鈣滋養乳來維生。然而，基隆潮濕多雨，原本就患有肺病的黃天海，病況更加惡化。三月，殖民當局用所謂芋蔓式的辦法，狂暴而大規模的檢舉臺灣共產黨及一切反日團體。許月里的父母親也因為住在隔壁的臺共黨人被捕而先後被抓去臺北市北警察署拘留訊問。她聽到消息，隨即與黃天海搬回臺北家裡。因為沒錢治療，黃天海不久就病入膏肓。她也因為操勞過度而罹患急性腎臟病，瀕臨生命危險，不得不住進醫院治療。她商請黃天海的大哥帶他回宜蘭老家療養。但是，不到一個星期，她就連續收到兩通電報說黃天海病危。她立刻出院，趕去宜蘭探望。九天後，二十七歲的黃天海就與二十歲的她永別了，除了一個三個月大的孩子，什麼也沒留下。

許月里辦完喪事，一個月後，從宜蘭回到臺北。不久，她得知在大檢舉中被逮捕的薛玉龍出獄後沒幾天就病逝了。過沒幾天，年約三十歲左右，身體頗硬朗的薛玉虎又死在獄中，屍體也由監獄抬回來了。由於薛玉龍未婚，薛玉虎又已離婚，許月里和工友協助會未被逮捕的會員只能替他們辦了場面極為淒涼的告別式。

為了養活自己和三歲大的幼兒，許月里什麼工作都得做，日子過得很艱苦。

歷經曲折之後，許月里去萬華愛愛寮打工。愛愛寮是淡水籍無教會主義基督徒施乾（1899-1944）設立的乞丐收容所。因為這樣，她與在愛愛寮工作，原本就認識的周合源、林斐芳等黑色青年又再次走在一起。也許是因為身體有病，氣血衰弱，每當吃飯的時候，她看到那些全身髒兮兮，甚至身上長瘡的乞丐，再看到在飯菜上飛舞的蒼蠅就不由自己地想

許月里母子。

吐。雖然她一再勉強自己忍著，可有好幾次，還是忍不住跑到外面去吐。她因此對自己的表現感到羞愧。除了乞丐以外，愛愛寮還有一位患有精神病的婦女，人長得高大，也比較乾淨，被關在一個隔離的小房間。每次，她看到許月里就語無倫次地說個不停。有一天，她拜託許月里讓她出來走走。許月里同情她，於是向負責外務的林斐芳轉達。他笑一笑，就把她放了出來。怎知，她一出來，就抓住許月里的手，拖著往前跑。許月里告訴她不可以這樣。她就用更大的力氣拖拉，而且跑得更快。許月里愈喊，她愈跑。最後，林斐芳費了好大工夫才把她抓回去，關起來。這一次，許月里真是被嚇到了。周合源就請她和他一起改做向商店老闆勸募的工作。儘管她工作認真盡

周合源、施乾（後左一、二）與愛愛寮的乞丐〔臺灣民眾文化工作室資料庫〕。

職，可因為身體還很衰弱，總覺得自己不能勝任這個工作，於是，不到一年就辭職了。

戰爭的陰影與光復的隱憂

一九三六年，許月里的父親病逝，享年五十八歲。她繼續為一家老小的生活而奔波忙碌。第二年，七七事變爆發。她在報紙或是廣播看到聽到的都是祖國大陸被打被炸的噩訊，因而深深為中國人所受的屈辱感到痛恨。酣戰中，臺灣總督府積極推行皇民化運動。她同情那些受到愚民教育的影響而甘心認同殖民統治的臺灣人，但對那些投機取巧阿諛諂媚的奴才卻只覺

日據末期許月里（後排中）與母親及家人。

得可恥。一九四一年年底太平洋戰爭爆發後，帶著母親和幼兒共同生活的她，日子過得更加艱難，又因為從事社會運動的案底，經常被特務機關叫去問話，再加上有一個日本警察非常熱烈地追求她。兩害相權取其輕，她就嫁給一個也在追求她的臺灣人。可她沒想到，他竟是一個不務正業的紈袴子弟。因為局勢嚴峻，她也懶得管他，心想各人走各人的路，互不干涉就好了。她與家人在臺北大橋町租屋。因為盟軍飛機經常轟炸，一九四三年，她就帶著家中老幼先後疏散到文山郡（今新店）赤皮湖老家與海山郡（今土城）。

一九四五年八月十五日中午，許月里在回家的路上走著走著，突然聽到街頭的放送喇叭播放著雜音很多的講話。她停下腳步，仔細聆聽，這才知道那是日本天皇宣布無條件投降的所謂「玉音放送」。她看到兩個背著包袱的日本婦女，聽了廣播後，低著頭離開。她望著她們離去的背影，油然而生一種憐憫的心情。相反地，她感到自己全身輕如羽毛般地飄飄然。

幾天後，許月里就雇了工人稍稍整修臺北的房子，然後帶著家人重建家園。她與親戚合股做建材生意，除了到市場買菜，都在照顧建材行的店面，很少出門。雖然如此，她聽到了臺灣民眾如潮水般湧起的對國民黨軍隊的惡評，以及來臺接收官員的種種劣行，也親身體會了他們揩油的干擾。這樣那樣沒有情理的事情累積

光復初期做建材生意的許月里。

起來，使得她對臺灣光復的歡喜冷了一大半。在日據時代，她就已經通過一些在大陸待過的社運前輩的敘述，知道大陸有關共產黨的革命事蹟了，因此很自然就把臺灣的未來寄託在中國共產黨的革命。她也因此很想找回昔日的老同志，重新投入改造社會的運動。然而，因為一九三一年大檢舉後坐牢的坐牢，流亡的流亡，分散各處，無從找起。她只能無奈地為臺灣社會的前途擔心著。她想，再這樣下去，一定會出亂子的。

從二二八到白色恐怖

一九四七年二月二十七日晚上，動亂的烽火終於因為臺北延平路的緝煙事件而被點燃了。二十八日早上，對昨晚發生的緝煙事件渾然不知的許月里仍然像往常一樣，提著菜籃下樓，要去市場買菜。在樓下，一名鄰居告知昨晚緝煙事件的消息並勸她不要出門。然而，她想到家裡已經沒剩多少菜了，還是快速越過馬路，往市場方向跑去。就在這時，她聽見有人叫道：太太，快來這裡藏起來！當她本能地跑過去時，幾位站在樓梯口的男男女女，立刻將她拉上去，並且告訴她說現在戒嚴了，不能在外頭隨便走動，不小心就會被打死的！她頭一次聽到「戒嚴」這個名詞，聽得心驚肉跳。待了一會兒之後，其中一個人說趁著現在路上沒有軍警，大家趕快走吧。她於是跟著其他人跑離現場。可她剛跑過馬路幾十步，快到家裡樓下的亭子腳時，忽然一名手拿步槍的年輕軍人正向她走過來。她搞不清楚狀況，只好不顧一切地拼命奔跑，猛衝到家。但她的身心所受的驚嚇卻久久難以平息。三月八日，她聽到從大陸抽調臺灣的國民黨軍隊已經在基隆登陸，並展開鎮壓。肅清的行動持續擴大著。她不敢隨便外出。後來，她也聽說接二連三有人失蹤了。

事變被鎮壓平息後，許月里更加急於要尋找昔日的老同志，一起為臺灣民眾的未來奮鬥。後來，她經常帶小孩去圓環附近一家診所看病而認識的一名黃姓護士，就讓她與以前搞反日運動的老朋友，像是農民組合的簡吉，或是臺共的廖瑞發（廖煙）等人聯繫上了。她雖然與他們談論的時間不多，但因理想相同，再加上她在做生意，經濟條件較好，就借了些錢給他們用。儘管如此，也許是因為她已經有家累的原因吧，她一直等不到有人來找她參加組織或做什麼。

日據時期許月里（立右四）與簡吉（蹲右四）、謝雪紅（立右二）等左派前輩。

一九五〇年，許月里隱約聽到一場政治大風暴正在全島各地刮起的風聲。五月三十一日，晚上八點過後，她帶身體不舒服的小孩去看醫生，在街頭，突然聽到掛在電桿上的放送喇叭傳來不久前被逮捕的蔡孝乾向本省同胞「懺悔」的廣播。她聽到蔡孝乾先是用國語，接著又用閩南語，勸那些還沒有被捕的共產黨員出來自首。聽完廣播，她的心情非常沉痛。到了六月二十五日韓戰突然爆發，她更清楚地知道，歷史已經急遽地轉變了它原來前進的軌道了。不久以後，她就發現她家附近有特務在監視了。她心知不妙，卻又不能怎麼樣。十二月四日，深夜時分，她在睡夢中被突然響起的急暴敲門聲吵醒。她知道該來的終於來了。

就在牆上的掛鐘正好連續敲打十二響時，年近四十歲，懷有身孕的許月里被那名黃姓護士和里長陪同的三個陌生男子押走，坐上未曾熄火的吉普車，急匆匆地開往刑警大隊，透夜展開偵訊。一直到天亮，那名偵訊者才停止對她盤問，把寫好的筆錄念給她聽，然後把她關押在一間已經關了一個女人，滿地塵埃的囚室。

一九五〇年被捕前的許月里。

刑警大隊一天只供應兩頓飯。許月里經常感到餓。可也許是害喜吧，每次吃了飯，都馬上吐了出來。後來，她又被移監臺北大橋邊原屬辜家高砂鐵工廠改建的保密局臨時牢北所。時值嚴冬。陰森森的冷風吹得她心寒。押房裡有蜈蚣、蟑螂在身邊出沒，耳邊又不時傳來叫人毛骨悚然的淒厲喊冤聲與鏗鏘響著的手銬腳鐐聲，使得她來到北所的第一個晚上徹夜無法入眠。這裡又離她家沒有多遠，使得她更加想家，想孩子。牢牆外的居民區不時傳來叫賣食品的清脆聲音。特別是在夜裡，當她感到又餓又冷非常難受時，賣燒肉粽與魚丸湯的梆子聲，更叫害喜的她饞涎欲滴。害喜，時刻憂思家裡的孩子無人照顧，以及出獄的遙遙無期，都使她怎麼也開朗不起來。因為這樣，她仍然一吃飯就吐，吐到後來，四肢也無力了，只能整天躺在地板上。後來，監獄管理員看她可憐，就幫她賣掉手上的金戒指，給她買來針藥。打過針後，她的嘔吐才稍稍停止。

在北所，三個月就這樣無所事事地過去了。一天黃昏，許月里終於被叫出去偵訊了。但偵訊者得不到他要的口供，只問了幾句就威嚇她說你這個女人很狡猾、不老實！明天把你押到別的地方，看你老實不老實。第二天，還是黃昏時候，她果然被押到一棟日式平房後面一處更加森嚴的牢獄，關進其中一間小牢房。裡頭的四個難友正在吃飯。其中一名難友立刻拿了一碗飯給她，要她快吃，說是馬上就會被叫去問話。她問這是什麼地方？難友說保密局南所。另外一名難友提醒她這裡可不比其他地方，皮可要繃緊些。她的心情因此非常沉重，手裡雖然端著那碗飯，卻一口也吃不下。就在這時，牢役果然來帶她去偵訊室問話了。她剛坐下。黃姓護士也跟著推門進來。她一看到黃氏就知道自己為什麼會被捕了。她認為，一定是黃氏被捕以後熬不住刑訊，而向辦案人員供出她借錢給簡吉、廖瑞發等人的事情。果然，偵訊一開始，黃姓護士就向她說我什麼都說了。你也全部說出來吧。她立刻回應說你瘋了！接著，偵訊就開始了。

「妳什麼時候認識簡吉和廖瑞發？」

「日據時代。」她明白情況已經不容否認了，於是老實交代。「他們都是我在工友協助會時認識的老朋友。因為我的年紀最輕，大家都把我當小妹妹般關愛。」

「工友協助會是共產黨的團體，你知不知道？」

「我只知道，它在日本時代是登記有案的普通團體，而且還是掛有看板的，它的主要宗旨是反對日本統治臺灣，並幫助工人獲得較合理的工資。」

「光復以後，你怎麼跟他們恢復聯繫的？」

「他們會找到我，就是她帶來的。」她試著把問題轉移到黃姓護士身上。

「不對！」黃姓護士立刻辯解說：「我和簡吉碰到面是在你家的樓梯。那時候，我剛好要下樓，他剛好要上樓。」

「你亂講。」她說。

那名偵訊者不耐煩地叫她們兩個都別吵了，同時叫人把黃姓護士帶出去。然後，他又凶巴巴地問許月里知不知道他們都是共產黨？她說不知道。那個問話的特務就從桌上拿起一根很粗的棍子往她身上打下來。她就一手護著頭一手抱著懷有身孕的肚子挨打。特務接著又問你為什麼要拿錢資助共產黨員簡吉和廖瑞發？她意識到這句問話有陷阱，就小心地回答說我真的不知道他們是不是共產黨。我再遇到他們時，正在做生意，生活過得比較好些，所以就借了些錢給他們。這也都是人情所在啊！更何況我認識的他們都是抗日的人，並不是反抗祖國。特務說像你們這種人會反對日本，當然也會反對我們。然後又問她說黃某某說曾經看到你在燒共產黨黨章及小冊子，你承認嗎？她知道，這個問題，他一定不會輕易放過的。如果否認，一頓毒打肯定是免不了的。可是，如果承認了，那她又得要交代是誰拿給她的，這樣牽連下去的話，肯定又要扯出一大堆無辜的人。她想，反正這樣也是死，那樣也是死，那就死自己一個人，因此就毫不猶豫地矢口否認。特務說狡辯！她說如果你非要我承認不可，乾脆把我打死算了。她沒想到他竟然冷笑地說像你那麼瘦，我才不要打死你，我要把你關在牢裡四五個月，慢慢慢慢地把你折磨到死！她氣得不知如何回話了。

偵訊告一段落。許月里已經被打得臉都變黑，幾根手指也被打斷了（一直到晚年，那幾根手指都還彎曲著，不能復原）。回到押房。她全身疼痛，不能伸手脫衣服。同房難友幫她小心把衣服脫下。南所的押房只有高高的牆頂上有一個小窗，通風不良。她身體衰弱，總覺得呼吸困難。同房難友就讓她靠近送東西的小門洞，使得鼻子可以向外呼吸。然而，那天晚上，她還是因為心情痛苦，肉體疼痛，情緒沮喪得一夜無法入眠。

不久以後，許月里便和同房難友像串螃蟹般地被銬在一起，押送青島東路三號的軍法處看守所。女監的三間囚房都已經關滿了女政治犯。囚房用木板隔斷，靠外牆的一面，有幾扇嵌著鐵條的窗戶，大概十坪不到卻關了近四十個人。在裡頭，她算是年紀最大的人。其他難友都禮貌地稱她歐巴桑。由於空間狹窄，她們就把被褥、衣物、洗臉盆、吃飯的碗筷和尿桶，一齊放在室內的一側；同時又把衣褲一一疊好，放在枕頭套內，左右兩排各坐在枕頭上，用一塊小板子放在膝蓋上，當作寫字板。中間空出來的地方則用來吃飯與站立。她看到她們年紀輕輕就能想出這種井然有序的方法，不由得打從心裡佩服。到了晚上，她們就如同沙丁魚般身體緊挨著身體，左右兩排，腳對著腳入睡。按照押房的慣例，剛進來的人睡在靠牆角的馬桶邊，然後逐日逐人，按照坐監時日的加長，逐漸外移。那天晚上，她就躺在馬桶邊的地板上，聞著室內充斥的各種難聞氣味，看著老鼠、蟑螂在昏暗的燈光下四處橫行，同時擔心那些上馬桶的難友不小心踩到她身上而無法安心入睡。幾天後，班長向她宣布說可以寫信回家了。她認識的中文字並不多，只好用日文的漢字告知家人自己被關押的地點，並要求給她送來生活必需品。沒隔幾天，她母親就在探監日送來棉被、衣褲、藥品、食物等等。後來，腎臟原本就不好的她，腳腫了起來，經常抽搐得令她忍不住痛苦而呻吟著。眼看著她的預產期逐漸接近，一名護士出身的同房難友不禁替她擔憂，再這樣下去的話恐怕會難產。同房難友於是要她設法申請保外就醫。這樣，經由母親四處活動，最後，終於替她申請到保外就醫待產。不過個把個月內，她就在太平町家中產下一名男嬰。但還來不及調養補身就抱著嬰兒回軍法處，繼續坐牢。

許月裡再次回到軍法處看守所，臺灣省保安司令部軍事檢察官端木楑就起訴她說，「許月里（即前誤為許月裡）於民國卅八年九十月間以另案審結之叛徒黃查某當時因其同黨即另案審結執行之叛徒廖瑞發（又名煙）叛亂罪行為政府發覺逮捕後心懷畏懼至許月里家告明來意先後連續留宿三次（即三夜）於卅九年二月至四月間許月里復連續四次借與黃查某新臺幣四百卅元使用許月里又於卅九年三月間借與另案審結已執行之叛徒簡吉新臺幣一百五十元同年春借與前開叛徒廖瑞發廿五元等情案經國防部保密局查獲解由本部審理期間該許月里因將生產經醫診斷屬實以（四〇）安潔字第二〇〇七號判決停止審判呈奉國防部（四〇）則富字第一〇六一號代電核定嗣以許月里停止審判原因消滅爰依法傳訊審理」，並以「懲治叛亂條例」第四條第六項「為叛徒徵募財物或供給金錢資產」的「罪名」起訴，可處死刑、無期徒刑或十年以上有期徒刑。

判決之後的獄中歲月

因為命運未卜，許月里的一顆心始終無法安定下來。軍法處看守所再次開庭時，那名黃姓護士又被帶出來作證，硬咬住她不放。一九五二年四月十六日，臺灣省保安司令部軍事法庭審判官周咸慶以「被告許月里對於民國卌八年十月間明知另案之黃查某為叛徒而連續留宿三夜及於卌九年二月至四月間復先後借與該黃查某新臺幣共四百卌元並於卌九年三月間明知另案被告簡吉為叛徒而借與新臺幣一百五十元及同年春明知另案被告廖瑞發為叛徒而借與新臺幣廿五元等事實除否認明知係叛徒而故為外餘均自白不諱且辯稱『黃查某常來家為婆婆及小孩打針手術醫藥費都不收甚有恩情故他（指黃查某）為其兒媳不孝曾在我家前後住過三次即三夜後來黃查某因病家庭困難先後向我借四次錢共四百卌元他絕未說明他是共匪我亦不知其為叛徒至簡吉自我幼時常買糖給我吃當時（卌九年三月）他年老貧病情非得已借與一百五十元廖煙（即廖瑞發）亦係幼小相識他因病向我借去廿五元均非明知其係叛徒而故意借與』等語查叛徒簡吉廖瑞發均因叛亂案判決死刑已執行固無法質證但經提訊另案判決之黃查某當庭結證被告許月里明知其叛徒而故為留宿三夜並先後借與新臺幣四百卅元屬實該被告既未能提出不知黃查某係叛徒之有力反證則其上開抗辯顯不足採信綜核所為實觸犯為叛徒供給金錢及藏匿叛徒二罪責查此二罪經具獨立犯意應分論併科次查被告留宿黃查某三夜及借款數次係奉於概括犯意各應以連續犯論全部財產除酌留其家屬必需生活費外沒收據上論結應依刑事訴訟法第二百九十一條前段懲治叛亂條例第十條後段第四條第一項第六七兩款第八條第一項第十二條刑法第五十六條第五十一條第五八兩款判決」的「理由」，判處「許月里連續為叛徒供給金錢處有期徒刑十年褫奪公權十年連續藏匿叛徒處有期徒刑十年褫奪公權十年應執行有期徒刑十二年褫奪公權十年全部財產除酌留其家屬必需生活費外沒收」。

儘管在軍法處的生活過得像狗一樣，在牢裡帶嬰兒更不方便，判決確定之後，許月里因為不必再擔心牽累其他人而安定下來了。後來，獄方為了管理方便，就把為數不少像她這樣帶著小孩的女政治犯集中到一個押房。她們大都是在臺灣無親無故的外省女青年，因為營養不足，普遍都缺少奶水哺乳。嬰兒喝了獄方偶爾發放的脫脂奶粉後，拉的又盡是白稀稀的糞便。她看了心中不忍，就把家人送來的全脂奶粉與其他難友分享。

獄中的日子一天一天重複地熬過。許月里的孩子長到約三歲時便和看守所裡的其他孩子，跟著一位難友學習。她也儘量把握孩子不在身邊的時間，向同房一個外省籍難友學習識字和寫字。日子久了，押房的人逐漸少了，她也才有辦法在個別指導下讀書。那名外省女難友看她那麼好學，非常感動，於是故意開玩笑說國民黨都讓你坐牢了，你怎麼還要學中文呢？她笑笑說國民黨不對，又不是中國人不對。再說，我還是把國民黨當成是我的兄弟，只不過它是壞兄弟罷了。後來，這名難友

許月里與其他難友的小孩在監獄裡頭的幼稚園。

就借了一本收有徐志摩、郁達夫、朱自清、許地山等人散文的書，當做教材來指導她。她就要家人送來筆記簿，一篇一篇，老老實實地一字一字抄完。每天，她就像小學生那樣練習造句，再請難友修改，同時又一邊請教一邊查字典自學。字典裡頭的注釋經常讓她覺得似懂非懂，這時，她才深深體認到「老來學皮匠」的為難。可她以勤補拙，並不畏難，一定要把每篇文章從念到寫，統統搞懂為止。當她好不容易把這本書念完之後，就開始借所裡的中文小說來讀了。

一九五七年，孩子滿六歲。許月里就把他送出去讀小學。第二年，八二三炮戰在金門持續了四十六天。國府當局預防牢

在生產教育所的許月里（中）與其他難友。

裡的政治犯暴動而把他們移送青島東路的軍人監獄集中管理。因為這樣，她與女監的所有難友就被轉移到感訓刑期較輕者的生產教育所。這裡，地方寬廣，每間寢室六床，上下鋪，一共睡了十二個人，空氣也比其他監獄好。而在生教所的最後六年多坐監生涯，她主要是在學習中安靜度過的。她把每天要做的事情做好，像是割草、學做衣服等，以及上些諸如《三民主義》、「共匪暴行」和歷史地理的課之外，其他時間都用來專心讀書。這段期間，因為能和善良的難友們一起生活學習，讓她得到平生難得的安慰，並且得以勇敢地活下去。

革命老伴周合源

一九六三年十一月，補足了在外生產的日數後，實際被關了十三年左右，已經年過半百的許月里終於出獄了。這時，睽別多年的家早已面目全非。她那不務正業的丈夫不但把她辛苦經營的建材行搞垮了，還留給她一屁股債務。剛剛坐完十三年政治牢的她，馬上就要為清償丈夫留給她的債務而坐經濟牢。為了還清那些債務，她把僅存的首飾都變賣了，然後就到工廠做工。然而，兩年後，就在生活仍然非常困難的情況下，她丈夫竟又公然娶了一名「細姨」。一些親朋好友實在看

五十三歲出獄後的許月里。

不過去，紛紛要她辦理離婚。其實，她早就想跟他離婚，無奈他始終不肯。她和他就一直過著互不干涉的生活，事情也一直拖了下來。隔年，一把無明火又把她母子勉強棲身的家燒成灰燼。她就搬回娘家，照顧病重的母親。母親過世後，她又到一家做瓷磚的工廠做工。為了早日清償丈夫所留的債務，她省吃儉用，過著人不像人的生活，經常窮得連一個饅頭也捨不得吃。儘管如此，她那丈夫為了變賣一筆在她名下的土地，竟然跑去法院打官司，並在訴訟庭上指控她親匪。當著法官的面，她理直氣壯指責丈夫說：沒錯！我年輕時候是反日的左傾分子，可我已經坐了整整十二年以上的牢，而且在裡頭接受了感化教育，你侮辱我，就是侮辱政府……因為這場官司，她終於辦妥了離婚手續。

有一天，許月里突然接到一位以前一起抗日的老朋友郭德金打來的電話，說是約了同樣從牢裡出來不久的周合源，一起吃個飯，大家見見面。她接到電話後，心情非常激動，沒想到，少女時代的那些大哥哥們竟然沒有把她忘掉。她記得，郭德金年輕時候先是在廣州參加廣東臺灣革命青年團，出事以後

許月里與老臺共郭德金（中）及周合源。

回到臺灣。就在黃天海辦《明日》雜誌的前後，他則在搞左派的文藝雜誌《臺灣戰線》，一九三一年大檢舉時被捕，判刑四年。那時，她才知道，原來他也是臺共黨員。後來，因為政治空氣緊張，她和他幾乎就沒再往來。一直要到她出獄後兩年，他才輾轉聯絡上她。至於周合源，自從她離開愛愛寮以後，也少有機會見面。她聽說他在日本侵略中國的戰爭爆發後不久離開臺灣，前往大陸，一直要到光復後才回來。當時她也聽說他在大同公司任職，可因為各有家庭與事業在忙，也就不曾見過。她最近一次見到他，是還關在軍法處看守所的時候。有一次接見時，她碰巧看到他也在會客，那時，他們還不約而同地說：怎麼大家都來了！

在郭德金安排的飯局上，許月里才知道，周合源是在一九五三年冬天突然被捕的，儘管他當時已經五十歲了，仍然因為年輕時候的抗日歷史而被列入政治肅清的黑名單，並且因為「文協的左派支援臺共」的歷史問題，以「惟一死刑」的「懲治叛亂條例」第二條第一項起訴，後來以「資匪」及「知情不報」罪名，判處徒刑十二年定讞，一直到一九六五年十一月底才服刑期滿，因為失業了好長一段時間，家庭生活一直不圓滿，於是就辦了離婚。郭德金表明他有意撮合周合源與許月里的意思，說你們兩人從年輕時候就認識了，而且思想認識也一樣，做個老伴，彼此在生活上也好互相照顧。周合源沒有反對。然而，許月里卻一口婉拒說，我現在還有債務未清，等我把債還清再說吧。她沒有說出口的心裡想法是：人活著，要有志氣！即使合源兄有能力替我還債，我也不能接受的。

這樣，這件好事就拖了幾年。

一九七〇年，像狗一樣地辛苦工作了幾年後，六十歲的許月里終於連本帶利清償了總共十多萬元的債務。第二年，她又在郭德金等抗日老同志的安排下與年近七十歲的周合源結婚。當天，他們不敢過於驚動，只給親戚發了喜帖，沒想到，許多昔日一起抗日或坐牢的同志難友都從各地趕來了。兩個老伴的婚宴竟然也辦了十幾桌的酒席。

許月里沒有想到，早在少女時候就已經認識，情同兄妹的當時的黑色青年周合源，竟然會在歷經四五十年的人世滄桑後，成為在生活上、精神上互相照顧的老伴。婚後，他們一起住在一棟違章建築。她仍然在那家瓷磚工廠當倉庫管理。他則在周氏宗親會任職常務理事，每月僅僅領取微薄的車馬費。生活依然困苦。兩年後，隨著在牢裡出生的兒子大學畢業，工作安定後，家裡的經濟逐漸改善，並在市郊買了一棟二樓的公

一九七一年許月里與周合源結為革命伴侶。

寓，他們也跟著搬過去住，在兒女的孝養下，過著沉寂但穩定的生活。

餘生的心願

一九七九年以後，臺灣的黨外民主運動進入一個新的里程碑。隨著政治控制的鬆動，許多抗日時期的老同志及五〇年代白色恐怖時期的難友，也常來兩個老人的家裡走動。然而，儘管他們對臺灣社會的關心從來不曾止息過，卻還等不到發言的時機。他們仍然被時代遺忘著。一直要到一九八五年三月抗日作家楊逵病逝之後，他們才有機會在紀念追悼會上公開亮相發言。從此以後，他們便在臺灣新生代的熱情邀請下，再度為實現社會正義與祖國統一而南北奔走。一九八六年九月，他們基於追求民主的信念，作為創黨黨員，加入了新成立的民進黨。嗣後，他們又反對該黨的民族分裂主義政綱而斷然退黨。他們強調，日據以來，他們這一代抗日的臺灣人都希望中國能富強，都相信血比水濃，臺灣的經濟發展要市場，要資源，有大陸廣大的市場和豐富的資源，才能有更發展的前途。因此，他們聲稱中國的統一是他們的餘生心願，來日無多的他們惟一盼望的是，過去受苦受難的祖國能早日統一，成為一個富強康樂的國家，促進人類和平。基於這樣的信念，他們後來也都加入中國統一聯盟與主張統一的勞動黨，經常出現在各種具有反帝性質的工農運動與統一運動的場合。

晚年的許月里到南京謁孫中山陵。

一九九三年十二月十三日，周合源的生命之旅終於走到了終站。面對生命的無情規律，許月里沒有多餘的時間去哀傷。儘管兒子媳婦一直要她搬去同住，可她仍然獨自住在北投中和街的老房子，過著獨立而自主的生活。八十幾歲的老太太，跟一般歐巴桑其實也沒有多大的不同，不同的只是，她有過跟她們不同的年輕時代，坐過十三年的黑牢。更重要的是，她仍然每天看書看報，關注國內外形勢的發展，經常出現在一些社運現場，跟一群年輕朋友一起為社會進步、祖國統一而堅持戰鬥。

許月里與周合源遺憾未見九州同。

二〇〇八年十月三十一日凌晨，年近百歲高齡的許月里終於在生命規律下不得不停止了心跳，懷著餘生心願尚未完成的遺憾，告別了戰鬥一生的人間。

日本赤色救援會殖民地對策部幹部廖清纏（1908-1995）

一九九〇年代的廖清纏（何經泰攝）。

一九六八年五月二十二日，日據時期日本赤色救援會殖民地對策部幹部廖清纏從綠島監獄回到暌別十五年的雲林二崙故鄉時，已經是兩鬢斑白年過花甲的老翁了。

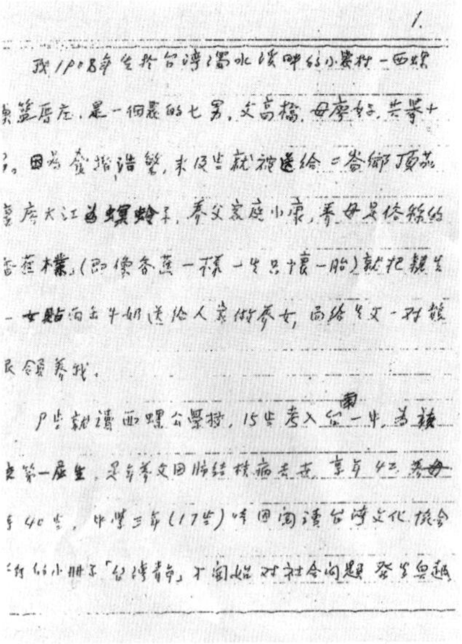
1.

我1908年生於台灣濁水溪畔的小農村—西螺郡藍厝庄，是一個農的七男，父高橋，母廖好，共養十子。因為食指浩繁，未及生就被送給二崙鄉頂茄塘廖大江為螟蛉子，養父家庭小康，養母是俗稱的「香蕉欉」（即像香蕉一樣一生只懷一胎）就把親生一女貼兩缶牛奶送給人家做養女，而給生父一對龍銀領養我。

7歲就讀西螺公學校，15歲考入台南一中，為該校第一屆生，是年養父因肺結核病去世，享年42，養母年40歲，中學三年（17歲）時因閱讀台灣文化協會發行的小冊子「台灣青年」才開始對社會問題發生興趣

廖清纏回憶手稿的首頁。

一九〇八年三月二十五日出生於日本殖民統治下臺灣西螺郡埤頭里濁水溪畔藍厝庄的他，是佃農高橋與農婦廖好生下的第七個男孩，名為七郎。在此之前，七郎已有兩個哥哥因為無力醫病而早夭了。食指浩繁，生活窮困。七郎的出世並沒有給高橋夫婦帶來多少歡樂。相反地，從他誕生的那一刻起，他們就要為如何養活這個男嬰而苦惱。

就在七郎未滿周歲時，廖好又生下一名男嬰。高橋於是決定將七郎送給鄰鄉虎尾郡二崙庄頂茄塘的小地主廖大江。廖妻是民間俗稱像香蕉一樣一生只懷一胎的「香蕉欉」。他們貼了兩罐牛奶把親生女兒送人，給高橋一對龍銀領養七郎。於是，高七郎改名為廖清纏。

養家的家境比生家好很多。廖清纏因此享有不同於生家的生活照顧，健康平安地存活下來，並有機會受到較好的教育，而有了不同的人生。

臺南第二中學第一屆學生

一九一五年，臺南噍吧哖起義被殖民當局殘酷鎮壓。臺灣人民武裝抗日告一段落。第二年，也就是一九一六年，九歲的廖清纏進入西螺公學校就讀。一九一九年，一部分進步的知識分子受到祖國大陸孫中山先生的革命思想、五四運動及第一次世界大戰後美國總統威爾遜「民族自決」風潮的影響，在東京組織了啟發會和新民會，並仿效《新青年》於一九二〇年創刊《臺灣青年》，以文化啟蒙運動的姿態，重新展開臺灣人民的抗日運動。通過閱讀《臺灣青年》，殖民地的孩子廖清纏也開始關注社會問題，並萌芽了反日民族意識。一九二一年十月，進步的知識分子結合島內的開明仕紳和青年學生，在臺北組成全島規模的臺灣文化協會，有計劃地推行反殖民的民族主義文化啟蒙運動。隔年（一九二二年）三月，十五歲的廖清纏公學校畢業，考進剛剛創立的州立臺南第二中學（今臺南一中）。同年，他那年僅四十二歲的養父罹患肺結核不幸病逝。

就讀臺南第二中學的五年期間，廖清纏與筆名楊逵的楊貴（1905-1985）等幾位民族意識萌芽的同班同學，持續閱讀著《臺灣青年》改版的《臺灣民報》，從而粗略認識到帝國主義的殖民統治有民族壓迫和階級壓迫的雙重性。就在這樣的民族意識驅使下，為了學習祖國文化，他們也利用課餘時間跟隨臺南市一位老秀才讀《幼學瓊林》《左傳》等漢文。但是古文艱澀，用來表達思想頗有隔靴搔癢之感。因此，只要市內有新劇表演，他們一定溜出學寮，一直看到戲落幕了，才又溜回寢室睡覺。因為這樣，第二天早上，總是在課堂上打瞌睡。

凡是殖民地、次殖民地的社會運動，開始都是由從外國留學回來的資產階級、小資產階級的知識分子啟蒙。隨著日本農、工階級運動的興起，臺灣的工農運動也逐漸抬頭，再加上馬克思主義的研究已經非常普遍，臺灣的反殖民運動終究離不開世界殖民地及落後地區社會運動的普遍規律而要發生左右分裂。一九二六年八月起，陳逢源（1893-1982）、許乃昌（1907-1975）與翁澤生（1903-1939）、蔡孝乾（1908-1982）等人就中國改造的問題，在《臺灣民報》爭辯「臺灣是否已經資本主義化」的問題，從而使得臺灣文化協會在一九二七年一月左右分裂，形成「民族運動」與「階級鬥爭」的路線對立。屬於右派的人士退出文協，集結其勢力，另組臺灣民眾黨。屬於左派的人士則取得「文協」領導權，工作重心置於工會與農民組合的發展。廖清纏的民族意識也進一步帶有階級觀點的傾向。

光復前第 一 屆

姓名	籍貫	最高學歷	職業
張福祥	台南市		
黃連登	〃		
蔡丁贊	〃	昭和醫專、醫博	蔡耳鼻科
汪文滔	〃	東京藥專、藥劑師	和生製藥廠
黃永珍	〃		
張茂松	〃		
陳祖基	〃	久留米醫專、醫學士	大益診所
陳崧坤	〃	明治藥專、藥劑師	
陳天球	〃	早大政經科	
曾金源	屏東市		
黃清榮	高雄縣		
吳增堂	台南縣	台北醫專、醫學士	惠山診所
張進通	嘉義縣	九大醫學部、醫博	順天堂診所
林懋烈	〃	台北高商	
蔡鵬飛	〃	京大、農經系	
張璧堅	〃	台大醫學部、醫學士	
陳正中	〃	台大農學部醫學部 農學士 醫學士	回生診所
王吟貴	雲林縣	就經濟學部、經濟學士	北港朝天宮董事長
詹丁枝	〃	台大農學部、醫學士 醫學部、醫學士	天德診所
程森樹	〃	昭和醫專、醫學士	
廖清纏	〃	日本、四高	農業
楊允恭	彰化縣		
楊　貴	台中市	日大專門部、文學藝術科	東海花園
葉　都	台北市	日大法文學部、文學士	
王開章	〃	橫濱高工	
王柏榮	〃	東大法學部、法學士	
余慶棟	〃		
黃瑞南	〃	早大高師、英文科	
黃千里	〃	早大文學部外文系文學士	
謝續緒	〃	台北高商	
陳而約	〃	京大法學部法學士	
林茂生	〃	愛知醫大、醫博	健民診所
楊金章	〃	早大工學部工學士	
陳少莊	〃	上海暨南大學	
張旺松	〃	台北醫專、醫學士	

一九二七年三月畢業的州立臺南第二中學第一屆通訊錄。

金澤四高的進步學生

一九二七年三月，廖清纏南二中畢業。為了日後投入波瀾壯闊的反殖民運動，他隨即前往日本，參加廣島及京都（三高）兩個高等學校的入學考試，但因殖民地臺灣的中學校程度較差，又無學長指導而落榜。他於是到京都的關西高等預備學校補習班準備重考。因為落榜的刺激，第一學期的四月至七月，他幾乎完全沒有接觸外頭的事務，全力準備功課。到了學期末，他的學習成績都得到及格的分數，因此也對自己稍微有些信心，於是利用暑假參觀遊覽京都各地的名勝古跡，放鬆一學期來的緊張心情。

有一天，廖清纏走進了古書街，逛舊書店，無意中在書堆裡看到殖民地臺灣不曾見到的，日本共產黨外圍團體出版發行，題為「無產者政治教程」的系列小冊子讀本，內容主要是講授馬克思主義的經濟學、政治學和哲學。他覺得新鮮又刺激便毫不遲疑買下來。雖然其中部分以「XXXX」替換文字，酣讀之餘，他對「社會主義」這個新理論產生了莫大的興趣，幾乎一夜一本，渾然忘我地研讀。這樣，持續半年左右以後，他知道了「剩餘價值論」、「唯物史觀」和「辯證法」，也知道了什麼是「法西斯」。他覺得自己終於初步探得真理了。他認識到：在資本主義社會，人民只有在統治階級不受威脅的範圍內才享有自由。例如，日共在一九二二年非法結社以後一度可以自由合法活動，經過幾年發展後，日本工人的意識抬頭，到處有罷工活動，甚至出現全國性的罷工。日本當局有感於農民組合、勞動罷工等社會運動已大大超出統治階級許可的「自由」範圍，直接威脅到統治階級的地位和利益，因此於一九二五年制定實施「治安維持法」，控制反對分子（馬克思主義者），剝奪日共活動的自由，並正式展開逮捕日共黨人的行動，將其組織徹底打入地下。再者，一九二七年，日本當局取消了每年納稅五日圓以上的公民才有選舉權的限制規定，開始實施普選。京都位處日本紡織工業生產結構最高級之處，勞工運動也最積極蓬勃，選出了兩名日本勞農黨〔日共〕代議士，在國

日本勞農黨候選人的選舉海報。

會猛烈反對「治安維持法」。在議會開議期間的某個晚上，一名右翼的海軍中佐就跑到旅館持刀砍死了日共代議士。

廖清纏因為研讀了馬克思主義而深化了思想認識，對未來的前途也有了覺悟。他的人生因此走向絕然不同的道路。他想，按照家人期許去學醫或理工，雖然出路較好，也只是被資本家利用而已。而人類的生活的基礎是經濟，要改革社會還是學經濟比較好，尤其是馬列主義的經濟學。因此，隔年，也就是一九二八年四月，他考入位於日本海北陸首邑金澤市的第四高等學校文科甲類。

金澤四高的社會運動，在當時的二十幾所日本高校裡頭算是數一數二，不僅有較長久的歷史，而且參加運動與被捕的人

數也相對較多。學生的進步組織有讀書會、勞動組合、農民組合、反帝同盟、共青、後援會等，再由各組織的負責人組成中央委員會。全校學生總數七百餘名，有八十多名（約占十分之一強）加入讀書會，也有為數不多的日共正式黨員。

廖清纏剛進四高不到一個月，幾名朝鮮人學長就來聊天。他知道他們其實是要來瞭解他的思想狀態。他也毫不避諱地表白自己讀過的書與想法。這樣，他通過測試，參加了主要就是研究馬克思主義的社會科學研究會。研究會和日共並無直接組織關係，但有聯繫。日共需要社會調查以及農村、工廠的實訪，便會將這些工作交給學生負責，讓學生藉由實訪的過程深化瞭解與學習。研究會的讀書分組進行。每個小組三至五人，由上級生一人指導讀書，交換心得，討論研究。因為參加者的文化程度較高，吸收力又強，所以大家進步得相當快。後來，他也成為負責人之一。

就讀金澤四高的廖清纏。

在社會科學研究會，廖清纏正式研讀了《資本論》等馬克思主義書籍。他知道自己的出身，所以從小就很同情窮苦人家，也一直都很照顧養父雇請的幾位長工。在求學時期，因為受到殖民統治的精神虐待，更對帝國主義產生了怨懟不滿。但是，作為一個家庭經濟不錯的殖民地小地主家庭的子弟，一直要到在理論上明白了人為什麼會窮的道理之後，他才義無反顧地走上背叛自己階級的人生道路。

返鄉演講而被停學與復學

一九二八年三月十五日，日本共產黨被檢舉，繼而有所謂左翼三團體被下令解散的事件，學生的社會科學研究也受到前所未有的取締，在東京留學的臺灣學生所組織的臺灣青年會也遭到「無所不用其極」的干涉。就在這樣緊張的時局下，換屆後的青年會新任幹部決定利用暑假歸臺，組織夏季講演團，分為中南北三隊活動。廖清纏雖然不在東京留學，還是參加了南部巡迴演講隊，從事文化啟蒙運動。

回到家鄉，廖清纏看到：分裂後致力從事農組運動的文協左派與民眾黨不斷互相叫罵。左派方面甚至採用日本民謠的曲調編了一首歌，用閩南話嘲罵右派說：「民眾黨，自治聯盟，資本走狗，抱爛葩喲！樂介咻！掛羊頭，賣狗肉，可恨啊！欺騙我們作工人。幹你娘！駛你娘！」他於是到臺南公會堂籌辦臺南二中校友會，然後到關

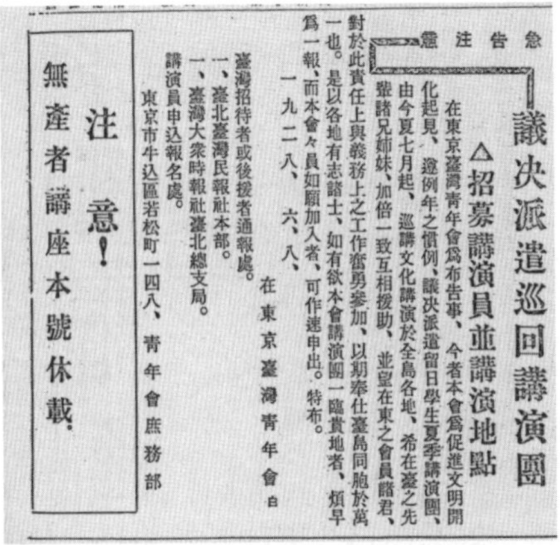

急告注意

議決派遣巡回講演團

△招募講演員並講演地點

在東京臺灣青年會爲布告事、今者本會爲促進文明開化起見、遵例年之慣例、議決派遣留日學生夏季講演團、由今夏七月起、巡講文化講演於全島各地、希在臺之先輩諸兄姉妹、加倍一致互相援助、並望在東之會員諸君、對於此責任上與義務上之工作奮勇參加、以期奉仕臺島同胞於萬一也。是以各地有志諸士、如有欲本會講演團一臨貴地者、煩早爲一報、而本會々員如願加入者、可作速申出。特布。

一九二八、六、八、

在東京臺灣青年會白

臺灣招待者或後援者通報處。

一、臺北臺灣民報社本部。

一、臺灣大衆時報社臺北總支局。

講演員申込報名處。

東京市牛込區若松町一四八、青年會庶務部

注意！

無產者講座本號休載。

一九二八年六月十一日《大眾時報》第七號有關東京臺灣青年會組織巡迴演講團的報導。

帝廟新文協辦事處找一位蔡姓前輩，邀請文協的辯士到西螺演講。回到西螺，他又按照法規親自申辦許可，然後進行沿街鳴鑼等各種宣傳活動。與此同時，二崙庄鄉親有志正在展開改任有學識且能替庄民謀福利的人為庄長的連署活動。他也在幕後協助。雖然現任庄長極力破壞，但「不過周日，蓋印者就達五百數十名」。

八月二十三日晚上八點，講演會在西螺大舞臺準時開始。廖清纏充任主持司儀，首由地方頭人廖仍致開幕辭，接著由臺南文協的辯士輪流演講：高永寧講〈進化論〉、李明德談〈農民組合的使命〉、陳定國講〈勞動者之一考察〉、郭秋源講〈農民之解放〉、何瑞麟講〈言論集會出版自由〉、廖振茂講〈社會的矛盾〉、蕭天財講〈第三國際〉。聽眾不下千餘人。臺下有日本警察監視，按規定，倘若演講者有「違法」言論出現，他們就會大喊「注意」，三次警告之後，演講者仍不改變話題，便要抓人。結果，這場演講會，除了廖振茂無事通過之外，其他人都在中途被終止演講。但是一個都沒有被抓。第二天，也就是二十四日，五名庄民代表就向虎尾郡守提出了那份改選庄長的陳情書。

一九二八年八月二十六日《臺灣民報》第二百廿三號有關西螺演講的報導。

九月初，廖清纏在金澤四高第二學期上課前回到日本。他立刻寫了感謝信，寄給住在嘉義東門圓環一間破厝的蔡前輩，同時熱情表白自己對改造社會的種種想法。蔡前輩很快給他回信。然後，他平均每月寫一封信寄出。但是，連續寫了三四封信後，他卻始終沒再收到蔡前輩的回信。他判斷蔡前輩可能遭到檢舉入獄了，於是就沒再繼續寫信。然而，隔年，也就是一九二九年元月四日，天色未明時分，金澤警察署的特高卻來登門拜訪，掏了名片，就把他帶到警署。在審訊室，特高把他寫給蔡前輩的信統統攤開來，然後問他寫這些信到底是什麼意思？天真的他這才曉得為什麼一直沒有收到蔡前輩的回信。按照郵遞規矩，信件倘使無法送到收信人處，應該退回寄信人，不會毫無訊息。想到這裡，他於是自嘲地笑著辯解說沒什麼啦，只是請他今後繼續幫我邀辯士辦演講會而已。這樣，兩天後，他因為無重大犯罪證據，而按照一般拘束不能超過四十八小時的日本法律，無罪釋回。但是，學校方面卻因為他來自殖民地臺灣，既參加左派的文化協會活動，又在學校參加研討馬克思主義的讀書會，認定他思想有問題而給予「無期停學」的處分。

一九二九年正月底，失學的殖民地青年廖清纏來到了東京。他聽說在東京的臺灣學生受到共產主義思想在日本抬頭的影響，也逐漸興起以馬克思主義為主的社會科學研究熱潮。他的南二中同窗楊貴就是其中的主要人物之一。然而，他四處打聽後得知，學習了馬克思主義的楊貴已經回去臺灣，實際投入農民運動了。最後，他聯絡上新文化協會機關刊物《新臺灣大眾時報》的發行人兼總編輯賴通堯（1906-1989），就到該報的辦公室借住，並且幫忙刻鋼版、油印及派報。他因此認識了

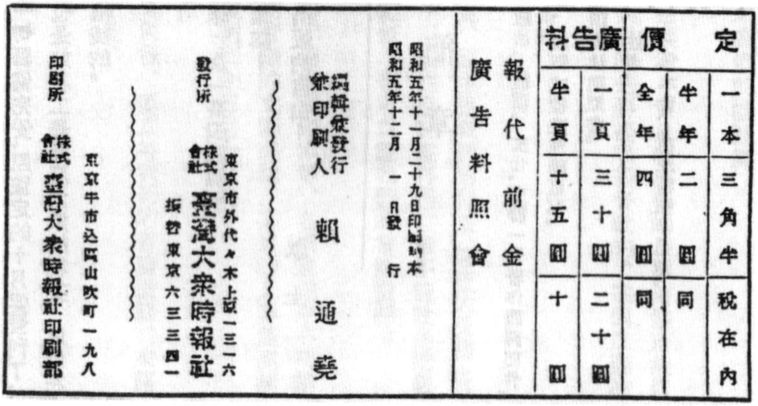

定價			廣告料	
一本	半年	全年	一頁	半頁
三角半	二圓	四圓	三十圓	十五圓
稅在內	同	同	二十圓	十圓

報代前金
廣告料照會

昭和五年十一月二十九日印刷納本
昭和五年十二月一日發行

編輯兼發行兼印刷人 賴通堯

發行所 東京市外代々木上原一三一六 株式會社臺灣大衆時報社 振替東京六三三四一

印刷所 東京牛市込區山吹町一九八 株式會社臺灣大衆時報社印刷部

一九二七年十二月一日《新臺灣大眾時報》創刊號版權頁。

包括蘇新（1907-1981）在內的許多臺灣青年。

大約一個月之後，廖清纏又接到學校的復學通知，於是又回去金澤，留級重讀。這時，日本法西斯的氣勢越來越盛了。四月十六日，日本警方針對日共發動第三次大檢舉。他聽說，在東京的臺灣學生林兌、林添進與陳來旺被檢舉。而金澤四高也有兩名朝鮮人學生以所謂「日共」之名被拘束。政治空氣顯然越來越沉悶了。儘管如此，他除了在讀書會繼續學習，關注社會時事，也利用課餘對北陸一帶進行社會調查，從而大體瞭解了江戶時代「前田百萬石」藩主遺留下來的根深蒂固的封建殘餘風氣，以及蠶絲業工人的艱苦生活。他的學生生涯也因此發生了一段有趣而饒有意味的插曲。

入秋後的某一天，廖清纏和幾個同學喝了一點酒，有些酒意，於是相約去逛藝旦間。到了藝旦間，日頭還有點光。忽然，他聽到隔壁房間有三四個藝旦操著臺灣腔的閩南話交談。他異常驚訝，萬萬沒想到，天寒地凍的裏日本竟有常夏臺灣的姑娘來此賣娼。基於同情心，也基於民族自尊心，他酒意全消，立刻疾奔住所，找來同在金澤求學的中壢人林國彥（醫大）、岡山人李修（藥專）、二崙人李英科（工校）和嘉義人蔡鵬飛（高校），把這事告訴他們。經過商討之後，他們決意營救這些女同胞，送回臺灣，隨即直奔藝旦間，直接找上老娼，表明來意。老娼也很爽快，當下就答應他們的要求。他們於是節省生活費，醵資幫那幾個女同胞贖身，然後送到神戶港搭船返鄉。

第二天，當地的報紙《北國新聞》報導了這件事情。一名讀書會的上級生看到廖清纏就笑著說：廖君，你做了件很有愛心的事情啊。他還沒看報紙，不明所以。對方於是把報紙的報導告訴他，然後話鋒一轉，質疑他們的「善舉」說：你知不知道那老娼為什麼爽快地答應你們的要求嗎？那是因為這些女性歲數已經大了，再做也做不了多久，所以她不妨做個順水人情。他表示同意這名學長通達人情的分析。學長又問：你們有沒有想過，她們當初為何會淪落藝旦間？回去以後又要如何生活呢？他搖搖頭。這名學長於是進一步批評指出，在資本主義社會，一無所有，瀕臨饑餓的女人，只得靠她僅有的原始的「本錢」謀生，如果產生賣淫的社會制度不改變，只憑少數人的「古道熱腸」，縱然能解救她們於一時，但終究還是解放不了她們的一生。彷若警鐘一般，這名學長的一席話讓他深刻地體認到：在惡制度的社會，個人主觀的同情與善舉是解決不了社會問題的，於是虛心地接受了批評，也對自己的「小資產階級人道主義」進行了自我批評。正因為這樣，當他後來看到日本社會黨的黨魁在國會以「解放全日本的妓女」問政時，就忍不住暗笑社會黨這種終究無補於事的「小資產階級人道主義」

的要求。

在雪夜貼反軍國主義傳單而被求刑

早在一八九五年，日本就侵占了臺灣，一九〇五年併吞朝鮮、庫頁島。可是，它仍不滿足地計畫侵略中國大陸。學習了馬克思主義的廖清纏知道，只要日本的資本主義存在一天，它的侵略行動就不會停止。這不僅僅是理論，而是經過歷史證明的事實。而他自己就身歷其中。因此，入學金澤四高半年多後，來自殖民地的他就加入了校內最精銳的「反帝同盟」。

時序進入一九三一年時，整個日本也一天一天地籠罩在法西斯軍國主義的戰爭陰影之下。廖清纏注意到，報章雜誌每天都會報導日本的所謂「大陸政策」，為侵略中國大陸展開輿論造勢。他於是繼續和先前在校園活動的反帝同盟的日本同志聚會，商討如何應對新的形勢。他們一致認為，日本法西斯軍國主義即將發動侵華戰爭，他們應該以實際行動反對日本帝國主義，殖民地臺灣的解放尤其必需要與日本本土的無產階級進步勢力聯繫，一起從事反戰運動。他們於是不畏肅殺的政治嚴寒，毅然決定在金澤第十四師團新兵入營的前一個晚上侵入軍營，張貼反戰傳單。

正月十四日，下午兩點左右。廖清纏看看天色，按照往常的天氣變化判斷當晚一定會下大雪。他想，屆時，那些無所不在的特務必定會待在家裡，抱著老婆圍爐喝酒，然後窩在棉被裡互相取暖睡覺。而這就是行動的最好時機。他於是聯絡了五、六個同學，當晚到學校附近的軍營張貼反戰傳單，給隔日入營的師團新兵看。一經決定後，他就自掏腰包，花了四十二圓（臺灣稻穀每千臺斤約四十圓）買回一塊油印用的鋼版。大夥兒就在他的住所討論傳單的內容與口號，然後分工，有的人寫，有的人印。午夜過後，室外果然是一片銀色世界。他們就穿上風衣，潛行到兵營土牆邊，在四方無人的寒夜，將油印好的海報、傳單貼在牆上，或撒入營內，一直忙到大約清晨四時，自以為神不知鬼不覺圓滿完成了任務，各自溜回宿舍睡覺。不料，他剛剛入睡，原本不動聲色的警察特務卻突然掩至，把他扣上手銬，再把手巾綁在上面遮住，押到留置場（拘留所）。

以往，金澤四高學生的反戰活動最多只有三、四個學生被捕，而這次算是歷來規模最大的一次，抓了四十多名，結果有十五名以違反「治安維持法」起訴，並且全部都被校方「放校」處分（即不得再就讀官立學校）。未被起訴的同學，有的被校方處以不能再入該校就讀的「強制退學」或可以再考入該校就讀的「喻意退學」等處分。同年六月，地方法院初審判決，刑責最重四人被判「有期徒刑三年，緩刑五年」。廖清纏就是其中之一，也是唯一的臺灣學生。其他十一名學生也都被判了較輕的刑。但是，沒有一個真正被關起來。檢察官不服上訴。日本進步的左派律師團體「自由法曹團」志願替他們在檢訴法庭辯護，又經辦各個法律上的手續細節，寫書面報告，向名古屋高等法院提出附帶控訴。

六月底，等待附帶控訴庭開庭的廖清纏再次來到東京。因為官司纏身，無法公開活動，他於是通過日本勞動組合全國協議會（簡稱全協），加入一個日共外圍的救援團體，支援繫獄政治犯金錢、衣物、藥品，照顧他們的身體健康，或幫忙解決其家屬的經濟困難以及各種問題。這時，在「四．一六事件」

中被檢舉的林兌與林添進已經保釋在外，重新組織了帝大生張麗旭（嘉義人）、反帝同盟成員葉秋木（屏東人）等在東京的臺籍左翼學生，開辦讀書會，並救援仍繫獄中的陳來旺。廖清纏於是經常與他們聚會，研討殖民地臺灣的問題與出路。

到了年底，在東京待了有半年之久的廖清纏終於接到高等法院的開庭通知。可是，就在開庭前幾天，卻又收到無期延期的通知。他只好繼續等待。

潛藏京濱做工運而再度被捕

一九三二年一月，隨著參與讀書會的成員日漸增加，在林兌指導下，廖清纏等人組成「日本赤色救援會東京地方委員會城西地區（街頭班）高圓寺第十五班」，經常藉由放唱片來舉辦音樂會或紀念會，聚集群眾，籌募救援資金與物品，宣傳理念，分析社會弊端，提高民眾的認識水準，並發展新成員加入。例如，在日本法律上，審判過程中有一個「最後陳述」的專案，給被告作最後有利自己案情審判的公開陳訴。那些日共幹部往往也會利用這樣的機會在庭上講訴自己思想的發展過程，宣傳馬克思主義。他們則負責動員學生、工人或是市民去旁聽。其後日本赤色救援會決議設置殖民地對策部，負責調查殖民地臺灣與朝鮮反殖民運動被鎮壓的狀況，籌劃救援方案，同時通過這些活動來發展救援會支部，擴大影響。

同年五月，廖清纏的開庭通知又來了。但是，同樣地，在開庭的前幾日又收到延期通知。他於是被任命為對策部「民族幹部」之一，在林兌援助下，聯絡島內左翼分子，按照對策部的目標進行資料的搜集與調查。然而，在調查尚未有可觀的成果時，赤色救援會便被檢舉而宣告中絕。

廖清纏的附帶控訴庭也在拖了一年後宣告「無期緩期」。他後來獲悉，延期的原因是同案被告四人之中的兩人已經由庫頁島潛往蘇聯。他也決定不再理會控訴庭，完全潛入東京市內林町的貧民窟進行地下工作。林町這一帶也是東京治安幹員的集中地。因此，他除了以化名行動之外，經常搬家，不在一個地方居住半個月以上。他也謹記四高讀書會學長最初的警告——絕對不寫日記，所寫的文字用完即刻焚毀。

身為臺灣人，又是農民的兒子，廖清纏十分清楚米和糖是日本殖民統治臺灣的兩大經濟作物，也瞭解米和糖的生產製作過程。他知道，因為製糖的甘蔗過於膨鬆，無法運到日本提煉，只能在臺灣製作為黑糖（粗糖），再運至日本精製白糖。所以，製糖公司的總社設在東京，甚至白糖的製造總社也設在日本。例如，大日本製糖株式會社最大的製糖工廠設在他的家鄉虎尾（他叔父就是該糖廠的原料委員），可它製作白糖的總社卻在橫濱。因此，他的地下活動又擴大為東京、橫濱一帶，主要工作對象則是日本製糖業的勞工，並選擇大日本製糖株式會社精製白糖的根岸糖廠為工作目的地。這年夏季，他於是到工廠所在的橫濱市神奈川縣根岸町租屋，調查瞭解工人生活，並計畫展開工作。然而，京濱地區是日本第一工業心臟區，特務的監視活動十分緊密。不過一個多月，地下工作經驗不足的他還在觀察環境，僅僅接觸過一兩個工人，未及展開工作，就又不知為何被捕，並在留置三十多天後被移送名古屋刑務所。後來，控訴院開庭，按照原判，他被判「有期徒刑三年，緩刑五年」。在東京期間並沒有犯下特別嚴重「罪行」的他於是被假釋。

特務作伴歸鄉與西螺米

在名古屋，廖清纏無親無戚，幸虧有個就讀愛知醫大的中學同學林茂生（嘉義人）保他出獄。因為監獄的生活條件太惡劣了，尤其是伙食，一天兩餐。早餐是一碗飯與味噌湯配兩塊黃蘿蔔片，午餐也是一飯一湯一菜。而飯又分好幾級，他吃的通常是七分麥、三分米。這就使得胃腸原本不好的他，在歷經九個多月監獄生活之後，由入獄時的六十公斤上下急減為四十四公斤。這也使得身高一百七十六公分的他看起來骨瘦如柴，弱不禁風。女子醫專畢業，在名古屋市立醫院服務的林茂生夫人，帶他去醫大附屬醫院檢查，結果是患了「無氣力性胃壁弛緩症」，病因是營養極度不良與缺乏運動。將近一個月後，另一個就讀京都帝大法科的中學好友陳而約得知情況，便邀他轉到京都靜養。他於是又去那裡住了一個多月，逐漸恢復健康，體重也增加了。

此時，廖清纏的身分已經暴露，無法繼續公開工作。他想去東京，可那裡的組織已被解散，同志們被捕入獄，或者四處流亡。然而，他還不想回臺灣。他告訴自己，一個真正想做事的馬克思主義者，在世界各地都可以工作，主要就是在何處工作可以最有信心及把握，並且能發揮最大的效力，作為衡量決定的因素。他於是四處尋找工作機會。

一九三三年九月，廖清纏收到祖母去世的電報，再加上養母一直逼他回去，而不得不歸鄉。十一月，他從東京乘車前往神戶。無所不在的特務已經緊隨在後，一路不動聲色地跟蹤監控。但他茫然不知。一直到輪船駛抵基隆港口，水上警察進入船艙，從日本特務手上將他領去。他才恍然大悟。上了岸後，

一九八九年八月二十日廖清纏在老家（藍博洲攝）。

水上警察又將他移交給在碼頭等候的臺北州特高，然後押著他前往臺北，在臺北車站搭南下的夜行火車回家。車至新竹，新竹州的特高上車接管，到了臺中，再移交給臺中州的特高，回到斗南後，則交給隸屬臺南州虎尾郡役所警察課一個名叫劉源的斗六籍特高，押他回家。

嗣後，約兩個月，劉源就在廖清纏家與他同吃同睡，寸步不離。他偶爾出去釣魚。對釣魚一點興趣也沒有的劉源，還是緊緊跟隨。有一回，他釣到一尾很補身體的白鰻。他母親燉好，就拿了兩個碗，分別給他和劉源吃。可劉源警覺性很高，不敢先用，等他吃過之後才敢吃。他也發現，就連抽煙，這個特務也是如此警覺。

一段時間後，廖清纏的三叔在西螺與人合夥開了一家碾米廠。三叔認為，一個年輕人長久窩在家鄉不是辦法，要他到西螺經營那家碾米廠。他到了西螺之後，劉源就把他移交給西螺分局的警察監管。也許是因為做起生意之故吧，警察特務也就不再日夜跟監他了。至此，他在日本所從事的一切左翼活動也算是告一段落了。

廖清纏回到臺灣時，日本已經發生過「二・二六」及「五・一五」事變，法西斯勢力極為囂張，並且鯨吞了中國東北。在殖民地臺灣，不管左右，所有的政治團體已被掃蕩淨盡。在這種形勢下，他也明白事無可為，於是想做點實事回饋地方。他想，西螺是濁水溪沖積地，地質肥沃，含有多量礦物質，水力開發又早，所以盛產又粘又香的蓬萊米而聞名。因為價錢好，產量又多，所以地主多，碾米廠也多。他於是說服街上的十二家碾米廠，聯合起來，組織「西螺米穀協會」，統一步調，與米穀稻出商折衝，爭取利益。為了加重他們的談判籌碼，他首先設法提高西螺米的知名度（取得「銘柄」）。為此，他在臺北鐵道飯店舉辦西螺米試食會，並宴請稻出商。他又邀請「蓬萊米之父」臺大教授磯英吉博士演講：如何用日本米與臺灣原產在來米交配，而培育了適宜臺灣亞熱帶氣候，米質粘軟的新品種的蓬萊米。另外，又在稻出日本的糙米袋裡外附加宣傳單，說明西螺地方的地質及西螺米的特色，同時印有標示濁水溪及西螺位置的臺灣地圖。通過宣傳推廣，一年後，西螺米的知名度果然大增，價格也比豐原米、阿猴（屏東）米、州上米（即西螺、二崙以外臺南州北部的斗六、斗南、土庫、北港等地的名牌）貴百分之二以上，每年為西螺地方（包括二崙）增加不少收入，對地方米商及農民均有直接間接的幫助。

黎明前夕的米穀事業

一九三五年春，為了宣傳西螺米，增進米商對消費地日本的瞭解，廖清纏又組織帶領臺南州下西螺、斗六、新港、北港等地的米商，到日本旅遊一個多月。他們雖然大多是地方小資產家，但文化程度不高，又從未去過日本，因此鬧了不少笑話。而他都每天為他們服務，解決問題。他還趁此機會到金澤舊地重遊。當他們返臺所搭乘的船抵達基隆準備下船時，他發現行李箱被搜得亂七八糟。他才知道日本警察一直未曾放鬆對自己的監視。他於是沉潛下來，團結西螺各種行業的業者，組織一個「實業會」（即工商會），互相提攜，促進工商業的發展，提高會員的利益，頗有聲色。

一九三六年，二十九歲的廖清纏經彰化醫師黃文陶介紹，與二十六歲的彰化世家之女詹滄玉結婚。淡水女中畢業，曾經到過日本京都的妻子，性情溫柔，對他百依百從。不久，他的公學校恩師許水錦（澎湖人）發起組織「臺南州米穀信用購買販賣利用組合」，以州下移出米業者為組合員，統一採購各種碾米器具，並仲介米穀的銷售。因為三井、三菱、家藤、杉原等米穀移出商商社於臺北、高雄各設有支店，臺中有出張所，而臺南州下卻無，許氏乃將組合辦事處設於嘉南平原的中心嘉義，並邀廖清纏主持其事。他於是到嘉義任職。每日以電話與移出商談行情，再把它轉報給各組員。

一九三七年七月七日，日本帝國主義發動盧溝橋事變，侵略中國。八月十五日，日本駐臺灣軍司令宣布全臺灣進入戰時體制。

一九三九年四、五月左右，殖民當局逐步展開臺灣的經濟統制，禁止米穀自由買賣，先於五月發表米穀收購價格，十月公布米配給統制規則，十一月再全面實施米穀移出管理。受到戰局的影響，米穀的買賣已經改為收購，以致組織解散。廖清纏只好清理帳目，花了年餘的時間收拾殘局，然後一家四口搬回雲林二崙老家。

一九四一年年底，日本發動太平洋戰爭。第二年美軍開始轟炸臺灣。因為虎尾有座機場，二崙地區也不時遭到空襲。廖清纏於是自己動手挖製防空壕。再者，戰爭消耗龐大，物資嚴重缺乏。殖民當局的經濟管制也越來越嚴，甚至連醬油也加予統制，把斗六、虎尾、北港三郡（即今雲林縣）的醬油業合併，於虎尾郡內設立「虎尾醬油統制株式會社」。虎尾郡警察課警部佐野前來督促，並推介廖清纏擔任醬油會社的支配人（即總經理），負責釀造醬油，配給三郡的百姓及軍隊機關團體。廖清纏明白，佐野警部除了想借重他經營實業的能力之外，主要用意不外是在戰爭的非常時期，想把自己置於身邊直接監控，以策安全。迫於現實，他只好赴任，並一直持續到日本投降。

一九八九年八月二十日廖清纏訴說往事（林靈攝）。

臺灣光復六天地

一九四五年八月十五日正午，三十八歲的廖清纏聽到收音機傳來日本裕仁天皇親自宣布無條件投降的消息。臺灣人民等待五十年，終於重回祖國懷抱，欣喜非常。

入秋之後，同鄉幾位二十多歲的青年：鍾心寬、廖我能、廖學霖等，以滿腔的熱情提議組織「二崙鄉三民主義青年團」，並以此諮議於廖清纏。他認為，組織一個團體不能只是掛上招牌那樣隨便輕率，應該先瞭解這個團體的組織性質和章程。由於臺灣剛剛光復，大家對三民主義一無所知，貿然用這名稱組織恐怕不甚妥當。為此，他特地跑到臺南，找昔日同窗幫忙，希望能和二崙鄉隸屬的臺南州「三民主義青年團」負責人詹溪水面談。但他聽同窗說，光復後不到一個月，詹溪水就找上同窗，要他替詹取得臺南二中的畢業文憑。同窗強調，僅僅這樣一個行為，就讓詹溪水的人格掃地；其實，他只要在臺南州「三民主義青年團」負責人的崗位上好好做事即可，何必去要一張冠冕堂皇的文憑呢。廖清纏也因此對「三民主義青年團」的組織性質產生了懷疑。而他是虎尾郡自治理事會理事，職務上需要與臺南州「接收委員會」接觸，因此也見到了「接收委員會」主任委員韓聯和。他看到韓某手上戴著好幾兩重的金戒指。在日據時期，手上會配戴金戒指、金手錶的只有兩種人：一是女人；一是黑道兄弟。他覺得韓某不男不女，很不順眼。他同時頓然明白，這些接收官員熱衷的是撈取接收財，對甚麼三民主義根本不感興趣。返鄉後，他就建議把組織名稱改為「二崙鄉愛國青年會」而成立，開了幾次會，學習國語，學唱「國歌」和歡迎歌。後來也就沒有什麼活動了。

臺南縣參議員選舉
二十四日各鄉鎮選舉竣事

（臺南訊）臺南縣縣參議員選舉於昨二十四日各鄉鎮同日舉行，縣政府派民政局長李納英，方自治課長黃[illegible]分赴各區監選各鄉鎮俱能遵照法定手續辦理，據聞選舉情形甚爲良好，茲錄該各區當選及候補參議員名單如後。

當選

新營區[illegible] [illegible]濟白
新營鎮 沈[illegible]山
白河鎮 陳[illegible]才
鹽水鎮 陳[illegible][illegible]
番社鄉 陳按[illegible]
後壁鄉 楊群英
虎尾區虎尾鎮 楊[illegible][illegible]
西螺鎮 李應[illegible]
土庫鎮 駱萬得
二崙鄉 廖濟[illegible]
崙背鄉 楊克明

一九四六年三月三十一日《人民導報》臺南縣參議員當選名單的報導。

廖清纏雖然不滿詹溪水、韓聯和等人的品格而不再理會官方事務，但還是繼續關注地方建設，尤其是更為首要的教育工作，因此接受光復後首任西螺鎮長的親堂兄廖學昆邀請，於一九四六年三月同往臺北，尋聘通日語、閩南語、北京話的人材，擔任西螺中學校長。他們在臺北待了十幾天，無功而返。就在這段期間，臺南縣接收委員到各鄉鎮召集地方人士，推選鄉鎮長、縣參議員，並改選農會組織。廖清纏也被推選為縣參議員及二崙鄉農會理事主席。

然而，廖清纏知道，臺灣光復不過半年多，民間已經流傳著「六天六地」的順口溜來描述社會的變化：一是回歸祖國歡天喜地。二是接收官員花天酒地。三是內戰物價無天無地。四是政治貪腐黑天暗地。五是臺灣民眾哭天叫地。六是滿腔憤怒翻天覆地。因此，對局勢已經感到十分失望的他，也不想再理會外頭的任何事務。

果不其然，到了一九四七年過完年，二二八事件就爆發了。可當時已經四十歲的廖清纏，閱歷多了，沒有輕舉妄動。他認為，這純粹是官逼民反的事件，無組織，也無頭無緒。為了維持地方安寧，他曾建議鄉民組隊自衛。結果，國民黨軍第二十一師和憲兵第四團一到，事件就平息了。前後不過半個月。但臺灣民眾卻過著驚恐的生活達數月之久。

地下組織與農民運動

廖清纏在日本留學的那段期間，恰恰是臺共自誕生、發展、瓦解的階段（1928-1932）。所以他與臺共黨人或組織並無關聯。臺灣光復以後，他既沒有接繫上進步人士，又沒有進步的書可讀。心情非常鬱悶。直到二二八事件之前，曾有幾面之誼的日據時期農運領袖簡吉帶著一個朋友來找他。那個他完全不認識的人，看起來大約三十七、八歲。簡吉介紹說，他叫張志忠，嘉義新港人，曾到過大陸參加中共領導的抗戰。對國民黨政權十分不滿，又惱於自己一個人力量單薄，無法有所作為，正苦思要用何名目來對應的廖清纏，因為簡吉和張志忠的到來而非常高興。張志忠談吐流利，條理清晰，與他談到在大陸抗戰的經歷，大陸的現況，以及解放區的新氣象等等。這對苦無機會瞭解大陸情況的廖清纏，頗有吸引力。他和張志忠談得相當投機。之後，張志忠就不定期來訪。他注意到，張志忠的兩個小腿肚像是人力車車夫般圓滾飽滿。張志忠就向他解釋說，大陸地大，路不多，經常都是拿著「南北針」走路工作。廖清纏說臺灣不一樣，交通發達，郵寄通信方便，發展工作，務必要小心。後來，二二八事件爆發了。張志忠就暫時沒再來找廖清纏。再後來，張志忠進行襲擊西螺分局的計畫，也因為廖清纏不是年輕小夥子，所以並沒有邀他參加。

西螺分局襲擊事件之後，張志忠又再不定期來拜訪廖清纏，並且談到發展組織的事。廖清纏知道張志忠是真正想做事的人，於是就將當初提議組織「三民主義青年團」的幾位青年帶進來，一同讀書，研討馬克思主義及時事。他首先介紹的是在鄉公所任職總幹事的鍾心寬，接著是任教二崙國校的廖學霖，但是並無正式團體名稱。過了一段時間，張志忠改為定期來訪，並在談吐中隱約透露欲吸收他們加入組織的意向。廖清纏因為對大陸現況的認識還很模糊，也因為自己的出身成份與日據時代的經歷而有所猶豫。但是，年輕熱情的鍾心寬和廖學霖十分認同張志忠的理念，於是在革命形勢大好的鼓舞之下，率先加入組織。兩個多月後，廖清纏才由他們介紹參加，三人成立一個小組，通過共同學習來加深理論基礎，並發展強化組織。到了一九四八年秋天，二崙地區已經在學校、公所、水利會及農會等行政機關發展了五個小組（小組成員三至五人），並且按照三個小組以上成立一個支部的組織方式，成立了一個支部，由廖清纏與鍾心寬、廖學霖、廖學信等四人為核心。

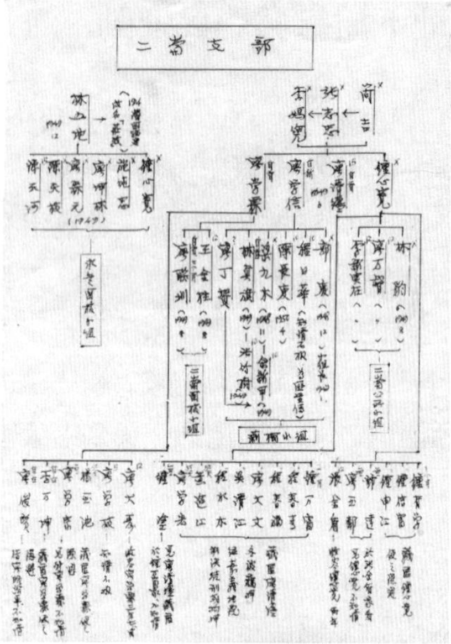

廖清纏晚年手繪的二崙支部組織系統圖。

同年十月，廖清纏隨同臺南縣參議會大陸考察團，前往長江三角洲京滬杭一帶視察，前後一個月左右，行程是臺灣→上海→武進→鎮江→南京→無錫→上海→杭州→上海→臺灣。初游內戰方酣的祖國大陸，他感想不少，感觸頗深：一是儘管共軍已經打到徐蚌，國府敗色已濃，奢華的上海仍然一片升平氣象，處處笙歌酒色，巨賈豪門今朝有酒今朝醉，絲毫嗅不出戰爭的氣氛。二是無錫的繅絲工廠規模宏偉，機器新穎，但是一大群七、八歲的女童工，個個面黃肌瘦營養不良。三是無錫巷口黃昏時刻排隊而立的妓女，以及上海百貨公司頂樓的「野雞市場」。四是下關海軍子弟學校及南京府前寺廟內中學的教學設備簡陋，操場尤其狹窄。五是長江三角洲雖是中國首善之區，但離公路不遠處都是羊腸小徑，亦無水電設施，呈顯一片落後的景象……等等。這些印象更加堅定了他參加革命的決心。

年底，張志忠又親自帶一個叫做李媽兜的同志來二崙，接任他的領導工作，與廖清纏、廖學霖、廖學信及鍾心寬等四人開支部會議。為了安全的保護措施，他都會帶一個女孩子同行，但同車絕不同坐，重要文件一定交給她攜帶。廖清纏只知道李媽兜是臺南縣人，也在大陸參加過抗戰，其餘所知不多。

一九四九年元旦，陳誠擔任臺灣省主席，二月四日公布要實施「三七五減租」，四月十九日公布《臺灣省私有地租佃管理條例》。省府及其地政局隨即實施該條例規定的「三七五減租」：限定耕地租額最高不得超過收穫物全年總量的百分之三十七點五，原約地租不及此數者依原約。至於百分之三十七點五的計算方式如下：佃農保留收成的百分之二十五，餘下的百分之七十五由地主和佃農對分，則地主所得地租的限定最高額為百分之三十七點五。

李媽兜向二崙支部所屬同志傳達了主要任務：一是組織讀書會，學習馬列主義，培養積極分子，壯大革命陣容。二是積極落實國民黨政府推行的三七五減租政策，幫助廣大佃農爭取實質權益。三是堅守各自崗位，做好本份工作，擴大群眾基礎，迎接解放。關於學習方面，他們提出「學習是權利，也是義務」的觀點，由組織源源不斷供給各種小冊子、雜誌、報紙等，輪流閱讀，並加討論，同時實地深入鄉村，推動青年展開讀書會、夜校、歌詠會、遊藝會等各種活動，從中發現積極分子，進行教育，準備吸收。一時風氣蓬勃，充滿了希望。

關於推行三七五減租的工作，他們認識到：在大陸全面潰敗的國民黨政權痛定思痛，不實施三七五減租則無法收攬民心，立足臺灣。他們於是決定順勢提出「農民的利益就是我們的利益」，喚醒佃農的階級意識，去爭取自己的福利。他們知道，部分地主為向金融機關高額融資，往往虛報土地等則（例如二崙鄉公館村廖姓大地主即疏通關係將「河川地」虛報為「既登錄地」），據此向西螺商工銀行貸款。因此，如果照土地公帳的等則去定三七五租約，佃農非但未蒙其利（例如四則田規定收量一萬臺斤，但因長期戰爭，人力、物力、畜力、肥料等不足，實際收量大都在五、六千臺斤左右），反而要負擔更多的租額。另外，國民黨實施這些政策，依據的是日據時期有關土地的「地目」、「等級」、「收量」等資料。但日人制定等則的土地實收量不一定相同，課稅乃收穫量的百分之幾，相差影響不多。而租佃卻是收量的十分之幾，影響太大。如此不合理、不實際的實施方式，完全澆息了農民先前的喜悅與興奮；代之而起的是不滿和怨怒。為此，他們必須對文化低、孤立無援的佃農仗義執言，主持公道，協助佃農與地主訂定符合實際情形的租額。他們於是在全鄉組織三個「稻穀實收量鑒定小組」，由公所、學校、警所、租佃委員（地主、佃農、自耕農）等各一人組成，到有糾紛的田地實地勘查，並與「調解委員會」（廖清纏擔任主席）現場公證土地等級與實收量的判定，然後依據地主前兩年開立的實際收成數的租額，以三者平

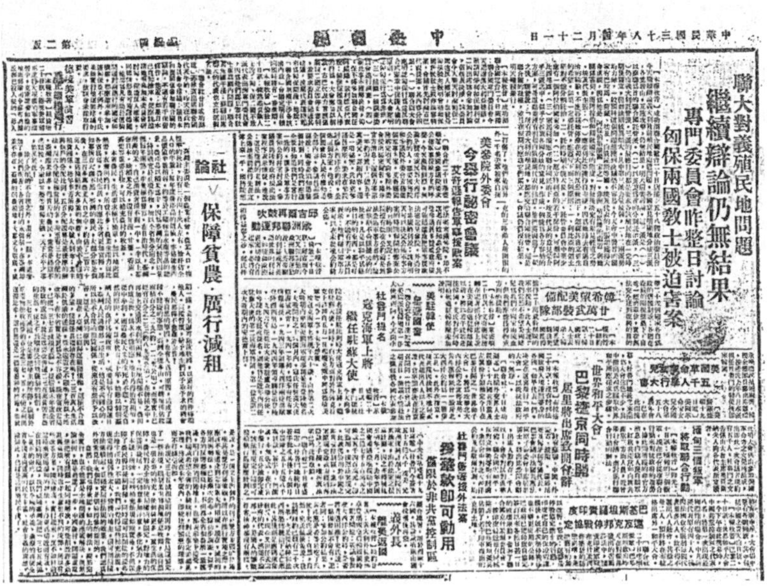
中央日報

聯大對義殖民地問題

繼續辯論仍無結果

專門委員會昨整日討論

匈保兩國教士被迫害案

社論

保障貧農·厲行減租

一九四九年四月二十一日《中央日報》宣傳「三七五減租」的社論。

均的數量，作為新的三七五減租的依據，以求公正，免使佃農吃虧，也讓地主官員沒話說。然而，他們採取如此客觀的作法推行三七五減租，還是引起貪婪無厭的地主不滿，紛紛採取關說、脅迫，甚至投書密告說二崙鄉有共產黨，無所不用其極。

儘管如此，同年七月，二崙鄉的「三七五減租」工作基本完成。他們不但未發生問題，還被虎尾區長林金生譽為全省模範。此外，他們還特別針對與農民關係緊密的學校、公所、農會、水利會的人員，加強擴大組織的宣傳與運動。

藏匿甘蔗園兩年

一九四九年十月，中華人民共和國成立。正當廖清纏及其同志們受到革命勝利的大好形勢鼓舞時，二崙國校小組突被檢舉，廖學霖及廖某幸脫羅網，但是王金柱老師卻被捕了。所幸「隔代斷音容」，單線聯繫的領導，避免了全部組織被牽連。自此以後，他們更加提高警惕，支部也暫時停止吸收同志，小心觀察事態的變化。廖清纏與鍾心寬則設法後援轉入地下的廖學霖。

同年十二月國府撤退來臺，並大事逮捕處決異己分子。年底之後，李媽兜與他們的領導聯絡也斷絕了。

一九五〇年六月二十五日韓戰爆發，美國第七艦隊封鎖臺灣海峽。亞洲的局勢，尤其美、中、臺的關係發生根本的變化。瀕臨滅亡的蔣介石政權死裡逃生，隨即以所謂「土地改革」收攬民心，並把臺灣的行政區域由原來的七縣改為十六縣，實施「地方自治」，縣市以下行政首長及民意代表均由普選產生。

一九五一年，廖清纏當選雲林縣第一屆縣議員，同時也是二崙鄉農會主席。調查局於縣議員林異醫師家設雲林站。由於分散全國各地的特務集中來臺，全省各地的地下組織陸續被破壞。氣氛越來越緊張了。五月二十五日，立法院通過《三七五減租法》，將「三七五減租」固定化。

同二十五日午後，廖清纏正在斗六縣政府召開縣公庫檢查小組會議，二崙農會的同事突然打來電話，向他報告說農會總幹事廖我被抓走了，希望他到虎尾瞭解情況。他知道情況不妙，立即設法離開議場。可他認為，廖我雖是他臺南二中晚兩屆的學弟，但思想路線不同，被捕應該只是一般小糾紛，與組織無關。再加上，他沒有搭上到虎尾的車，於是趕回西螺。回到家後，農會四、五個同事就來找他，轉述廖我被捕的情形，說抓了一卡車的人，廖我提出要返辦公室取衣卻被拒絕。正當他與農會同事商討如何營救廖我的時候，鍾心寬的大哥來找他，私底下告訴他說：問題嚴重，心寬在隔壁村甘蔗園等你。他隨即支開農會同事，前往蔗園。鍾心寬告訴廖清纏，說他看到與廖我同時被逮捕的卡車上有莿桐小組的郭慶等許多關係人。鍾心寬因此判斷組織已經暴露，並提議一起逃亡到阿里山麓他哥哥鍾有學的命相館。廖清纏對鍾有學的情況不瞭解，擔心兩人躲在一起而雙雙被捕，因此未予同意。他告訴鍾心寬，事已至此，還是各自逃路較好，不要讓警特「一個坑捉兩隻」。鍾心寬接受他的意見，於是分道揚鑣，躲進了山裡。

廖清纏回到家，立即燒掉一些進步書刊，並將日本人遠藤贈他的一把蕃刀藏在古亭畚下，然後在大廳門口與同枝棲守了十四年的妻子告別。在此之前（四月三十日），已經育有五個子女的廖妻因異常妊娠而墮胎，身體虛弱。在寂靜的夜空下，在蟲鳴唧唧聲中，他雙手捧起產褥中的妻子的額頭，吻了一下，不捨地說：孩子託妳了。不是我無情，實在是情非得已……。他隨即匆匆離家，開始為期兩年的逃亡生活。

當晚，廖清纏首先躲到西螺鎮河南里農民鍾萬福家，由他供應膳食，遇有警察查戶口時則躲藏在天井上，汗流浹背。六月二十一日，終因該處無隱密性，轉由同里農民鍾塗掩護，躲進甘蔗園，並由鍾塗送三餐。但是，如此頻繁進出，容易引人注意，實在危險，就改成一次送兩餐，後來又改成一次送三餐。到了九月，甘蔗收割，他又轉由同鎮福田里農民程春亨掩護，躲進另一處蔗園。因天氣悶熱，往往不到晚上，飯菜都已酸臭，程春亨於是給他買了酒精爐自炊。他也經常捕捉周遭的老鼠、蚱蜢，乃至於身旁盤旋的蛇煮食。他又擔心甘蔗園中升火容易引燃火災而暴露行蹤，於是就用鐵板搭蓋了一間長約七尺，寬有四尺二的小寮。他也在此讀了《三國演義》《水滸傳》《紅樓夢》等書。

十一月三日，廖清纏的妻子因產褥虛弱，加上煩惱恐懼，不幸病逝。他得知噩耗，雖然心中悲痛，卻不能回家探望亡妻一眼。儘管如此，二崙街巷後來卻傳言說他在出殯那天，假扮成婦人模樣，站立路旁，默默送別妻子。

時序進入一九五二年。

一月，同樣因為甘蔗收割，程春亨又把廖清纏轉移到自家牛欄，用大約六尺寬，八九尺長，高七尺的竹子搭架，周圍再用曬乾的甘蔗頭遮掩。如此，不知情的人自外觀看，只當那是存放甘蔗頭的地方。然而，不到一個月，程春亨考慮到他家太近路邊，而且廖清纏曾被兩位婦人看到，有危險，於是又把廖清纏轉移給他哥程春福掩護，安置在同里較偏僻處的田頭草寮。其間，廖清纏曾因出寮吸煙，被路過的二崙人看到，於是自剃光頭易容。到了三月，插秧期到了，出入的人多。程春亨又把廖清纏轉回自家牛欄掩

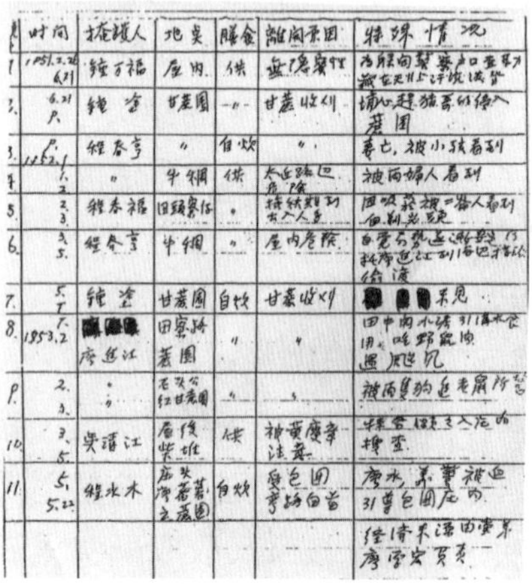

次	时间	掩護人	地点	膳食	離開原因	特殊情况
1	1951.2.22 6.21	[illegible]	屋内	供	[illegible]	[illegible]
2	6.21 8.	鍾塗	甘蔗園	〃	甘蔗收割	[illegible] 蔗園
3	8. 1952.1	程春亨	〃	自炊	〃	妻亡，被小孩看到
4	1. 2.	〃	牛棚	供	太近路邊危險	被兩婦人看到
5	2. 3.	程春福	田頭寮仔	〃	[illegible] 出入人多	[illegible]
6	3. 5.	程春亨	牛棚	〃	屋內危險	[illegible]
7	5. 7.	鍾塗	甘蔗園	自炊	甘蔗收割	[redacted] 未見
8	7. 1953.2	[redacted] [illegible]	田寮跨蔗園	〃	〃	[illegible]
9	2. 3.	〃	[illegible]	〃	〃	[illegible]
10	3. 5.	[illegible]	屋後柴堆	供	[illegible]	[illegible] 搜查
11	5. 5.22	程水木	[illegible]	自炊	[illegible]	[illegible]
						[illegible]

廖清纏晚年手繪的逃亡經過表。

護。廖清纏自覺局勢逐漸安定，於是托二崙鄉安定村農民廖進江到海邊接洽偷渡的漁船。事情未果。五月，他考慮到躲在程家牛欄的危險性高，於是又躲回鍾塗的甘蔗園，自炊維生。七月，甘蔗收割。他再轉安定村田寮路蔗園，由廖進江掩護。

時序就這樣進入了一九五三年。

年初，當地刑警自廖學霖宅搜出一九四六年成立的「二崙鄉愛國青年會」會員名冊，隨即根據名冊抓了數十名青年，集中在西螺分局。分局長強迫他們動員家人，協助警方搜捕廖清纏與鍾心寬、廖學霖等歸案，否則以參加非法組織問罪。儘管如此，二月，甘蔗收割的時候，廖進江又將廖清纏轉移到石頭公紅甘蔗園。三月，廖清纏又因為甘蔗收割，再轉移到同村農民吳清江家屋後柴堆躲藏。

三月十一日，調查局編印《臺灣地區在逃叛亂匪犯通緝總名冊》，廖清纏與鍾心寬分列第三與第五號。

四月中旬，廖清纏與鍾心寬、廖學霖三人的照片被印成傳單，於村民大會散發，鼓動民眾檢舉。那批被捕的青年為求平安無事，終被警方動員起來，包圍頂茄塘廖清纏

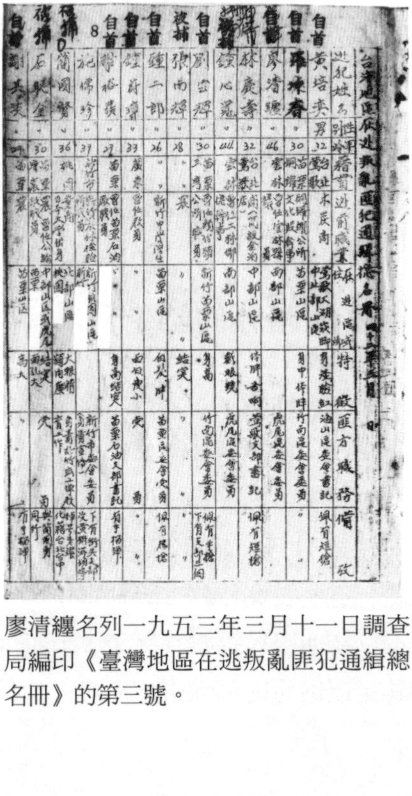

廖清纏名列一九五三年三月十一日調查局編印《臺灣地區在逃叛亂匪犯通緝總名冊》的第三號。

家，並恐嚇威脅他的家屬。他們甚至動員婦女到廖家咒罵哭鬧，弄得雞犬不寧。廖清纏的次男也被老師叫到講臺，當眾辱罵他是「共匪的兒子」。幾個掩護過廖清纏的親友陸續被傳去訊問恐嚇。為此，廖清纏年邁的母親只好把廖進江叫來，要他挖個深坑，把廖清纏活埋滅屍，免得連累別人。

風聲鶴唳。

五月，廖進江因為特務頻頻出入庄內搜查，廖清纏又被某村民看見，於是聯繫同村農民程水木，掩護廖清纏，轉移到農民廖番薯的庄頭蔗園，由堂弟廖學宏負責經濟來源。但是，同月二十一日晚上，安定村義警廖水被迫引導斗六刑警隊警察包圍庄內。午夜，安定村農民廖大丈突破刑警及青年的包圍，來到庄頭蔗園，告訴廖清纏說：刑警逼迫進江帶路來抓你。他故意引開，帶到庄尾蔗園。但他們找不到你，一定會到這邊來。事不宜遲，你趕快離開吧。廖清纏抬頭遠望，果然看到西邊燈火點點。他知道自己已經無路可逃，於是沿著鐵路東行，清晨四點左右，終於走到西螺警察分局投案。

自恥而喑啞的餘生

廖清纏辦了手續之後，那些警察特務告訴他，在他藏匿的前半年，他們向他的親朋好友，乃至於市井菜販、算命郎中，到處查詢；甚至也曾像狗一樣潛藏在臺南他一位同學家的屋頂上好幾個月，並且不時騷擾；結果都打聽不到他的行蹤。因此，這些警察特務直說他很厲害！不簡單！他們又說，他們原本以為他已經逃離臺灣了，但是斗六一位名叫陳篡地的醫生被其兄招供而從墓地引出之後，他們才又判斷他可能仍然留在臺

晚年的廖清纏在頂茄塘路標前（藍博洲攝）。

灣。為此，時任臺灣省議會副議長的雲林籍特務頭子林頂立，還刻意在省議會傳播「廖清纏被捕」的消息，引起雲林地區民眾的好奇熱議。結果，廖進江還在街頭被問及此事。幸虧他機警，廖清纏才免於因此被捕。

同五月二十二日下午，廖清纏被移送斗六刑警隊。經一週後，他風聞鍾心寬被捕的消息。

六月一日，廖學霖在被捕後自新轉變為調查局特務的廖學信與二崙鄉長廖水共同策劃下，向調查局雲林站自首，並且經不起調查特務甜言蜜語及殷勤溫暖的招待，而「知無不言」，「言無不盡」，甚至如他自己所說「連腸仔肚都挖出來了」。不多久，虎尾糖廠附小的校長王冠民（廣東高師畢）、教員駱某及臺南中華日報社的某記者及其女友王瑜等人，也都成了階下囚。他自己則被送到新竹少年監獄管訓五個月後釋放。

其後，九位掩護廖清纏的農民一起投案。他們都知道廖清纏的背景而幫助他藏匿。在藏匿期間，廖清纏曾和他們約定，倘若日後被捕，絕不牽連他們。事實上，兩年期間，他能在家鄉頂茄塘方圓二公里的區域內躲過特務警察的搜捕，的確是個奇跡。他知道，這都是因為九位親友的掩護之功。患難見真情。他因此深深體會到農民的純樸忠厚及其可靠性。也因此，在偵訊中，他不得不提到他們的名字時，也都會解釋說他們對他的背景毫不知情，以為他是為了經濟問題在「跑路」，之所以肯幫助他，是因為肯定他的平日為人。結果，他們後來也無一人受到連累。

在斗六刑警隊十幾天後，廖清纏與同案一行被押送北上。臨行前，廖清纏的兩位好友想要保他出去，說他是自首的，應該可以保釋。但是斗六刑警隊不肯，理由是他自首不乾淨，沒有誠意，意思就是怪他沒有牽連幾個人來讓他們槍斃立功。到了臺北車站，刑警就把他扣上手銬，解送刑警總隊（即日據時代北署）。又十幾天後，他被轉與鍾心寬同房，因而悉其被嘉義刑警隊逮捕的經過。

在刑警總隊一個多月後，廖清纏又被轉送保安處（即原東本願寺），在又熱又暗的牢裡熬過一個猛暑。

七月三日，情治人員林炳陽發文電告保密局特務谷正文等五人，撤銷已自首的廖清纏與已緝獲的鍾心寬等十二名「在逃匪犯」的通緝。

晚秋，廖清纏與同案再被移到臺北市青島東路，原樺山驛改造的軍法處看守所。

一九五四年四月十六日，經軍事檢察官蕭與規提起公訴，由審判長周咸慶與審判官殷敬文和彭國墳組成的臺灣省保安司令部軍法合議庭判決：廖清纏與鍾心寬同被裁定「意圖以非法之方法顛覆政府而著手實行」，但鍾心寬判處死刑，廖清纏則處有期徒刑十五年褫奪公權十年。兩人的「全部財產除酌留其家屬必需之生活費外沒收」。而曾經掩護廖清纏的鍾萬富、程春亨、程春福、廖大丈、吳清江、程水木、廖進江、廖學宏則「公訴不受理」，鍾塗「無罪」。（他們後來被轉案到嘉義地方法院，以包庇普通經濟犯的罪名起訴，各判處罰金一百五十至三百銀元。）

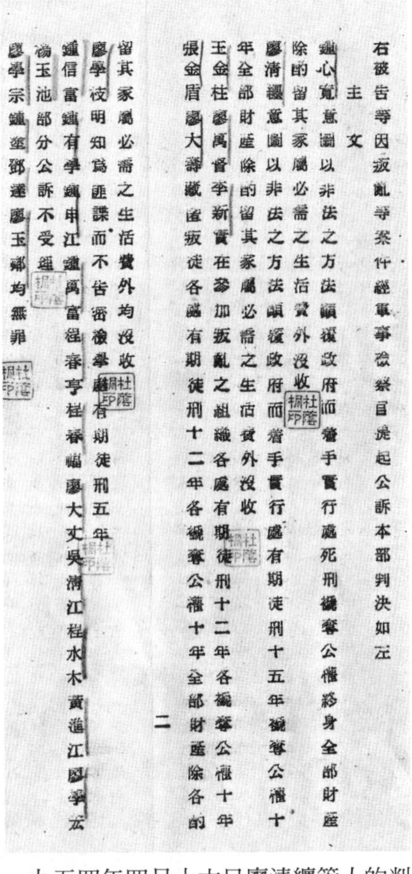
右被告等因叛亂等案件經軍事檢察官提起公訴本部判決如左

主文

鍾心寬意圖以非法之方法顛覆政府而着手實行處死刑褫奪公權終身全部財產除酌留其家屬必需之生活費外沒收

廖清纏意圖以非法之方法顛覆政府而着手實行處有期徒刑十五年褫奪公權十年全部財產除酌留其家屬必需之生活費外沒收

王金柱廖萬督李新賓在參加叛亂之組織各處有期徒刑十二年各褫奪公權十年

張金盾廖大壽藏匿叛徒各處有期徒刑十二年各褫奪公權十年全部財產除各酌留其家屬必需之生活費外均沒收

二

廖學枝明知為匪諜而不告密檢舉處有期徒刑五年

鍾信富鍾有學鍾申江鍾萬富程春亨程春福廖大丈吳清江程水木黃進江廖學宏湯玉池部分公訴不受理

廖學宗鍾塗鄧達廖玉鄰均無罪

一九五四年四月十六日廖清纏等人的判決主文。

五月二十七日，參謀總長陸軍一級上將周至柔檢呈蔣中正核示判決結果。六月七日，參軍長桂永清閱後呈蔣。六月十日，蔣中正批示「如擬」。

一九五五年，廖清纏被移送新店安坑軍人監獄。軍監分為五個監，禮監關軍事犯，仁、義、智、信關政治犯。他在仁監

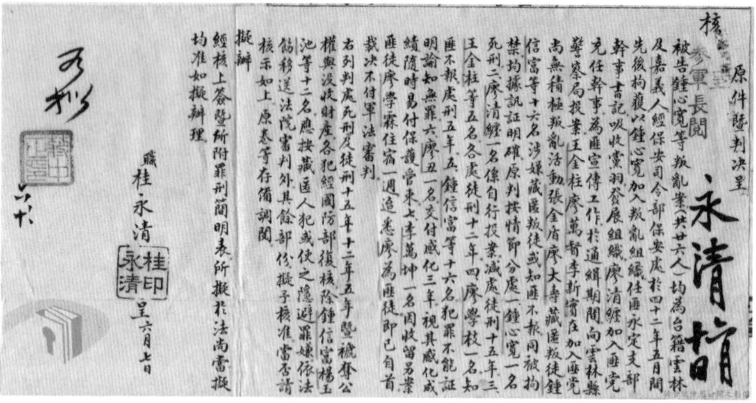

核
參軍長閱
原件暨判決呈
永清 簽

被告鍾心寬等叛亂案（共廿六人）均為台籍雲林
及嘉義人經保安司令部保安處於四十二年五月間
先後拘獲以鍾心寬加入叛亂組織任匪永定支部
幹事書記吸收黨羽發展組織廖清纏加入匪黨
充任幹事為匪宣傳工作於通緝期間向雲林縣
警察局投案王金柱廖萬智李新富在加入匪黨
尚無積極叛亂活動張金盾廖大壽藏匿叛徒鍾
信富等十六名涉嫌藏匿叛徒或知匪不報同被拘
禁均據訊証明確原判按情節分處一鍾心寬一名
死刑二廖清纏一名係自行投案減處徒刑十五年三
王金柱等五名各處徒刑十二年四廖學校一名知
匪不報處刑五年五鍾信富等十六名犯罪不能証
明諭知無罪六廖丑一名交付感化三年視其感化成
績隨時易付保護管束七李萬坤一名因收留另案
匪徒廖學霖住宿一週迨悉廖為匪徒即已自首
裁決不付軍法審判
右列判處死刑及徒刑十五年十二年五年暨褫奪公
權與沒收財產各犯經國防部復核除鍾信富楊玉
池等十二名應按藏匿人犯或使之隱避罪嫌依法
飭移送法院審判外其餘部份擬予核准當否請
核示如上原卷等存備調閱

擬辦
經核上簽暨所附罪刑簡明表所擬於法尚當擬
均准如擬辦理

職 桂永清 桂永清印 呈 六月七日

如擬
蔣中正
六、十

一九五四年六月十日蔣中正批示「如擬」。

第七號押房。每間押房約十五平方公尺大，關了二三十人。一日兩餐，上午九點半至十點，下午四點半至五點，但不一定準時。每日上下午規定各三十分鐘放封，但得視獄卒的情緒而定。獄方為使受刑人彼此猜忌，時常互換監房。他在軍監罹患胃疾及肺結核，健康甚差。但鬥志不滅。

一九五九年六月十五日，廖清纏與其他難友被押到基隆港碼頭，兩人扣在一起被裝入運炭船，經兩天到達孤懸太平洋的火燒島，再押到專關政治犯的綠島新生訓導處（一九五一年成立），編屬第三大隊第九中隊，在此度過六年又五個月思想改造與勞動生產的歲月。這段時期，他得知，長男為了照顧家務高中畢業就結婚成家。但是他們卻隱瞞不讓他知道：一九六四年冬夜，他那年逾八十的母親不幸死於禦寒用的「火籠」引燃棉被的火災。

一九六五年十一月二十二日，廖清纏與綠島新生訓導處的政治犯被轉移到臺東縣東河鄉泰源感訓監獄。此時監獄內人犯

一九八九年八月二十日廖清纏與筆者（林靈攝）。

約有一千人左右，管理方式與新店軍監略同。不同的是：日進三餐，無期徒刑人犯編為外役生產班，另外就是已有不少主張臺獨的分子。

一九六八年五月二十二日，在泰源感訓監獄拘押兩年半後，時年六十一歲的廖清纏刑期屆滿，並於上午九時獲得釋放，結束了十五年的獄囚歲月。儘管他在當年沒有招供任何人，使之受到牽累迫害，甚至因此讓那些抓捕他的特務無法記功領賞，因而在既往不究的「自首」之後仍然被判了十五年徒刑；儘管他是在組織被破壞，藏匿兩年，無路可走的情況下才不得不出來「自首」。但他認為，對一個革命者而言，「自首」終究是可恥的，從此以後，自己就是一具會吃飯、會說話，卻沒有資格談論政治的活著的死屍。

因此，在有話不能說恐怖猶存的政治氣候下，再加上自認為自己是一個可恥的「自首者」，廖清纏先生從未向任何人談過當年的往事，一直到一九八九年八月二十日，他才在事隔多年之後，為了不讓自身經歷的臺灣近現代的反帝抗爭史被時間的煙塵湮沒，於是向循線探訪臺灣民眾抗爭史而輾轉來到雲林二崙他的三合院古厝的我，開始述說那段歷歷在目的歷史證言，一直持續到他過世為止。

——二〇二一年十一月十二日定稿

臺灣民眾黨秘書長
陳其昌
（1905-1999）

晚年的陳其昌與臺灣民眾黨黨旗（何經泰攝）。

日據下的一九二七年七月十日，從臺灣文化協會分裂出來的一批舊幹部在臺中舉行「臺灣民眾黨」成立大會。一九二九年，從日本返臺的陳其昌通過謝雪紅介紹認識蔣渭水，並受邀擔任臺灣民眾黨秘書長兼組織部主任與中央常務委員，投入日據臺灣的反殖民運動，前後一共被捕入獄十四次，為其個人生命在近代臺灣反帝運動史上譜下後人不可忽略的一頁篇章。

一九八七年三月九日，陳老先生初創《遠望》雜誌。我在臺北市南京西路舊淡水線鐵路邊一條陋巷裡頭的一間民房，第一次採訪了被人們遺忘的陳老先生。其後，我和老先生做了無數次正式和非正式的訪談。其間，他因為對民進黨的臺獨主張不滿，還一度想要變賣祖產重組臺灣民眾黨，並邀我擔任秘書長。一九九九年十二月二十九日，陳老先生因病逝世，享年九十五歲。

從汐止到杭州

一九〇五年，也就是日本占領臺灣的第十年，陳其昌生於臺北州七星郡汐止街一個小地主家庭。祖父是前清秀才，非常重視子弟的民族教育，在祖厝大廳辦了一所私塾。他從小就跟著祖父學漢文，也因此打下留學大陸的漢文基礎。一九二〇年簡易商業學校畢業後任職新高銀行，負責記帳業務，整日過著數鈔票的日子。

青年陳其昌。

一九二一年十月，臺灣文化協會成立。隔年，也就是一九二二年，因為不滿日本殖民當局差別待遇的民族歧視，十七歲的陳其昌毅然辭去銀行工作，隻身前往祖國大陸求學。他在杭州補習一段時間的國文與英文，然後插班進入杭州第一中學（浙江省立第一中學校）就讀。那段期間，他和比他晚到杭州的臺灣同鄉——就讀杭州私立十三中〔謝雪紅晚年回憶說是杭州一中〕的林木森（順）、跟隨夫婿張樹敏到上海旅遊時受臺灣無政府主義者范本梁影響而逃脫到杭州就讀蠶絲學校的謝飛英（雪紅），以及一位喜歡思索哲學問題的姓何的臺中青年，共同租住在一棟兩層樓民房的一樓，其中三個男生共住一間，謝雪紅自己單獨一間。二樓的房客黃中美表面上是「國民黨浙江省黨部」負責人，屬於國民黨左派，其實是「中共黨員」，因此國民黨浙江省黨部「除了一個做飯的文盲以外」，統統「都是共產黨員」。

一九二三年十一月，中國國民黨改組，改採「聯俄、聯共、扶助農工」政策。後來，陳其昌和謝雪紅及林木順三人就通過黃中美的勸誘與介紹，共同加入國民黨（左派）。

投入五卅運動行列

一九二五年一月中共四大以後群眾運動蓬勃發展，上海、青島的日本紗廠工人先後組織數萬工人舉行大規模罷工鬥爭，但也遭到日本帝國主義和北洋軍閥的鎮壓，工人顧正紅遇難。上海租界當局對顧正紅被殺事件，不但不依法追究，反而禁止上海各報刊載真相，並禁止工人集會，甚至還逮捕了罷工工人。五月三十日，上海學生兩千餘人抗議日本紗廠資本家鎮壓工人罷工、打死工人顧正紅，而在租界散發傳單，發表演說，聲援工人，並號召收回租界，結果被英國巡捕逮捕一百餘人。下午，一萬多名群眾聚集租界南京路老閘巡捕房門口，高呼打倒帝國主義等口號，要求釋放被捕學生。英國巡捕竟開槍射擊，造成震驚中外的「五卅慘案」。六月一日，上海總同盟罷工開始，二十餘萬工人罷工，五萬多名學生罷課，絕大部分商人也都罷市。七日，上海工商學聯合委員會成立，提出撤退駐滬英國陸海軍、取消領事裁判權、懲凶、賠償等十七項交涉條件。

「五卅慘案」的消息迅速傳遍全國。北京、漢口、杭州等五百個左右大中小城市先後爆發「三罷」鬥爭，聲援上海人民的反帝鬥爭，從而形成了更大規模的五卅反帝愛國運動，嚴重打擊了帝國主義，大大提高了中國人民的覺悟，掀起了全國性的反帝鬥爭浪潮。在英國帝國主義繼續援用武力政策壓迫反帝運動下，漢口、九江、廣州沙基、重慶與南京等地又陸續發生了一系列的衝突或慘案。

浙江省立杭州第一中學也立即召開大會響應。

來自殖民地臺灣，做為日本殖民統治的奴隸的陳其昌，早就深感失去祖國眷顧的悲哀，來到祖國大陸，又在租界目睹了英、法、美、日帝國主義靠不平等條約統治中國的殘酷現實——在租界的中國人只有納稅的義務，甚麼權利也沒有。年輕的他早就對帝國主義心懷不滿的火種，有機會多讀了一點書後更認識到：英、法、美、日帝國主義占據了我們的海關，把進口稅弄得比出口稅輕，導致我們的國貨不振興，並將洋貨換了銀洋出去，因而搞得中國一天比一天窮；各個帝國主義通過借錢給軍閥而拿了鐵道、礦產種種權利；軍閥借了債，又向帝國主義流氓買軍械來打內戰，打得中國人民生命都難保；鴉片之毒，人人皆知，但鴉片販賣大本營就在租界等等。現在，他看到日本帝國主義殺了我們工人同胞，英租界巡捕房反而逮捕工人；學生要募捐救濟工人以免暴動，捕房又抓走學生。他知道，中國人平日對租界的暴政都敢怒不敢言，可這樣的壓迫，怎能不抱恨在心呢。表面上看起來，五卅慘案的起因好像是一個偶發事件，實際正是殖民主義者對中國人民一貫的蠻橫壓迫的具體呈現，使得中國人民積壓於胸的反帝怒火猛烈地爆發了。他於是毫不遲疑地投入一中的運動，並被推選為學校的兩名代表之一，參加杭州工商學聯合委員會，親歷了這個影響中國革命進程的愛國反帝運動，並在運動中得到鍛煉而政治熱情高漲，同時也影響了他一生所走的道路。

青年陳其昌與謝雪紅（後左一二）。

六月間，陳其昌、謝雪紅及林木順等幾名臺灣青年通過法政大學教授安存真（別名體仁）和在浙江省黨部幹事務工作的宣中宣兩人介紹，參加了共產主義青年團。七月間，他們三人由杭州調往上海，參加「五卅慘案救援會」的工作。救援會的內部名稱是「赤色救援會」（MOPL），屬於「國際赤色救援會」的中國分部。這段期間，救援會每天發給他們兩毛錢（或三毛錢）伙食費。謝雪紅食量小，還夠吃；但陳其昌與林木順兩個大男生就不夠吃了。有些吃不飽的人還因此經常跑當鋪。他們曾經幾次到工廠給罷工工人發放救濟金。有一次，他們三人和另外一位上海大學學生一同前往黃浦灘某工廠發救濟金，回程卻在路上碰到企圖搶劫餘款的工賊，那名大陸籍學生與工賊揪打，他們三人則大聲呼救，那名工賊於是趕緊逃跑。

從上海大學到日本大學

就在夾雜著鮮血與吶喊的反帝浪潮高漲的八月間，謝雪紅通過黃中美介紹，加入了中國共產黨。然而，在一九五〇年代白色恐怖期間曾經長期繫獄的陳其昌卻考慮臺灣的政治環境，始終不曾透露他是否也同時入了黨。

八月中旬，中共領導的上海總工會「為了保存力量和鞏固所取得的勝利」，決定堅持罷工三個多月的上海工人開始復工。

九月三十日，上海總工會遭到孫傳芳破壞。之後，黃中美向陳其昌、謝雪紅、林木順三人傳達要他們進上海大學學習的指示。

上海大學是一九二二年十月在國共合作的呼聲與統一戰線的旗幟下，國共兩黨共同在位於閘北西寶興路的上海私立東南高等專科師範學校的基礎上改組成立的。校長是支持孫中山改組國民黨，實行國共合作的辛亥革命元老于右任。隔年四月，于右任「為整頓校務起見」，經由上海震旦大學同學李大釗推薦，特聘北大文科畢業，化名鄧安石的「中國共產黨的創始人」、「五四運動重要領導人」、「工人運動先驅」鄧中夏為總務長，實際負責校務。鄧中夏在瞭解學校全面情況後，隨即抓緊「確定教育方針和目的要求」，「改革學校建制，草擬上海大學章程」，「聘請具有真才實學的學界人士來擔任教職」等三件大事，開展工作。

上大辦校的總體目標是「有系統地研究社會科學和發展形成新文藝系統、培養社會科學和新文藝方面的幹部，以達到改造社會的目的。」同一九二三年夏天，中共著名理論家瞿秋白應聘擔任教務長兼即將開班的社會學系主任。九月，「秋季開學」時，根據《暫行校則》新招社會學系一班。臺灣籍的許乃昌與李孝純同被錄取為「大學部：社會學系一年級」的「試讀」。一九二四年三月三十一日，《上海大學章程》經該校行政委員會第一次修正，其中「入學」一節規定：「凡男女學生曾在大學預科或高級中學畢業；或有相當程度，通過本校入學考試者，得入本校大學部各系。」「本校各班遇有缺額時，得招收特別生，入學酌量免試。其選修該班全部功課並通過平時及學期各種考試，成績在七十分以上者，得改編為正式生。」同年五月二十七日出版的《上海大學一覽》「社會學系」欄目記載，臺灣籍的學生計有：彰化街的許乃昌、臺北州七星郡（士林）的李孝純（試讀生），以及「特別生」蔡孝乾與張璞真。

一九二五年九月，陳其昌、謝雪紅和林木順也一同成為上海大學社會科學系「一年級特別生」。在瞿秋白主持下，社會科學系的課程以學習馬克思主義的基本理論為主，開設了辯證唯物主義和歷史唯物主義、私有財產及國家起源、通俗資本主義、科學社會主義等課程，闡述馬克思主義的學說。在教學上

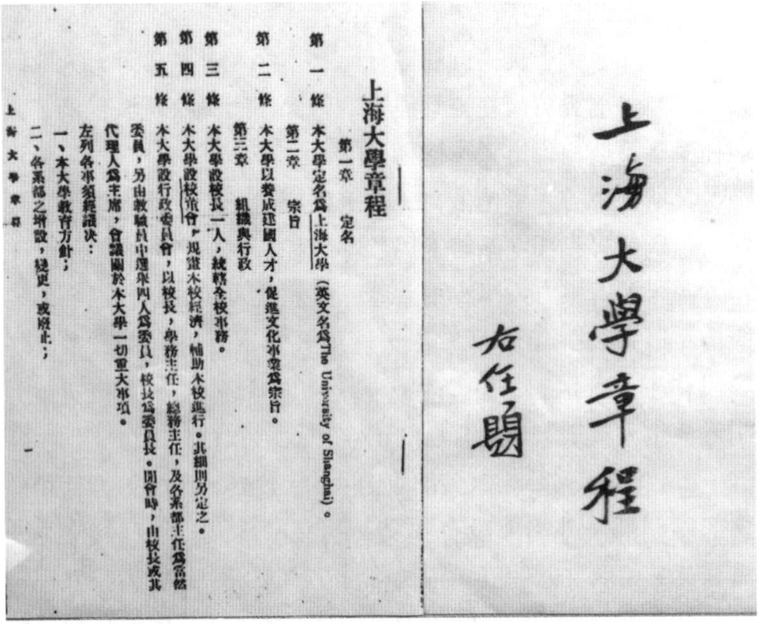

上海大學章程

右任題

上海大學章程

第一章　定名

第一條　本大學定名為上海大學（英文名為The University of Shanghai）。

第二章　宗旨

第二條　本大學以養成建國人才，促進文化事業為宗旨。

第三章　組織與行政

第三條　本大學設校長一人，統轄全校事務。

第四條　本大學設校董會，規畫本校經濟，輔助本校進行。其細則另定之。

第五條　本大學設行政委員會，以校長，學務主任，總務主任，及各系部主任為當然委員，另由教職員中選舉四人為委員，校長為委員長。開會時，由校長或其代理人為主席，會議關於本大學一切重大事項。

左列各事須經議決：

一、本大學教育方針；

二、各系部之增設，變更，或廢止；

上海大學章程

《上海大學章程》。

也注重勞動問題、農民問題、婦女問題的研究，著重用科學的方法整理中國史料的要求，在教學中貫徹了理論聯繫實際的方法。通過這樣的馬克思主義理論的教育，學生初步具有了觀察和認識社會的能力，許多學生也以上大為起點，走上革命的道路。

顯然，陳其昌、謝雪紅和林木順三位來自殖民地臺灣的青年，是受到「黨」刻意栽培的革命種子。他們三人也在組織的安排下，住在閘北四川北路底虹口公園附近一棟小洋房的三樓。樓房主人是一個剛從醫學院畢業、思想「很進步」的「麻子臉」醫生，他在樓下開了一家設備極不齊全的診所。除了他們三人，後來又有考進上大附中的臺籍青年林仲梓等三人，也搬來與他們同住。

十月間，黃中美又向謝雪紅、林木順和林仲梓等三人同時宣布：為了培養將來在臺灣建黨的幹部，組織決定派他們三人前往蘇聯莫斯科東方大學學習。

莫斯科東方大學是俄共（布）創辦的一所政治大學，主要任務是為蘇聯東部地區培養民族幹部和為東方各國培養革命工作幹部，簡稱東方大學。由共產國際派代表參加該校最高領導機構。一九二一年十月二十一日正式開學。學生來源多數是農民和工人，也有一些學生、職員和知識分子。學制初為七個月，後改為三年。設有黨的工作和政治教育、工會運動、經濟、行政法律等系。二〇年代中期，學校分為蘇聯東方部和外國部兩個部。外國部設有中文、朝文、日文、土耳其文、法文、英文和俄文七個班。瞿秋白曾在中文班主修社會學課程。一九二五年秋，莫斯科中山大學創辦，東方大學的部分教員和中國學生轉到中山大學。

「陳其昌也是黨員，黨在考慮派遣人去留學的名單上也有他，最後宣布時卻沒有。」謝雪紅《我的半生記》回憶並批評說：「陳其昌家裡經常給他匯一些錢來，在杭州時，大家就看出來他有自私的作風，個人會過好日子，思想開展很慢。這次赴蘇名單上沒有他，對他的情緒多少有影響。」對此，陳其昌向我解釋說，他原本也在黨預定的名單之內，因為生病，所以沒有勇氣前往蘇聯，最後宣布時就沒有他。儘管如此，十一月間，他還是在謝雪紅等人等待去莫斯科期間，跟著大家去拍了一張題為「歡送留蘇紀念」的照片。同月二十日下午，他又與同住的斗六籍青年林仲楓，以及一位韓姓朝鮮人，前往吳淞口碼頭，送謝雪紅和林木順等人，搭蘇聯的商船遠行。

一九二五年十一月陳其昌（後右二）歡送謝雪紅（前右二）、林木順（後右一）「留蘇紀念」的照片。

一九二六年七月九日，中國國民黨開始北伐。年底，陳其昌受到瞿秋白所說「日本的社會科學比較進步」的影響，決定從上海大學休學，前往日本，學習社會科學。

就讀日本大學的陳其昌。

一九二七年，陳其昌來到東京，進入日本大學法學部政治經濟學科就讀。與此同時，他也在課餘參加了中國共產黨東京特別支部組織的社會科學研究會活動。社會科學研究會的主持者是退出國民黨後赴日本早稻田大學第一高等學府學習的國民黨革命元勳廖仲凱與何香凝的兒子廖承志。同年四月十二日，蔣介石在上海發動「四・一二政變」。安存真教授遇害。同月十七日，武漢的國民黨中央和國民政府發表聲明，斥責蔣介石大屠殺的罪行，表示擁護孫中山的聯俄、聯共、扶助工農三大政策，繼續國民革命，並發布了《免蔣介石兼各職令》，與南京的蔣介石國民黨政權公開對立，史稱「寧漢分裂」。受到國內政局的影響，在日本的國民黨也分裂為寧漢兩派，對立得很厲害。日本總支部主要是「漢派」勢力，總共一千多名黨員，「社會科學研究會」屬此；而「寧派」只有一百多人。

一九二八年三月八日，陳其昌擔任社會科學研究會主辦的三八節紀念活動副指揮。寧派的國民黨軍官二十幾位（彭孟緝為其中之一）帶著武器前來鬧場，社會科學研究會的學生就以椅櫈當武器展開武鬥。事後，陳其昌因為暴露了臺灣人的身分而遭到日警當局追捕，在廖承志家躲了三個月後被捕，並被關了十幾天才釋放。

臺灣民眾黨秘書長

一九二九年春天，日本大學畢業後，陳其昌攜著日籍妻子安川薰返臺。

在此之前，一九二七年，臺灣島內反殖民運動團體已大體分裂為左右兩派。蔣渭水、蔡培火等舊幹部退出臺灣文化協會，並於七月十日在臺中舉行臺灣民眾黨成立大會。一九二八年四月十五日，臺灣共產黨在上海秘密成立。陳其昌的老同志

一九二九年陳其昌（後右三）日本大學畢業照。

謝雪紅與林木順成為建黨的兩名主幹。五月十七日，謝雪紅因上海讀書會事件被日警捕押回臺；六月二日釋放。六月十七日，民眾黨因中常委彭華英辭職，蔣渭水和蔡培火兩派內訌表面化。七月十五日第二次黨員大會以後，彭華英退黨，林獻堂、蔡培火等人不再參加黨的實際活動，蔣渭水一派掌握了黨的領導權。

一九二九年二月五日，謝雪紅在臺北開設國際書局。同月十二日，臺灣農民組合被檢舉；謝雪紅再度牽連被捕。大約就在謝雪紅再度被捕之前，陳其昌通過謝雪紅與楊克培介紹，認識了領導民眾黨的蔣渭水。蔣渭水極力說服陳其昌加入臺灣民眾黨，並內定為該黨秘書長。陳其昌認同的是新文協或臺共。可他夫婦每月生活費至少需要五十圓，他又不願再仰賴已經變成殖民當局御用仕紳的父親供給，為了解決現實生活基本的經濟問題，他最終答應參加資源比其他社運團體多，可以支付工資的民眾黨。

五月二十六日，臺灣民眾黨中央常務委員會通過蔣渭水推薦陳其昌為該黨組織部主任一案，並決議：即刻實施部主任適用標準費；加交十五圓，作為部主任交際費；規定部主任出差費一天為五十錢。接著，該黨中央執行委員會也承認陳其昌為中央常務委員。同月三十日，陳其昌與蔣渭水就被日警當局約談，警告不得懸掛模仿中國國民黨黨旗的民眾黨黨旗。

六月二日，陳其昌出席竹南勞動青年會發會式，演講時受到正式臨監而被中止。

七月十二日，臺灣民眾黨發布《有關吾黨對土地政策之態度》，宣稱：「昭和三年（一九二八年）十月總督府當局之內訓謂：『禁止撥售處分全島官有地之問題已於八日解禁，除已編入拓殖會社預定地以外之土地可撥售與地方團體，充當街庄之基本財產，尚有剩餘之地域應撥售給具備適當條件之一般民間』。但此項廣大土地原來為耕作農民之所有，有曾被洪水流失之土地或河川沿岸之浮覆地，當然應撥還給原所有者或貧困農民，令其繼續耕作下去。然則當局無視於輿論，確立違背民意之政策，以廣大之土地撥給大資本家團體之拓殖會社及其他資本家（目前多數資本家正在進行承售活動），偏護營利會社及資本家，却不顧多數農民之生存。會社及資本家復將該土地轉租農民，站在中間搾取農民之血汗。我黨不能坐視傍觀如此搾取農民之欺瞞政策，斷然蹶起極力反對，期能廢滅一切中間搾取機關及制度，貫徹本黨之主張與政策。故各支部應注意探查各地方之實況，趁此機會努力發動揭發運動。」二十五日晚上，陳其昌與蔣渭水等幹部七人前往汐止支部講演，一下車，

一九二九年七月十八日臺灣民眾黨組織部六月份工作報告通達書。

即被七星郡守暨警察課長「檢束」。第二天，他們斷然拒絕寫「以後絕對不繼續開反抗的講演」的保證書而再被檢束。第三天，他們仍然拒絕答應以後不可再開講演，警察當局也無可奈何，黃昏時終於釋放陳其昌等人，獨留蔣渭水一人。拘押期間，陳其昌的夫人每天都從臺北通勤來照顧他們，拿毛巾給他們洗臉，拿汽水、西瓜給他們止渴，拿新聞給他們看，拿扇子給他們搧風；無微不至。其他人都感嘆說娶了這日本婦人，像遇著這回事就夠值了。

八月七日晚上，陳其昌在臺灣民眾黨苗栗支部在苗栗文昌祠舉辦的民眾講演會主講《中國古今的雜感》。八日轉往竹南，在該黨竹南支部舉辦的講演會主講《臺灣解放運動與我們的任務》。十日，他與蔣渭水再往汐止，檢閱汐止支部在檢束事件後決定自築的講座現場，並決定當日興工。十六日，他又在宜蘭支部黨員大會上報告《過去的工作與未來的希望》，晚上並在政談講演會主講《臺灣民眾黨的七大建議》。二十六日列席臺北支部執行委員會。

九月。臺灣民眾黨中央常務委員會因為前秘書長王鐘麟「渡華，且歸期不定」，推薦陳其昌繼任秘書長兼組織部長。從此，他便以蔣渭水左右手的角色登上臺灣歷史舞臺。他與蔣渭水、謝春木也成為臺灣民眾黨的三人領導核心。

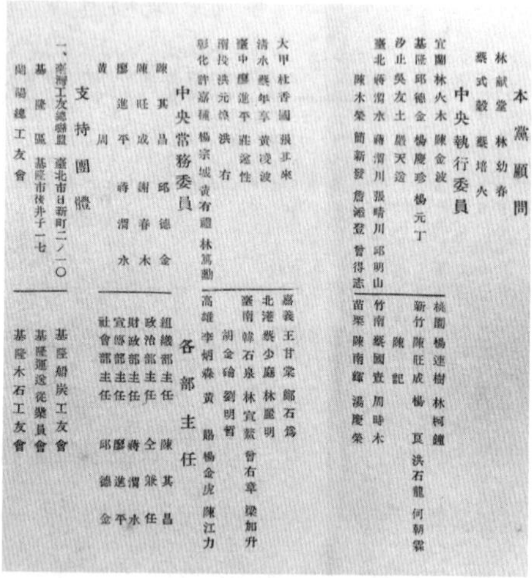
本黨顧問
林獻堂 林幼春
蔡式穀 蔡培火

中央執行委員
宜蘭 林火木 陳金波
基隆 邱德金 楊慶珍 楊元丁
汐止 吳友土 嚴天溢
臺北 蔣渭水 蔣渭川 張晴川 邱明山
陳木榮 簡新發 詹淞登 曾得志
桃園 楊連樹 林柯鐘
新竹 陳旺成 楊良 洪石龍 何朝霖
陳記
竹南 蔡國壹 周時木
苗栗 陳南輝 湯慶榮

大甲 杜香國 張聘來
清水 蔡年亨 黃淩波
臺中 廖進平 莊遂性
南投 洪元煌 洪右
彰化 許嘉種 楊宗城 黃有禮 林篤勳
嘉義 王甘棠 鄭石爲
北港 蔡少庭 林麗明
臺南 韓石泉 林宣鯤 曾右章 梁加升
胡金碖 劉明哲
高雄 李炳森 黃賜 楊金虎 陳江力

中央常務委員
陳其昌 邱德金
陳旺成 謝春木
廖進平 蔣渭水
黃周

各部主任
組織部主任 陳其昌
政治部主任 仝兼任
財政部主任 蔣渭水
宣傳部主任 廖進平
社會部主任 邱德金

支持團體
一、臺灣工友總聯盟 臺北市日新町二ノ一〇
基隆區 基隆市後井子一七
蘭陽總工友會
基隆船炭工友會
基隆運送從業員會
基隆木石工友會

一九二九年九月臺灣民眾黨中常會推薦陳其昌任秘書長兼組織部長。

九月二日，陳其昌出席汐止支部民眾講座開座式，代表朗讀全島各支部各團體的祝電祝文；繼而主持該支部黨員大會；晚上在紀念講座落成的政談講演會主講《臺灣民眾黨向首相的七大建議》，遭到中止。四日，當局認定：陳其昌以民眾黨組織部主任名義於七月十八日發送全島支部委員的文書，裡頭有「對黨員的希望」等文句，違犯臺灣出版法，處以「罰金三十圓」。陳其昌不服，乃於五日向臺北地方法院申請正式裁判。六日午後，他列席民眾黨新竹支部大會並發表講話；晚上，在政談講演會發表演講，遭到無理中止。七日早上，他率同另兩名辯士，向新竹警務部長抗議。午後，他又列席竹南支部第二次黨員大會；晚上，在政談講演會主講《民眾黨對內閣的七大建議》。八日午後轉往苗栗，列席當地支部的黨員大會；晚上的講演會因雨中止，於是返回竹南，召開黨員訓練會，主講《民眾黨的三大綱領》。九日晚上出席臺中清水支部在梧棲媽祖廟舉辦的講演會，主講《民眾黨向內閣提出的七大建議》。十日晚上在清水再講同一主題。十一日晚上列席大甲支部黨員大會並發表演講。十二日晚上列席清水支部黨員大會並報告本部的工作情況。十三日列席臺中支部黨員大會。十五日出席彰化支部黨員大會，並報告臺灣民眾黨一年來的工作概況，晚上又在政談講演會主講《臺灣民眾黨七大建議》。十六日午後出席嘉義支部黨員大會，並報告本部過去的工作情況。十八日早上與蔣渭水同往總督府保安課，向保安課長抗議全島各地所開的政談講演會都被臨監官無理中止。十九日，民眾黨上書石塚總督，建議改革臺灣政治。二十一日，民眾黨為準備全島黨員大會，向各地支部通達新的口號、宣傳綱領與政策；陳其昌出席臺南支部大會，並在政談講演會主講《向首相拓相提出的七大建議》。二十三日晚上，他出席北港支部黨員大會，並陳述本部過去對政治、組織、宣傳等方面的工作及黨員的義務。二十五日下午，他出席高雄支部黨員大會；晚上，在紀念講演會講《臺灣民眾黨向拓相首相提出的七大建議》。二十六日下午出席南投支部黨員大會，並報告本部的工作及對首相、拓相總督等建議事項；晚上，在紀念講演會講《中國問題之研究》，被中止。二十七日晚上出席臺北支部黨員大會並發表演講。二十八、二十九日晚上，分別在臺北大稻埕及艋舺的民眾講座講演。三十日午後出席桃園支部黨員大會，晚上在紀念講演會講《我黨的七大建議》。

一九二九年十月十七日陳其昌（前右七）出席臺灣民眾黨三大。

十月六日，陳其昌出席臺灣民眾黨為準備全島黨員大會而召開的第十一次中央常務委員會，並擔任「書記」（記錄），決議：一、審查黨旗，決定四分之三為紅色，表示熱血；四分之一為藍地，表示黑夜；藍地之中有三個星光，表示黨的三個綱領：「確立民本政治、建設合理的經濟組織、改除社會制度之缺陷」。全體意義為以熱血要求解放。二、黨則修正交中央執委會討論。十七日，該黨在新竹公會堂舉行第三次黨員大會，議決發布宣言書。

第三次全島黨員大會報告巡迴講演隊

為了向一般民眾報告第三次全島黨員大會的詳細情形，臺灣民眾黨本部特別組織講演隊，先在臺北州開報告講演會，然後預定自十月二十一日起至二十八日，在基隆、文山、汐止、大稻埕、萬華、宜蘭等處召開。然而，在基隆開會後，該黨幹部辯士蔣渭水等人卻因日本「東伏見宮妃殿下」臨臺而遭到當局「檢束」。二十九日午後，陳其昌以該黨秘書長的身分和顧問蔡式穀向北署署長抗議，並要求釋放檢束者。署長推說要和州當局商量。兩人於是再向臺北州高等課長提出同樣的抗議及要求。儘管他們兩人極力表示要負以後的責任，交涉還是決裂了。民眾黨乃於三十日散發傳單，表示三十一日將繼續在市內召開講演會。三十一日早上，臺北州與北署就突然派警察搜查該黨本部，並將陳其昌逮捕入獄。

十一月三日晚上，臺灣民眾黨臺北支部在艋舺舉行定期講演，陳其昌受邀報告前次被逮捕入獄的經過，但上臺時被臨監官命令中止，並被逮捕到南署。憤慨的群眾幾乎暴動，經其他講演者極力安撫才無事散會。第二天，蔣渭水隨即向南署和臺北州高等課抗議。陳其昌乃於五日下午十一時釋放。十日午後，他出席該黨第九次中央執行委員會，連任中央執行委員及中央常務委員。十四日晚上，出席該黨汐止支部召開的民眾講演會，但講不到數分鐘就被中止。十六日起，該黨決定重組「第三次全島黨員大會報告巡迴講演隊」，由北（大溪）而南（鳳山），展開先前被中斷的巡迴講演；陳其昌為講演者之一。十七日午後，陳其昌在臺灣民眾黨中常會被選為組織部兼政務部主任，同時議決由他起稿發布第三次全島大會宣言書。二十二日晚上，他隨全島巡迴講演隊在苗栗文昌祠舉辦的政談講演會登臺，大揮雄辯。二十三日晚上轉往豐原街媽祖宮，在政談講演會登臺雄辯。二十四日晚上在草屯炎峰青年會館巡迴演講，有個喝醉的郡巡查部長大鬧會場，陳其昌警告臨監官；此醉漢又蠻性大發，表示要和他一決勝負；但臨監官並沒有加以處置，任其鬧場。第二天， 陳其昌便前往臺中州向監督當局抗議。二十七日，民眾黨將陳其昌起稿的三大宣言書秘密印發各支部。

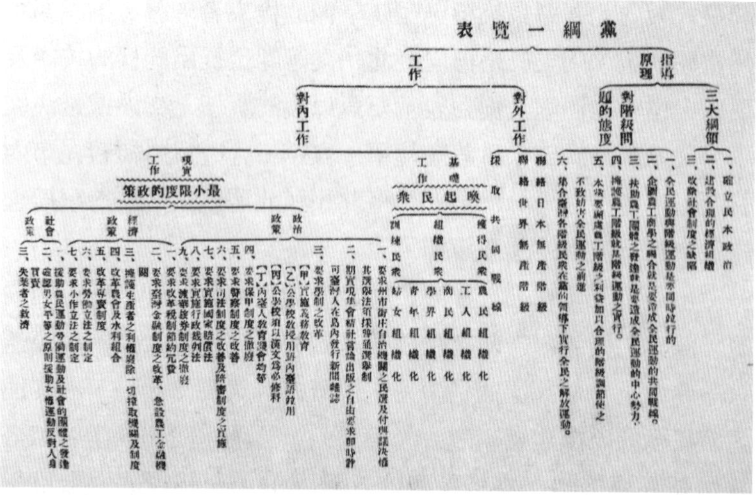

臺灣民眾黨黨綱。

宣言首先分析世界的局勢，指稱歐洲大戰以來，堅固不拔的帝國主義基礎已出現巨大的裂痕，其原因為帝國主義間的內部矛盾。然後一一析論了帝國主義間的內部矛盾、與蘇聯的對立、殖民地民眾的自覺與帝國主義國內無產階級的不平；接著也分析了日本的情勢與臺灣的地位。宣言強調：「帝國主義國家間及帝國主義國內之矛盾日益擴大的現象越益顯明，且已發生動搖，離崩潰之日必不在遠。全世界所有無產階級及殖民地民眾間的相互聯繫及共同鬥爭，實已構成它的致命傷。」然後它回顧了該黨創立兩年來在解放戰線的發展，自我批評說「本有高尚的理論及切實辦法」之該黨，「一方面有高遠而不適合本島情況的激烈理論，另一方面又有保守因循不識時務的落伍思想」，使得「戰線分裂，力量不能集中，理論分歧，民眾喪失一定的信仰」，因而「不能取得完整統一的效果」。據此，它宣稱該黨今後的方針，「在內則根據本黨的綱領、政策及二次大會宣言，讓全島的鬥爭分子集中本黨，使其接受本黨的指導並整頓陣營、統一其戰線，以擴大鬥爭力量，以一致的步調領導臺灣民眾使其有所適從，以期達成身為大眾政黨之目的。在外則連絡世界無產階級及殖民地民眾，參加國際解放戰線，以期與世界解放的潮流匯合。努力實行本大會所定之政治決議。以圖它的貫徹，並盡力促成地方自治制度、廢止臺灣現存的諸惡法、實現維護人權之諸法。」

十一月二十八日晚上，巡迴講演隊在北港的講演會遭到當地警察課的各種壓迫，不得不在中途宣告解散。會後，陳其昌到警務部抗議。二十九日晚上，巡迴講演隊在臺南武廟舉行講演會，臺南警察署卻把一輛囚車駛到會場，威嚇聽眾。第二天早上，陳其昌又隻身前往臺南州警務部，質問高等課長為何以囚車嚇人？

基本上，臺灣民眾黨的三大宣言「婉轉」表明了該黨開始向左轉的政治傾向。正因為如此，在殖民當局看來，也「就已經沒有容許其合法存在的餘地了」。臺北北署當局聞知臺灣民眾黨本部沒有向官方報備，即秘密發給全體黨員「第三次全島黨員大會宣言書」，宣示要「以農工階級為中心，展開農工商學的共同戰線」，乃於十二月三日早上十時半搜查該黨本部和蔣渭水、陳其昌兩人的家宅，押收殘留本部的宣言書，同時將兩人留置北署。六日午後，該黨根據全島黨員大會要使農民組織化，並促進工友會發展的決議，於本部與農工團體召開聯席會。九日，陳其昌與財政部主任蔣渭水及書記簡來成傳訊後便被以「違反出版法嫌疑」的理由移送檢察局。十一日午後，該黨臺北支部在大稻埕和艋舺兩處揭載「蔣渭水等四名幹部因為宣言書事件被當局送去檢察局」的記事，到了晚上九時左右，南署大起恐慌，以電話要求該黨本部抹消該記事，遭到拒絕，於是自命巡查去拭掉。十九日，臺北地方法院檢察局決定起訴蔣渭水、陳其昌、簡來成等三名「宣言案」的民眾黨幹部，同時於午後六時，不用保釋即釋放三人回家。晚上八時起，臺北維新會和臺北土水工友會在該黨本部召開蔣氏等聯合慰安會，出席者一百數十人，蔣渭水、陳其昌相繼以長時間報告被檢舉的經過。

一九二九年十二月九日陳其昌（左二）與蔣渭水（左一）等四名幹部入獄紀念。

十二月二十二日，臺灣民眾黨又向臺灣總督提出「對阿片政策抗議書」，聲稱「在臺灣施行阿片之專賣與許可吸食一如葡領澳門對賭博徵稅同屬搾取政策。均為人類歷史上遺留汙名罪惡之舉。雖然臺灣政府自明治四十年（一九〇七年）以來不再發出吸食許可，但放鬆對秘密吸食者的取締，只消極防止阿片專賣收入之減少。然而進入昭和時代的今日，特別在內閣緊縮的時代，此一超奢侈品的阿片吸食再度被公然許可，實令人遺憾之至。此舉不但是人道上的大問題，實際上也是違背國際信義的行為。因此，我黨對臺灣當局採取如此卑劣的政策表示最大之遺憾而絕對反對。」它批評臺灣總督「對秘密吸食者施以嚴刑，在人道基礎上實不可取」的聲明，表面上「似乎出於慈悲心，其實不過是粉飾收入主義之言辭而已。」同時指出聲明所謂「實際上，只靠刑罰之效果矯正全部的上癮者實不可能，又單靠矯正處分網羅所有的癮者也是件困難的事情」的說法，「若非表示政府之無能，便是一種遁辭而已。……我黨對總督府如此卑劣的政策表示絕對的反對，並向直接負責的閣下抗議也。如果閣下尚有一片愛護島民的誠意，應迅速中止新吸食許可之發下。我黨在此以萬分之誠意勸告政策之中止也。」

一九三〇年的運動方針

一九三〇年一月一日，《臺灣民報》第二九四號第八頁製作了臺灣民眾黨、臺灣文化協會、臺灣農民組合與臺灣工友總聯盟等社會運動團體「去年中的工作概況」和「新年度的運動方針」專輯，其中「政事多忙的臺灣民眾黨」的小標是「造就大眾政黨」「完成統一戰線」，內文寫道：

> 臺灣民眾黨自前年大會確立「以農工階級為中心勢力、以農工商學為共同戰線』的原則以來，將立黨的精神淺易表現出來，給黨員各有把握，而民眾亦知所歸趨，故於去年中雖在田中反動內閣的高壓政策之下，不但陣營能夠保守，而且在各方面作了不少的工作。
>
> 於去年間，在黨務方面則有全島黨員磋商會之開催、支部黨員訓練之實行、黨報之發刊、黨旗之制定、全島開三百餘回之講演會、又對工友總聯盟及各地農民協會之協

助等之工作。

在政治方面則有地方自治制度完成之建議、渡華旅劵制度撤廢之運動、日月潭工事復興及臺北市電車敷設之反對、對濱口首相之七大建議、對石塚總督之十一項提案、對拓相要求取消督府土地拂下政策及廢止官吏加俸、對阿片吸食新特許向警務局長提出抗議文、向拓相及國際聯盟東京支局及中國〇〇拒毒會發出聲明書等的工作。

在上列各項的工作中，立在第一線的鬥爭分子被當局檢束、即決居留及投獄等的其他人員不下一百名，可見其努力之不小了。

然而該黨在新年度所欲取的運動方針，據該黨幹部說：於黨務方面，對內的主要工作，是在「造就大眾政黨，完成統一戰線」。其具體的辦法，是要吸收全島的鬥爭分子，使他們齊集於該黨旗之下，整理陣容，統一戰線，以增大鬥爭之力量，以領導臺灣的民眾，以期達到造就大眾政黨之目的。而對外的主要工作，是在連絡世界無產階級與植民地的民眾，參加國際的戰線，以期匯合於世界解放之潮流。其具體的辦法，是要連絡日本各無產政黨及朝鮮、中國其他諸植民地的各解放運動團體。

在政治方面的主要工作，是促進地方自治制度之實現，要求現存諸苛法之改廢，要求擁護人權諸法律之實施。其具體的辦法，從來雖只限於島內運動，然而此去要積極的派遣黨代表駐在東京，以便與中央政界諸要人連絡，求其援助，內外並進，務期達到政治的自由之實現云。

元月七日晚上，陳其昌應邀前往基隆平民俱樂部創立三週年紀念講演會講《自由平等與平民》。十六日正午，他與蔣渭水、謝春木代表臺灣民眾黨於臺北蓬萊閣宴請來臺的東京每日婦女講演隊一行，謝雪紅等十餘名作陪，賓主互相交換意見，痛論臺灣政治和時事及有關婦女運動等問題。十七日晚上，臺北市內自由勞動者為「聯絡感情，實行互相扶助，以謀無產階級生活之向上」，在大稻埕圓環吃茶店開催「自由勞動同盟」創立發會式，陳其昌當選十一名委員之一，並被互選為五名常務委員之一兼總務部主任。十八、十九兩日，他又在該同盟在大稻埕和艋舺民眾講座舉開的紀念講演會上臺講演。二十九日，臺灣總督府禁止預定三十一日發行的臺灣民眾黨《特刊》發賣，經陳其昌與蔣渭水抗議後准許其訂正後再版發行。

二月二日，臺灣工友總聯盟在臺北市召開第三次全島代表大會，宣言聲稱：「昭和二年（一九二七年）度，我們臺灣生產總額五億九千萬圓，其中二億七千萬圓的農產品由二百四十萬名農民所生產，二億四千萬圓的工業品由一百數十萬名工人所生產，二千萬圓的礦物產於二萬四千名坑夫之手，一千七百萬圓的水產則由十三萬名漁民所產。常年注入心血，付出勞力，生產如此眾多物資的我們農民、工人、坑夫、漁民等無產階級，無論如何應該保持富裕的生活。但我們的農民却無米可吃，工人賣了力却無錢購物，坑夫只能呼吸著毒瓦斯，漁民則徒然喝海水，至於店員、自由勞動者則不斷的受到惡劣待遇、罰金與拘留等，在恐懼中過着不安的日子。我們雖盡力工作，却沒有應得的報酬，反而過着困苦的生活，其原因不外我們生產品的大部分被資本家階級榨取所致。處於現在的帝國主義階級制度下的臺灣無產階級，受到的榨取更為深刻、迅速而嚴重。故臺灣的無產階級如不儘快覺醒，則他們的魔手將愈益加強，終致連我們的生存權都難以維護了。是則臺灣無產階級的前途實在極其悲慘。我們為要維護生存權，不得不從事經濟鬥爭，並且必須成為臺灣一切被壓迫民眾的前衛隊。

「我臺灣工友總聯盟負此兩種使命，一九二八年成立以來，雖然在經濟鬥爭方面有相當成就，但在臺灣解放運動上做為真正的前衛部隊之任務方面，却完全無任何功績可言。其原因是環境所使然乎，抑或努力不足乎。由臺灣的客觀情勢來觀察，毫無疑問，日本資本主義直接延伸至臺灣，與獨占現地的特殊階級活動結成一起，形成在臺灣的日本資本，因此，臺灣勞動階級的成長顯出頗為緩慢的狀態。現在全島工場勞動者已達到五萬餘名，這些人應該做為工人中的尖銳分子，站在一般工人前頭，掌握勞動運動的指導權。但臺灣的工場勞動者被惡劣環境所累，其組織不完備，意識欠明瞭，是以一直無法完成此一特殊使命。本聯盟費兩年歲月還不能看到顯著的發展，也基於這個理由。我們最應該考慮的是：勞動階級的解放運動不應以經濟鬥爭為目的，終極目標應該在於政治的解放鬥爭這個事實。殖民地勞動階級基於其特殊環境，當然視政治鬥爭為重要關鍵。而其政治鬥爭，當前的目標為獲得政治的自由。

「我們認識到，臺灣民眾黨是要求獲得政治自由的政黨，所以為使臺灣民眾黨積極獲得政治的自由，務須支持其鬥爭不可。尤其是當前的最大急務為臺灣地方自治制度的完備，我們應該督勵民眾黨，促其努力實現此一目標。

「以上所論，不僅是我們無產階級本身的問題，我們身為全臺灣被壓迫民眾的前衛隊，為經濟鬥爭或為殖民地解放運動，更應伺機與他們衝突，攻陷彼等之陣營。本聯盟的歷史使命實在重大，所以今後應該極力擴大戰線，整備陣容，謀求既成團體的整理與振興，網羅未組織的大眾組織團體，使其參加本聯盟，以期達成勞動運動的統一戰線。工人們！坑夫們！店員們！小商人們！自由勞動者們！儘速來參加本聯盟吧。農民們！漁民們！儘速與本聯盟連絡共同鬥爭吧！」

陳其昌由於在大會發表「不當的」言論被北警署拘留，但沒有立刻做出裁決。在已過拘留期限的二十九天之後，他在拘留所借了圓珠筆，書寫申請書，要求北署正式裁決，並讓他的家人送來要求正式審判的文件。北署不但妨害他所提正式審判的要求，據傳還拷打借他圓珠筆的人。

三月二日，殖民當局《臺灣日日新報》發表《臺灣通史》作者連雅堂（頭銜為「民眾黨幹部」）的〈新阿片政策謳歌論〉，禮贊說：「臺灣人之吸食阿片，為勤勞也，非懶惰也，為進取也，非退守也，平心而論，我輩今日得享受土地物產之利者，非我先民開墾之功乎，而我先民之得盡力開墾，前茅後勁，再接再厲，以造成今日之基礎者，非受阿片之效乎」。五日午前，陳其昌從被留置的北署釋放出來，「聞及阿片反對問題的經過」，以及反對阿片最徹底的民眾黨的所謂「幹部」連雅堂氏發表於臺日紙的意見書，馬上以民眾黨組織部主任的身分向記者聲明說：「連氏之立論那裡值得我們一駁？唯御用紙曾發表連氏的名字，混帳在我們黨員之列，這是我們最不願受的。所以不得不慎重聲明：我們民眾黨員，自來並沒有連雅堂其人，幸世人勿受御用紙的欺騙，而發生誤解。」

三月十五日，午後二時半起，臺灣民眾黨第三次大會宣言書違反出版法的公判在臺北地方法院開庭。傍聽席擠滿了關心者。判官照例訊問三被告人的姓名、住址、年齡、職業等，然後首先訊問陳其昌民眾黨之綱領的意義及第三回大會之後辦事的幹部。陳其昌一一答辯後，判官又問該宣言書的起稿、印刷和配布的人是誰？陳其昌答是我起稿的，後委任簡書記去印刷和配布，所以蔣君實在未曾干與。判官再問對島內發布這樣的宣言書，怎麼不照出版規則去申辦手續？陳其昌答說，宣言書是發表黨本年度要做的工作，又是僅對特定人的黨員配布而已，所以沒有申辦手續的必要。判官接著訊問蔣渭水和簡來成。這樣，簡單的事實審理就終結了。檢察官緊接著論告謂，本案會妨害地方安寧秩序的秘密出版物，明白違反臺灣出版規則第二條和第十八條，被告人陳、蔣是共犯，各應處斷禁錮三個月及罰金三十圓，而簡來成罰金三十圓。求刑後，蔡式穀和古屋貞雄兩辯護士相繼站起來辯論。蔡式穀強調：本案只是將宣言書配付於特定人，並不具備頒布的要件，所以不構成違反出版規則的事實。而宣言書最重要的結論所述不外是：完成地方自治制、撤廢諸惡法和制定擁護人權之法律。詳言之，如協議會應改做議決機關、擅便拘束人民之自由的「匪徒刑罰令」和「浮浪者取締規則」須要廢止、不合時勢的渡華旅券制度的撤廢、擅便制限人民之所有權的甘蔗採取區域制度的廢止、有名無實的共學制度的改正、阿片吸食特許的斷禁、陋習迷信的打破等，都是主張改善臺灣政治、革除社會諸弊害，這個態度是合法的政黨的本分，也是立憲國民應盡的義務，何安寧妨害之有？經過約有一個鐘頭的辯論，對臺灣秕政做了一場批評，最後主張蔣、簡兩人無罪，陳其昌亦僅「微罪」。古屋辯護士的論旨主要三點，一是該宣言書的內容只是根據事實分析國際與臺灣的情勢，至於結論所主張的批判總督政治的缺點、要求臺政的改善，既是臺灣人的義務，更是作為臺灣唯一政黨民眾黨的任務，全然不是什麼助長內臺人民族反感、紊亂國法，破壞社會安寧的言論。再者，在日本內地，無產政黨開催講演會公然攻擊內閣的惡政失態，不但比臺灣加倍激烈，而且不成問題。二是僅對特定人分配的文書，法律上不配說是所謂「出版」，故不構成犯罪。三是司法要無差別待遇地解釋法律的真意，照大審院判例的主旨判決無罪。總之，蔣渭水不是共犯，簡來成不是從犯，陳其昌假定有出版行為，也只是該當同法第十四條的罰金刑而已。

三月二十日，臺灣工友總聯盟臺北區在臺北本部舉辦該盟幹部陳其昌的慰安茶會，出席會員八十餘名、來賓十餘名，以及女鬥士六七名，首先由主席致開會辭並報告陳其昌在二月二日大會時被檢舉犧牲的經過，接著由陳其昌和當天被檢束的來賓相繼敘答詞並述感想。二十二日，民眾黨中常會決定該黨在島內完成地方自治運動的具體方針：向總督提出建議書，同時組織南北兩支講演隊分別在全島舉開政談演說，以喚起輿論。陳其昌被選為南隊九名辯士之

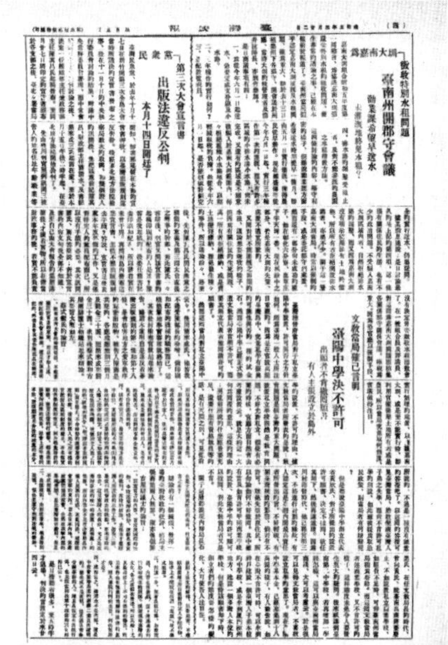
臺灣民報
徵收特別水租問題
臺南州開郡守會議
第三次大會宣言書
出版法違反公判
本月十四日開廷了
臺陽中學決不許可

一九三〇年三月二十二日《臺灣民報》第三百零五號有關臺灣民眾黨第三次大會宣言書違反出版法開庭的報導。

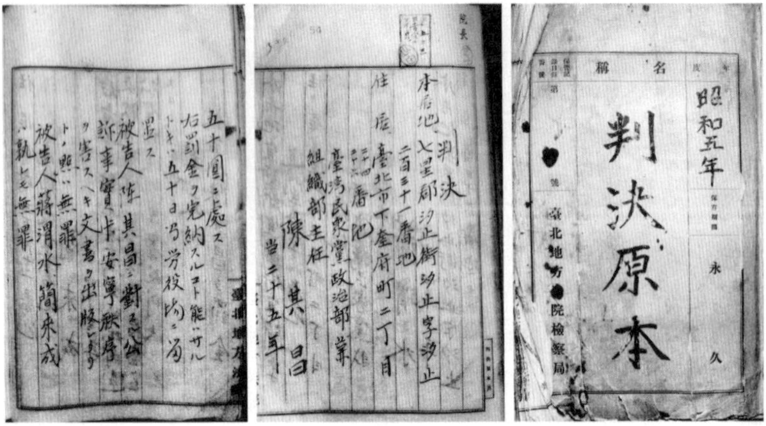

一九三〇年三月三十一日臺北地方法院判決陳其昌罰金五十圓。

一。三十一日，針對臺灣民眾黨第三次黨員大會宣言書違反出版法事件的檢察官求刑，臺北地方法院刑事部判官宣告：蔣、簡兩人無罪，陳其昌罰金五十圓。

四月七日起，臺灣民眾黨為促進地方自治完成的南北兩支講演隊展開預定一個月，四十幾場，並於全島一百五十處城鄉散發八萬張宣傳單的運動。陳其昌率領南隊辯士共七名（原定九名）起程，九日在彰化天公壇開催政談大講演，然後南至東港，直透恆春及澎湖等處，喚醒民眾。

五月一日，是全世界的勞働者示威遊行的國際勞働節。但是，殖民當局的取締非常嚴厲，臺灣不但不許可示威遊行，甚至連屋外集會也不准。臺灣工友總聯盟所屬工團乃由該盟臺北區主辦，於午前集合多數同志，偕往圓山動物園半日游，以為紀念。豈料，殖民當局探知後即派一大隊警察包圍，將陳其昌與夫人安川熏等十數人檢束。八日，午後一時半起至三時四十分，臺北地方法院合議部進行關於民眾黨第三次黨員大會宣言

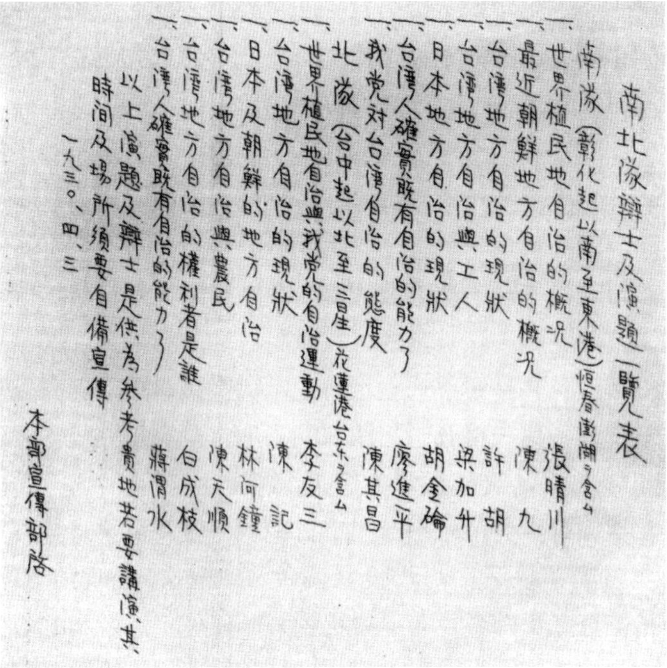

南北隊辦士及演題一覽表

一、南隊（彰化起以南至東港）恒春澎湖ヲ含ム

一、世界植民地自治的概況　張晴川

一、最近朝鮮地方自治的概況　陳　九

一、台湾地方自治的現狀　許　胡

一、台湾地方自治與工人　梁加升

一、日本地方自治的現狀　胡金碖

一、台湾人確實既有自治的能力了　廖進平

一、我党对台湾自治的態度　陳其昌

一、北隊（台中起以北至三星）花蓮港台東ヲ含ム

一、世界植民地自治與我党的自治運動　李友三

一、台湾地方自治的現狀　陳　記

一、日本及朝鮮的地方自治　林向鐘

一、台湾地方自治與農民　陳天順

一、台湾地方自治的權利者是誰　白成枝

一、台湾人確實既有自治的能力了　蔣渭水

以上演題及辯士是供為參考貴地若要講演其、時间及場所須要自備宣傳

一九三〇、四、三

本部宣傳部啓

一九三〇年四月三日臺灣民眾黨的「南北隊辨士及演題一覽表」。

書出版法違反事件第二審的公判。傍聽席依然擠滿了人。陳其昌應裁判長的訊問，說明：宣言裡所揭的「寄生蟲」是指由政府附與特權的人們，並舉臺北公會堂計畫當時市協議會員不採取民意和其他實例，具體說明市街庄協議會員的無能。接著上訴的檢察官再起來論告，求刑陳其昌、蔣渭水各處斷禁錮三個月及罰金三十圓，而簡來成則罰金三十圓。古屋辯護士再做簡要的無罪辯論。二十三日，臺北地方法院合議部裁判長維持一審原判而宣告：陳其昌罰金五十圓，蔣渭水、簡來成無罪。同日，因為五月一日勞働節被檢束的總聯盟、民眾黨和其他團體的諸鬥士全部出了留置場。二十四日晚上，臺北維新會乃於該會會館舉開盛大的慰安會，出席會員及市民有志共五十餘名，受慰安的出席者有陳其昌夫婦、許月里（工友協助會婦女部長）、謝雪紅等二十三人。陳其昌、許月里、蔣渭水等十餘人相繼起述慰安辭及希望，滿場興會淋漓，自由吐露對臺灣解放運動諸問題的意見。

六月一日午後，桃園農民協會邀請臺灣民眾黨講演隊至該會講演自治問題，陳其昌講《我黨對自治的態度》。二十日早上十一時，陳其昌與蔡式穀、蔣渭水代表民眾黨向臺灣總督面交林獻堂等一萬一百五十人連署的「地方自治制完成」的建議書，並詳細陳述改革意見，建請「當局者尊重民意，詳細斟酌，及早施行真自治」。二十二日晚上，臺灣民眾黨桃園支部舉開該黨綱領政策宣傳政談講演會，聽眾塞滿會場，臨監官及公私巡查二十餘名也布滿會場內外，無理干涉會場的設備，並任由內地人某擾亂會場，辯士若稍和他理論或答辯，即受臨監官阻擋，同時命令中止，至九時半已全部中止了講演會。翌日，該黨乃派陳其昌等三名幹部赴海山郡質問其中止理由，並向臺北高等課長抗議。

八月三日，臺灣民眾黨針對臺灣總督府一九三一年的預算發信警告石塚總督，並向日本拓務省及大藏省發出陳情書，要求在不景氣的今日須積極削減預算，使臺灣民眾減輕負擔。十七日，以林獻堂、楊肇嘉、蔡式穀等為代表的臺灣民眾黨部分黨員另外成立臺灣地方自治聯盟，「要求及時實施完全地方自治制」。

九月四日，臺灣民眾黨在高雄召開第十二回中央執行委員會，共三十六名委員由北中南各地聚集，陳其昌致開會辭，並報告組織部的概況，略謂今夏增設了中壢、大溪、海山等三個支部，增加了約一百四十五名黨員。會議然後討論了關於黨員跨黨問題、市街庄協議會員改選問題、日月潭工事問題及對嘉南大圳問題的態度等。五日晚上，在市內澎湖會館召開關於減稅問題的政談講演會，陳其昌講《臺灣特殊的經濟與臺灣人的負擔》。該黨講演隊從此由南而北，展開減稅問題政談講演的宣傳。陳其昌是北部地方的辯士之一，八日晚上於豐原媽祖宮內（臺中支部），十二日晚上在臺北建成町民眾講座（臺北支部），十三日晚上在艋舺有明町民眾講座，再講《臺灣特殊的經濟與臺灣人的負擔》。

十月二十七日，「霧社蜂起事件」爆發了。當時，正值世界經濟大恐慌的谷底；相應於所謂「資本主義一般危機的第三期」，殖民地的民族解放運動與階級鬥爭也進入「世界革命的第三期」，日本的殖民統治體系也無可避免地遭到必然的衝擊。由於起義當時，霧社的蜂起族人異口同聲高呼：「內地人（日本人）連小孩也不放過！本島人（漢人）不殺！」民族意識充分流露。日本帝國惟恐星火燎原，引發島內其他原住民及漢人，進而殖民地朝鮮的民族解放運動與階級鬥爭，於是動員現代化配備的軍隊，進行殘酷而血腥的屠殺鎮壓。

自霧社起義事件發生以來，臺灣民眾黨本部及臺北支部每天都漢譯所有相關的消息報導，揭示於辦公所前面。十一月七日，臺北州廳突然通過北署警告該黨幹部，不得於黑板上再張貼有關霧社事件的一切報導。十二月八日，民眾黨領導幹部討論處理霧社事件的責任及理蕃政策改革的有關問題，並決議向拓務大臣呈上電報，表示「霧社事件是不正當的管區警官對蕃人的剝削、迫害以及貪慾殘忍的處置才發生的，請速免去總督、警務局長、臺中州州知事等人之職，並馬上採取保證蕃人的生活，承認其自由，改採不阻礙民族發展的政策為宜。在此機會，我們要求徹底改革從來為保持官威、放任合法暴行的警察萬能的作風弊害。」同一天，該黨還向日本全國大眾黨及勞農黨發出電報，表示「大大歡迎調查霧社事件的真相，請速派遣來臺」。

十二月下旬，為準備明春二月上旬召開的第四屆全島黨員大會，臺灣民眾黨組織了本年度第三次巡迴講演隊，分為北部與中南部兩隊，由本部出發，在各地展開政談講演，並召開支部黨員大會。陳其昌為北部的辯士之一。

總的來說，蔣渭水、陳其昌等「左派」領導的臺灣民眾黨，三大以後，陸續進行了促進地方自治革新、反對始政紀念日、反對總督府評議會、減稅、向國際聯盟控訴日本當局准許臺灣人吸鴉片、反對盜犯防止法及其他有關法令、反對州市街庄協議會、聲援霧社事件、反對設置臺北市公會堂、反對設置臺北市營公車、反對臺北市制施行紀念慶祝會、反對擴張鶯歌庄道路預算追加及要求降低醫療費等運動。

最後的黨員大會

時序進入一九三一年。

一月十七日，臺灣新民報第三四七號揭載，該社主辦的「臺灣五州七市議員模擬選舉投票」結果：投票總數十九萬八百八十九張，有效票十八萬八千五百零四張，當選總數四百二十二名。其中，臺北州議員三十四名，陳其昌是七星郡區最高票的當選者。

二月十八日，臺灣民眾黨在臺北本部事務所召開第四、五次全島黨員大會，陳其昌以組織部主任的身分報告去年一年間重要的組織工作：黨員總數八百七十名，支部二十個，援助日本大眾黨調查霧社事件，除名加入自治聯盟的黨員二十名等等。大會通過蔣渭水所提綱領政策修改案：（一）爭得勞働者農民無產市民及一切被壓迫民眾之政治的自由。（二）擁護勞働者農民無產市民及一切被壓迫民眾之日常的利益。（三）努力勞働者農民無產市民及一切被壓迫民眾之組織擴大化。因為該黨主張「實現農工無產市民及小資產階級政治、經濟、社會的自由和利益，反對特權階級的專政，要求徹底實行普選制度」，殖民當局認為臺灣民眾黨已經「變成完全不能容忍其合法存在的團體」了，於是由北署署長當面交給該黨秘書長陳其昌「結社禁止命令」，當眾宣布解散集會，並扣押蔣渭水、陳其昌等十六名主要幹部。

同二月二十三日，蔣渭水、謝春木、陳其昌等領導幹部聯名向該黨黨員發表《共同聲明書》，陳述此次遭解散的理由，同時在大安醫院開會討論「黨是否重建」的問題。陳其昌認為，民眾黨突遭解散，所有幹部同人都憤慨莫名。但日本帝國主義下的殖民當局不容許民眾黨存在是始能料及的。他們認為民眾黨的綱領政策有修改的必要，故有這次的改組。當局無理解散，承蒙島內同胞和內地同志聲援，亦聊足以稍慰於萬一。他表示該黨沒有再組織重建的必要。以後解放運動的方針不但不放鬆且將更緊迫地展開，因此有「組織以無產階級為中心的政治結社之必要性」。最終，大家取得如下一致意見：一、無必要組織新政黨。二、政治鬥爭並不須有政黨方能鬥爭。三、空骸無實的政黨不必要。四、此後將灌全力於農工的進出。又

臺灣新民報

民衆黨最後的

全島黨員大會

決議修改綱領及政策

慘遭當局禁止解散!!

亘四年光輝的苦鬥史

在悲壯慘憺裡告終了

修改綱領政策

慘遭禁止

一九三一年二月二十一日《臺灣新民報》第三百五十二號有關臺灣民眾黨最後的黨員大會的專題報導。同日，陳其昌與蔣渭水（左二、三）等幹部被扣押留念。

臺北幹部諸人之意向既決定要「擴大強化勞動者、農民、無產市民之組織，盡力促成解放運動戰線的統一，以期早日完成解放運動」，於是將舊本部的民眾講座改稱為大眾講座，每月由工友總聯盟、維新會、勞働青年會主催溝演會。而工友總聯盟臺北區十六團體為欲圖工友的親睦和體育的發達起見，特利用大眾講座廣大的場所創立自由俱樂部，設置乒乓臺二架，以備一般工友及其他友誼團體會員的娛樂。

萬目睽睽的
解散後之民衆黨
注力三角組織
北部意見一致
震動全國的大問題！
對民衆黨被解散
各地的反響如是！
舊黨消息近如何？
舊幹部決不再組織
本部改稱大衆講座
冷語

一九三一年二月二十八日《臺灣新民報》第三百五十三號有關臺灣民眾黨被解散後的專題報導。

七月十七日，陳其昌代表臺北印刷員從業組合，替突然被業主每月減少五日工作天而生活受迫的日給制勞工向臺北印刷業主同盟交涉，爭取勞工應有的權益。但業主無意解決勞工所提要求，各工廠的從業員於是展開罷工。陳其昌也與勞工並肩戰鬥。

然而，八月五日，蔣渭水病逝。原臺灣民眾黨被強制解散後「擴大強化勞動者、農民、無產市民」統一戰線的重建運動，終究還是因為群龍無首，變成黨員離散的無可挽回的局面。

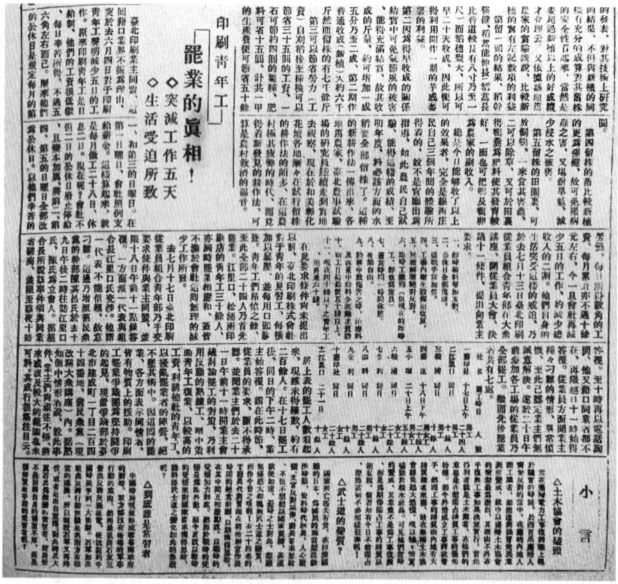

印刷青年工

罷業的眞相！

◇突減工作五天

◇生活受迫所致

一九三一年七月二十八日《臺灣新民報》第三百七十四號有關臺北印刷工罷工的報導。

總的來說，陳其昌在臺灣民眾黨活動的兩年期間，一共被捕入獄十四次；短則關個十幾天，有時也關到二十九天才釋放，其中又以三大「宣言事件」關了最久。值得驕傲的是，這兩年，他和蔣渭水都以身為中華民族為榮，即便入獄，他們始終身穿唐裝，不曾穿過西裝。

迷蹤大陸

就在臺灣民眾黨被禁止結社以後，日本當局也從三月起，針對臺灣共產黨及其外圍的反帝同盟、赤色救援會、新文協與農組等成員，展開持續兩年多的搜捕行動。在這一波白色恐怖的肅清作業下，臺灣本島的政治團體就只剩下大地主及資產階級所組的臺灣地方自治聯盟而已。

「九・一八事變」以後，日本已走上了法西斯道路，積極準備侵華戰爭。伴隨著日本殖民當局實施的「皇民化」政策，臺灣社會從此進入有史以來最黑暗、最痛苦的時期。也就在島內情勢如此險惡的情況下，民眾黨的主要幹部相繼奔向祖國大陸。

十一月一日，陳其昌也在臺北印刷員從業員長達三個多月逐步擴大的罷工失敗以後，以養病為由航渡廈門。但是，同月四日，殖民當局的《臺灣日日新報》卻刊出一則故意中傷陳其昌的記事。他乃於十二日寫就闢謠《聲明書》，寄給《臺灣新民報》，刊於同月二十八日發行的第三百九十二號。他針對御用報紙無根據的記事向全島工友同志們辯明寫道：臺日紙在他離開臺灣的第三天，就刊登中傷他人格名譽的記事，雖然明白人都知道這是御用新聞慣用的汙衊手法，但恐有工友同志被誤導而灰心餒志，嚴重影響臺灣的勞動運動，因此不得不出來剖白幾句：（一）他為臺北印刷從業員爭議團工作三個餘月期間，為節省冗費，三餐都在朋友之處叨擾。爭議團的罷業實金，完全由援助者直接交給該團會計分發，他個人始終未曾經手；即便他到地方宣傳時，所有的捐款也都由同行的工友帶回，收支帳目有據可稽，並逐條公告在爭議團本部事務所壁上。該爭議團會計自能證明。（二）關於他此次離開臺灣的理由，實在是因為他大學畢業後就投入臺灣社會運動，以致家庭受到種種暗害，生意做不成，由小康變為四壁徒立。自從民眾黨解散和某重大事件的總檢舉等以後，臺灣社會運動進入潛伏推進的狀態。他雖打算偷閒靜養孱弱的身體，以備未來的

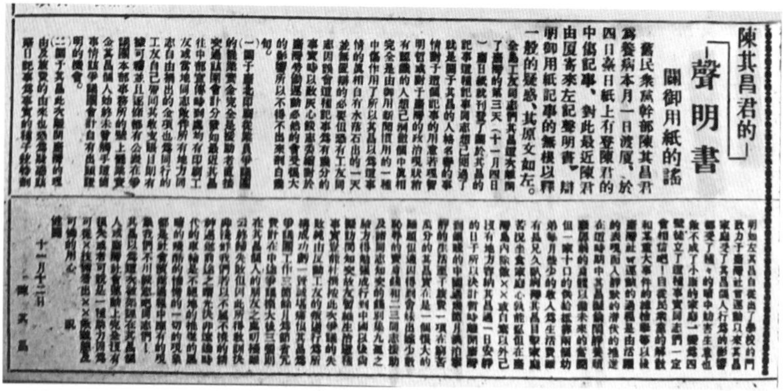

陳其昌君的
聲明書
關御用紙的謠

舊民衆黨幹部陳其昌君為養病本月一日渡厦、於四日臺日紙上有登陳君的中傷記事、對此最近陳君由厦寄來左記聲明書、闢明御用紙記事的無根以釋一般的疑惑、其原文如左。

十一月十二日

一九三一年十一月二十八日《臺灣新民報》第三百九十二號刊陳其昌的〈聲明書〉。

奮鬥，但又不忍一家十口坐吃山空的苦況。而他在島內除做漢奸或自棄以外，已沒有容身之處，所以決計暫到物價較低的大陸，過幾個月淡泊寧靜的生活。至於旅費，對窮苦萬分的他確是一個很大的難題，適因得到妹妹出嫁少數恥辱的賣身錢和二三同志援助及諸同志知交的餞別，集九狐之腋方得勉強成行。這種事實豈能杜撰。最後，他沉痛地鼓舞同志們說，此次罷工爭議純由反動工友的背叛而功虧一簣，因此教訓，我們若以不屈不撓的精神邁進，前途之曙光決非遙遠，時代的車輪是不絕地推進的，黑暗的殘酷的慘澹的一切現象，都是社會演進過程中的必然。我們不用餒志！而他個人這次被誣衊，不但體現了殖民者可憐的醜陋技倆，更是臺灣反殖民社會運動的一種助力。

在大陸，陳其昌仍然企圖聯絡大陸本土的抗日團體，打倒日本帝國主義。一九三二年一月二十八日，中日「上海事變」發生，大陸的抗日運動進入高潮時期。陳其昌於是利用此一時機展開抗日活動。六月，他糾合在廈門的同志，倡組以脫離日本殖民統治為目標的團體，並奔走於廣東、汕頭、泉州、上海及島內等地，糾合同志及尋求大陸方面的援助。然而，隨著中日問題的緩和，同盟在客觀條件不足下，還沒成立便自然消失了。他同時發起並策動組織的同盟後援團體「臺灣革命運動犧牲者救濟會」，也隨著同盟的消失而沒有結果。八月五日，適逢蔣渭水逝世周年，他與民眾黨舊幹部共十九人在廈門發起紀念追悼會。在會上，他又提議組成以親睦互助為目的的廈門新臺灣青年會。但是，結果也像前面兩個團體的籌組一樣不如人意。從此以後，日本警察的檔案便不再出現陳其昌的行蹤記錄，而在國民黨所編的《光復前臺籍志士在大陸的活動與言論資料》集中也看不到他的名字。相對地，民眾黨的另一主幹謝春木，卻改以謝南光之名，成為重要的臺籍運動者之一。陳其昌就這樣在一九三二年八月以後，忽然在廈門消失於歷史的迷霧之中了。直到一九四三年三月十五日興南新聞社編纂出版的《臺灣人士鑑》第二五七頁才又看到收錄其中的辭條寫道：他在一九三一年「渡廈」，擔任「廈南股份有限公司支配人」，一九三四年又擔任「中和牧畜公司支配人」，一九三七年當選「民會議

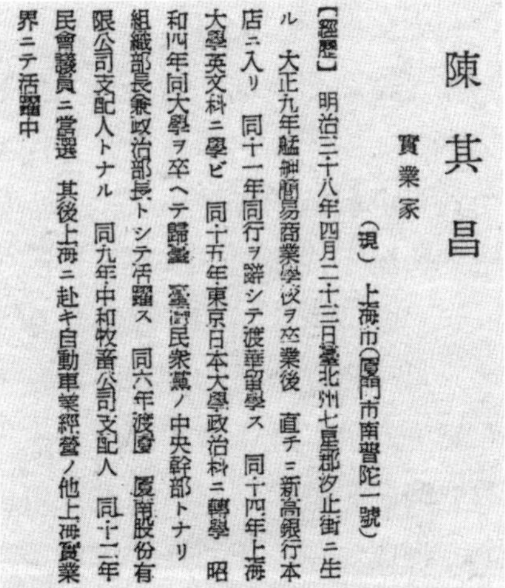

陳其昌
實業家
（現）上海市（厦門市南普陀一號）
【經歷】明治三十八年四月二十三日臺北州七星郡汐止街ニ生ル　大正九年艋舺簡易商業學校ヲ卒業後　直チニ新高銀行本店ニ入リ　同十一年同行ヲ辭シテ渡華留學ス　同十四年上海大學英文科ニ學ビ　同十五年東京日本大學政治科ニ轉學　昭和四年同大學ヲ卒ヘテ歸臺　臺灣民衆黨ノ中央幹部トナリ組織部長兼政治部長トシテ活躍ス　同六年渡厦　厦南股份有限公司支配人トナル　同九年中和牧畜公司支配人　同十二年民會議員ニ當選　其後上海ニ赴キ自動車業經營ノ他上海實業界ニテ活躍中

一九四三年三月十五日興南新聞社《臺灣人士鑑》的陳其昌。

員」，住址是「廈門市南普陀一號」；其後他轉赴上海，經營「自動車業」，活躍於「上海實業界」。據說他當時好像還在俗稱「長江一號」的國際問題研究所從事地下的抗日工作。但是，對於這段歷史，他在幾次訪談中總是顯出不便多談的意思，因此也就不得其詳了。

《臺灣新生報》業務主任與《公論報》總經理

一九四五年臺灣光復。陳其昌從大陸回到臺灣，並跟隨李萬居進入《臺灣新生報》，擔任業務主任。

《臺灣新生報》的前身是《臺灣新報》。十月五日，臺籍青年黨人李萬居以「臺灣行政長官公署前進指揮所新聞事業專門委員」的身分，自重慶回到臺灣，接收日本留下來的唯一報紙——日文版的《臺灣新報》。十月十日，臺籍職員「先行恢復中文欄」。十月二十五日，改名為《臺灣新生報》正式發刊，是當時臺灣唯一的報紙，隸屬臺灣省行政長官公署宣傳委員會，並由李萬居擔任社長。由於李萬居曾經在國際問題研究所負責港澳組的工作，所以，上述關於陳其昌曾經在國際問題研究所屬下從事地下抗日工作的傳聞，就有它的可能性。

一九四六年年初，陳其昌奉派到上海受訓一年。一九四七年三月三日從上海回到基隆港。上岸以後，他聽到二·二八事件發生的消息就急著趕回汐止家裡。第二天，他想到臺北報社看看情況，於是到五堵車站乘車。火車已經停駛。站長幫他擋了一臺運煤車，搭到臺北。到了臺北報社，他才知道已經沒有人上班了，就到報社附近一個朋友家，一直待到事件平靜後才回汐止家裡探望。

五月，臺灣行政長官公署改組為省政府。省主席魏道明蒞任不久即將《臺灣新生報》改組為公司組織，推李萬居為董事長。但李萬居認為「有名無實」，毅然去職，另行籌辦《公論報》。

十月二十五日，《公論報》經過「短短不足兩個月」的籌備後正式發刊。陳其昌應李萬居之邀，擔任總經理。與此同時，他還在臺北市先後開了鴻運樓與延平樓兩家餐廳。這段時期，是他一生當中經濟條件最為優裕的日子。正因為這樣，歷史決定了他日後再度入獄的命運。

三千元新臺幣判無期

一九四九年年初，《公論報》職員石聰金和黃培奕奉中共臺灣省工作委員會省委張志忠指示同時辭職，分別前往桃園十三份山區和鶯歌，開闢專為日後收留政治流亡者的基地。十月，張志忠、陳福星進入海山區鶯歌鎮烏塗窟山區，召集北部地方幹部，開辦集體訓練班，並以五千元交與海山、桃園地區負責人黃培奕，向地方駐軍官兵購得步槍一枝、短槍十五支。另因參與二‧二八事件被通緝的前桃園蘆竹鄉長林元枝也將全部所剩武器交由黃培奕，負責組成武工隊，建立烏塗窟基地，形成游擊根據地之雛形。其間，黃培奕通過其家鄰近鶯歌火車站的小販林丙非（前臺灣民眾黨海山支部幹部）向陳其昌「借款及調查時事計三次」。其中一次三千元（新臺幣），說是要買燒炭的材料。在此之前，黃培奕曾向陳其昌透露他是中共地下黨人的身分，並表示想吸收陳其昌入黨。可陳其昌婉拒說他要服侍父母，不能跟他們一起走。儘管他知道黃培奕的身分，而且三千元在當時是一筆大數目，他手邊又剛好沒有那麼多現金，他還是去找臺灣省商會聯合會理事長兼臺北市商會理事長黃添梁調借。黃添梁二話不說，拿了首飾去當（一錢黃金換新臺幣三十八元），然後裝在紅包袋，裡頭附了一張寫著「祝發展！」的字條交給他。他沒有打開來看，隨即整包交給黃培奕。

一九五〇年，為紀念蔣渭水逝世二十週年，前民眾黨白成枝等同志特廣加彙集，精心編印《蔣渭水遺集》頒行於世。陳其昌於七月二十日作序寫道：「現在臺灣光復已經是第五年了，臺灣人民雖然承繼了蔣先烈的革命意旨，對政治的興趣漸增，對參政的期待更殷，但是他們仍然很少實際體驗的機會。這也許是大家努力的程度不夠，或是政府未能確信人民已有政治力量，而不敢將政治權力交還人民。現在臺灣正在逐步實施地方自治，蔣先烈的未竟革命大業，總算有了成功希望，不過人民更希望不是『畫餅充饑』，真正實現民有、民治、民享的民主政治。」「當此革命大業將成而未成的時候」，他希望「所有臺灣民眾更應深加警惕」。

一九五一年五月二十七日，臺灣省保安司令部會同內政部調查局臺灣省調查處前往逮捕林丙非。林丙非「聞風潛逃」，後「因當局緝捕甚緊自知無法幸逃乃出為投案」。

一九五二年八月六日，針對在臺北縣鶯歌鎮山區烏塗窟建立武工隊的海山桃園地區負責人黃培奕，調查局成立「肅奸工作專案小組」。九月十八日，林丙非被處死刑。

一九五三年元月上旬，調查局會同前臺灣省保安司令部布署「肅清殘匪」工作計畫，動員新生小組及自首人員示範小組優秀自首自新分子，配合專任情治人員，組成肅殘工作隊，二十一日在南投縣竹山圍捕黃培奕等人，經搏鬥後，數名「海山區委會幹部」與黃妻等人被捕，黃培奕趁隙脫逃。二月十日，該局高級特務率領自新黨人與黃培奕之妹至彰化二水，說服黃培奕自首，並供出陳其昌借他三千元之事。臺灣省保安司令部隨即會同內政部調查局逮捕陳其昌與黃添梁，並經軍法處軍事檢察官偵查後提起公訴。十二月十四日，從事地下黨農民運動，轉入地下多年的石聰金在臺中縣大甲鎮大安溪南岸被捕，經苗栗縣、臺中縣警察局刑警隊，於同月二十四日押送臺北保安司令部軍法處看守所羈押。

在軍法處看守所，陳其昌原先關押在東區樓下押房，後來移到樓上，恰好與張志忠同房。張志忠看到陳其昌就安慰他，說石聰金來這沒幾個鐘頭就調走了。你的事情我很清楚，我也告訴石聰金，你的事情不要談。後來，張志忠和陳其昌談到家裡的情形，又說他每天等著他們來槍斃。陳其昌看到，張志忠每天一早起來，總是如常地唱著革命歌曲來鼓舞其他難友，然後安靜地閱讀獄中只能看到的共產主義批判之類的書。他因此打從心裡敬佩地想道：這個人，說不定明天就要槍斃了，怎麼今天還看得下書啊。幾天後，他調往西區押房，通過押房的小視窗，可以清楚看到開庭的情形。他算了算，一個月不到就有五十個難友被判死刑，就沒有勇氣再算下去了。

同年十二月三十一日，臺灣省保安司令部軍法合議庭判決「陳其昌連續共同為叛徒供給金錢處有期徒刑十五年褫奪公權十年全部財產除酌留其家屬必需之生活費外沒收」。黃添梁則「共同為叛徒供給金錢處有期徒刑七年褫奪公權五年全部財產除酌留其家屬必需之生活費外沒收」。曾得志「明知為匪諜而不告密檢舉處有期徒刑三年」。

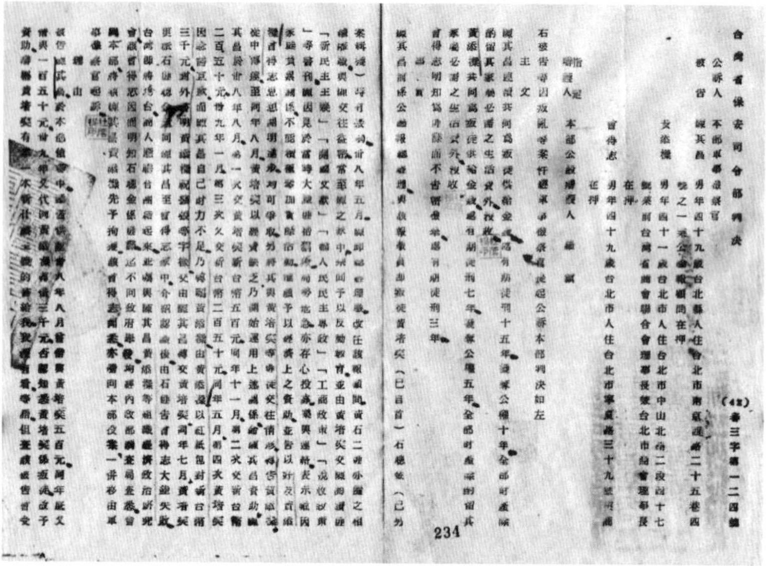

台灣省保安司令部判決　(42)審三字第一二四號

公訴人　本部軍事檢察官

被告　陳其昌　男年四十九歲台北縣人住台北市南京西路二十五巷四號之一（公論報顧問）在押

黃添樑　男年四十一歲台北市人住台北市中山北路二段四十七號（前台灣省商會聯合會理事長兼台北市商會理事長）在押

曾得志　男年四十九歲台北市人住台北市寧夏路三十九號附屬　在押

指定辯護人　本部公設辯護人

右被告等因叛亂等案件經軍事檢察官提起公訴本部判決如左

主文

陳其昌連續共同意圖叛徒供給金錢處有期徒刑十五年褫奪公權十年全部財產除酌留其家屬必需之生活費外沒收

黃添樑共同意圖叛徒供給金錢處有期徒刑七年褫奪公權五年全部財產除酌留其家屬必需之生活費外沒收

曾得志明知為叛徒而不告密檢舉處有期徒刑三年

234

一九五三年十二月三十一日陳其昌判決書首頁。

一九五四年一月八日，臺灣省保安司令部檢送「陳其昌等叛亂案」卷判呈請國防部參謀總長一級上將周至柔核示。二月二十五日，周至柔擬具審檢意見簽請總統蔣中正核示。三月二十日，蔣中正電覆周至柔：「叛亂犯陳其昌一名應改處無期徒刑曾得志一名改處徒刑五年黃添樑一名准如擬改處徒刑十年其餘所擬沒收財產等判決均照準判」。

臺灣省保安司令部於是奉命改判並檢送更正判決呈請備查。其中，陳其昌部分宣稱：「陳其昌前系公論報總經理，與該報職員即叛徒黃培奕（已自首）、石聰金（已另案緝獲）時有接觸。三十八年五月，陳卸總經理職改任該報顧問，黃、石二匪亦隨之相繼離職，與陳交往益密，常至陳之家中，乘間予以反動教育，並由黃培奕交陳閱讀匪『新民主主義』『開

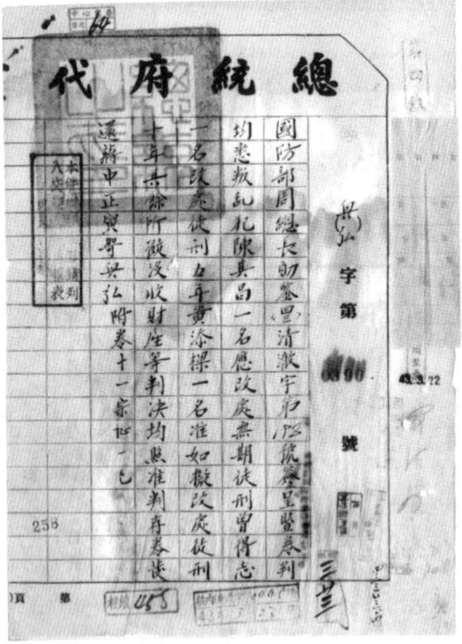

一九五四年三月二十日，蔣中正電覆周至柔的改判批示。

國文獻』『論人民民主專政』『工商政策』『稅收政策』等書刊。陳因見於當時大陸匪幫猖獗、局勢危急，亦存心投靠，樂與連絡，表示雖因家庭負累關係不能積極參加實際活動，惟願予以經濟上之資助，並告以好友黃添樑、曾得志思想開明進步均可爭取，另將其與黃培奕等匪徒交往情形轉告黃添樑從中傳達。至同年八月，黃培奕以經費缺乏乃開始運用上述關係命陳其昌資助。陳其昌於三十八年八月第一次交黃培奕新臺幣五百元，同年十一月第二次交新臺幣二百五十元，三十九年一月第三次又交新臺幣二百五十元。同年五月第四次，黃培奕因急需鉅款，而陳其昌自己財力不足乃轉囑黃添樑，由黃添樑以紅紙包封新臺幣三千元，封外書明黃添樑祝擴張等字樣，交由陳其昌轉交黃培奕。同年七月，黃培奕更派石匪聰金邀同陳其昌至曾得志家中，介紹認識後由石匪告曾得志大陸失敗臺灣即將垮臺，商人應聯合團結起來，並囑與陳其昌、黃添樑等組織經濟政治研究會。該曾得志因而明知石聰金系匪諜，迄不向政府舉發……」自應依「共同正犯」與「連續共同為叛徒供給金錢罪酌情論處，全部財產除酌留其家屬必需之生活費外沒收」。

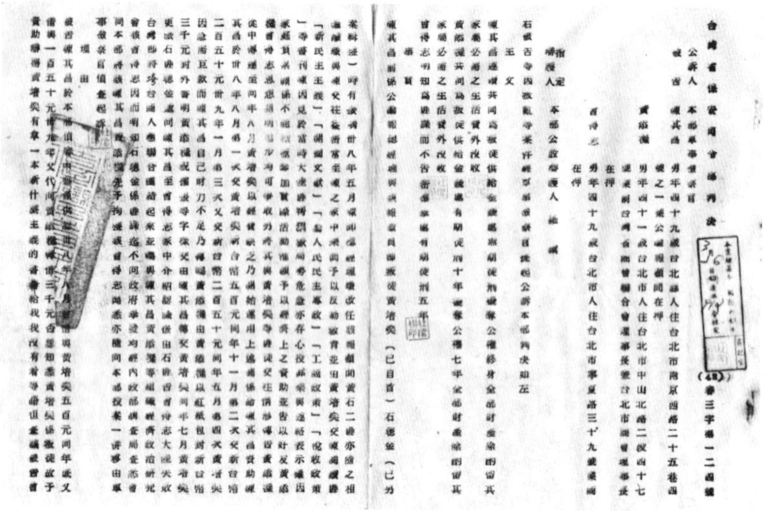

台灣省保安司令部判決 (43)參三字第一二四號

公訴人 本部軍事檢察官

被告 陳其昌 男年四十九歲台北縣人住台北市南京西路二十五巷四號之一 業公論報顧問 在押

黃添樑 男年四十一歲台北市人住台北市中山北路二段四十七 在押

曾得志 男年四十九歲台北市人住台北市寧夏路三十九號 在押

右被告等因叛亂等案件經本部軍事檢察官提起公訴本部判決如左

主文

陳其昌連續共同為叛徒供給金錢處有期徒刑……褫奪公權終身全部財產除酌留其家屬必需之生活費外沒收

黃添樑共同為叛徒供給金錢處有期徒刑十年褫奪公權七年全部財產除酌留其家屬必需之生活費外沒收

曾得志明知為匪諜而不告密檢舉處有期徒刑五年

事實

陳其昌前係公論報總經理與共匪……叛徒黃培奕（已自首）石……（已另……

一九五四年三月三十日臺灣省保安司令部更改的判決書首頁。

這樣，陳其昌就以「資匪」罪名判處無期徒刑；「罪證」即為「祝發展」的字條。

為了救陳其昌，他太太還去找過一個常到他開的餐廳吃飯，還算熟識的保安處少將參謀長說情。可他告訴陳太太，說陳其昌判死刑都還不夠，這樣判，已經對他很客氣了。陳其昌也勸告夫人，說出獄無期，不可為他躭誤青春。後來，陳夫人帶著女兒到獄中看他，說要再婚。他不但欣然同意，並將僅有的產票相贈。

遠望祖國統一之日

一九七五年四月，蔣介石病逝。陳其昌終於在坐了二十二年政治牢，長期經受超過體能負荷的強迫勞動，聆聽千篇一律的反共教誨，寫了一篇又一篇違心的《自省自勉錄》之後特赦出獄。那時，他已經是白髮蒼蒼的七十老翁了。儘管如此，在其他政治犯眼裡原本是一個講究吃好、穿好的「小資產階級」的他，秉持政治犯「進去是鐵，出來是鋼」的信念，歷經長年的牢獄生活鍛煉之後，不但不曾怨悔因為參與社會改革而飽受辛酸的青年歲月，更不改其身為中國人的立場初衷。

為了卻未曾目睹新中國風貌之憾，一九八五年秋，陳其昌乃在臺灣當局尚未開放大陸之行的反共戒嚴時期，藉由旅行日本之便，冒險轉往北京訪友，並登上了長城。他感到夙願已了，即使回臺後又被抓去坐牢也了無遺憾。只是這時又更覺完成祖國統一大業的責任未了。回臺以後，情治人員隨即登門查戶口並問他是否去過大陸。他不但坦然相告，並且說我等你們三民主義統一中國，已經等了快四十年。我已年過八十，不能

在監的陳其昌與同判無期的難友徐鼎房。

再等了，只好自己先去。

出獄之後，陳其昌一向和他兒子夫婦生活在一起，並和改嫁的前妻一家保持友好的往來。面對臺灣社會日益蓬勃發展的黨外民主運動，他充滿期望的欣喜。每逢選舉，他總是和一些臺灣抗日耆老聯名支持黨外候選人。他尤其愛護寫作臺灣抗日史的青年（如黃煌雄和李筱峰）。

與此同時，陳其昌也為年輕一代日漸顯露的民族認同的失落而感到憂心。一九八六年九月民進黨成立，他看過該黨的黨綱以後心情更加沉重了。他失望地批判說，我們在日據時代奮鬥，為的就是要做一個中國人，現在我們臺灣人的黨建立了，但在黨綱中竟沒有中國二個字。年逾八十高齡的他為了不負「抗日一代少年時期的理想，為了向子孫交代，為了向民族

一九八〇年九月二十七日陳其昌與周合源、李振芳、高兩貴、曾得志、王紫玉、莊春火、藍茂興等抗日老人（左起）。

盡最後的責任」，決心奉獻餘生，為臺灣的前途與祖國統一建言，因而積極籌辦一份定名為《遠望》的刊物，「做為有志之士的論壇」。他於是不辭辛勞，風塵僕僕奔走全省各地，動員了飽受摧殘而蟄伏的日據以來的臺灣老政治犯。住在南臺灣屏東縣潮州鄉間的難友陳潮海先生還特地寫了一幅對聯：「其志遠宏抗日爭平等！昌言望大興華倡自由！」贈送給他紀念。

一九八七年三月二十日，《遠望》雜誌創刊。創刊號的封面印出全中國的地圖，以及懷抱孫中山主義的臺灣民眾黨領袖蔣渭水和孫中山二人的遺像。陳其昌在《發刊詞》寫道：「甲午戰敗，臺灣同胞為祖國受難，不幸淪為殖民。當時的先輩們持續抗日五十年，前仆後繼，死傷無數，建立了一個偉大的反壓迫傳統。與異族統治者鬥爭不懈的抗日志士們都深切地體悟到：沒有完整的國家，就沒有幸福的個人！沒有強大的中國，就沒有安定的臺灣！我們深信：在和平的最大前提下，海峽兩岸的同胞終將突破一切眼前的障礙而走向民主統一的光明大道。——我們如此懷抱著一個遠大的希望。『同胞需團結，團結

一九八七年三月陳其昌創刊《遠望》雜誌。

真有力。』臺灣的先烈蔣渭水如此叮嚀！『和平、奮鬥、救中國！』孫中山先生如此叮嚀！讓我們共同奮鬥，共同向歷史交待！讓我們在一個遼闊的歷史視野中一起『遠望』！」

針對民進黨，陳其昌在〈民進黨與臺灣前途之展望〉一文諄諄寫道：「如果當政諸公有決心從事政治革新，則反對黨在政治活動上，亦將免於走向極端而將整個國家導向民主政治的正軌。那麼，我們的社會自然祥和安定，人民的政治意識，更可大幅進步，大家的生活不但可以改善，並可在心平氣和之下，謀取長治久安，進而爭取中國的和平統一，『分離主義』的疑義亦可一掃而空。」

三月十一日，民進黨機關報《民進報》第二期轉載了一篇美籍臺灣人謝里法為紀念「二二八」四十週年而撰寫的〈從二二八事件看臺灣知識分子的歷史盲點〉一文（原刊三月二日美國《臺灣公論報》），藉由二二八事件，而以讚美日本殖民統治的「仇中」基調說：「如果臺灣不光復，二二八事變就不會發生」、「依賴中國」的結果，「常使臺灣蒙受屈辱與創傷」，更大肆妄論日本殖民統治下不是事實的臺灣歷史。

《遠望》創刊號及時刊出了陳映真的〈「臺灣」分離主義「知識分子的盲點」〉嚴加批判。緊接著，五月一日出版的第二期又再製作了包括：〈一群八十歲抗日老人給民進黨的一封公開信〉、陳其昌〈臺灣人也是中國的主人——評謝里法的「歷史盲點」〉、郭仲（林書揚）〈受壓制者的倫理倒錯——評謝里法氏的「歷史盲點」〉等文的批判專輯。六月一日出版的第三期再刊王曉波〈統「獨」問題與臺灣前途〉、郭仲〈臺灣人的「主體性」——讀民進報編輯部答覆文有感〉。七月一日出版的第四期續刊王曉波〈誰代表臺灣人立場——臺灣意識與「臺獨」意識之分析〉、劉仁政〈後藤新平是劊子手——謝里法君「從二二八事件看歷史盲點」讀後感〉等等。

在這場批判臺獨史觀的鬥爭中，陳其昌團結了莊春火（臺共中委）、周合源（新文協中委）、許月里（工友協助會婦女部長）、曾得志（民眾黨幹部）、王紫玉（文化協會中委）、劉明（抗日企業家）等坐過日本人的牢，也坐過國民黨牢的八十歲抗日老人，嚴正抗議民進黨：「發表了昧於歷史事實的言論，暴露了對帝國主義臣屬、依附的心態」；也為「光復四十年來的高壓統治切斷了我們臺灣人民奮鬥的光榮歷史，臺灣子弟之中出現了謝君這種不知歷史的人寫出了這種不光榮的大文」，從而抹殺了臺灣抗日志士犧牲奮鬥的意義，深感痛心和憤慨。針對分離主義分子的「親日」「反中」「求獨」傾向，他們明確指出：「臺灣的漢民族文化，都是我們『篳路藍縷，以啟山林』的祖先從大陸帶來的，是抗日志士不怕犧牲而得以保存下來的。我們珍惜中國文化，拼死拼活以中國文化來抵抗日本殖民文化，又哪裡錯了？難道謝君一定要我們擁護日本殖民文化，才算是『臺灣的』嗎？」他們強調：「我們這一代抗日老同志當年都確信：如果祖國繼續衰弱而日本繼續壯大，臺灣將無法從殖民統治下獲得解放。我們在日帝統治下堅決從事反抗運動，當然也同時寄望祖國革命成功而壯大。歷史證明我們當年認識正確：臺灣人民抗日五十年再加上祖國同胞的英勇抗日，終於有了臺灣的光復！儘管我們不幸在光復後被下獄平均達十年以上，卻不可能因此而改變我們愛國家、愛人民的初衷！如果我們當年對日帝軟弱、妥協了，『努力同化於日本人』了，那豈不是早就沒有臺灣人了？老實不客氣的說，臺灣人都被『皇民化』了，消滅了，諸君今日還能『為臺灣人奮鬥』嗎？」

陳其昌更在親自執筆的〈臺灣人也是中國的主人——評謝里法的「歷史盲點」〉，批判謝里法一方面否定了先烈們以往的犧牲奉獻，另一方面又阿諛當年的日本殖民者促進了臺灣的「近代化」。他指出，「光復」就是「光復」，「二二八」就是「二二八」，祖國和「二二八」事件的發生，並不是一回事。「二二八」事件的發生是人為的，與光復並無必然關係。臺灣人的祖國是中國，這是誰也否定不了的事實。國民黨並不等同於中國，並不能因為受到國民黨的壓迫而遷怒於祖國。針對謝里法指控臺灣抗日運動「依賴中國」，他指出：「殊不知，臺灣人出世就是中國人，那是先天的，是無可改變的出生。因此，我們臺灣人和全國各省同胞一樣，是天生的中國的主人，中國是我們不可剝奪的權利和責任。所以，日據時代的臺灣抗日運動不是『依賴中國』，而是中國人（包括臺灣人）自己為自己中國（臺灣）的地位和前途奮鬥！所以，當年我們也有許多同志回到祖國參加抗戰的，如謝春木、李萬居等諸先生。」他重申「必須祖國有前途，臺灣才可能有前途」的觀點而寫道：「八十多年的痛苦經驗告訴我們，對帝國主義的任何幻想都是不切實際的，也是危險的；所有的帝國主義者都是謀求自己利益，而不是真正同情和支持殖民地和半殖民地人民的。所以，當年我們即認識到：只有祖國革命成功，臺灣的革命才有成功的可能！果然，抗戰勝利，臺灣才脫離了日本殖民統治。同樣地，今天由臺灣看全國，必須祖國有前途，臺灣才可能有前途。什麼『獨立的臺灣』，充其量不過是『大洋』的附庸而已；附庸還能獨立嗎？所以，只有獨立自主的中國，做為中國主人之一的臺灣人才有真正的獨立自主可言！」

陳其昌在《遠望》創刊號封底，說明創刊緣起的〈奮起餘力，為後繼一代的後盾〉說：「中國的和平統一，也許不是我這個八十三歲的老翁與八十六歲的劉明兄所能期待的了。陸放翁有言：『但悲不見九州同』。我們在日據時代奮鬥的一代，至今的心情何嘗不是『但悲不見九州同』？我們又如何能不奮起餘力，為子子孫孫、世世代代的和平而奮鬥！」

《遠望》雜誌創刊一年後，陳其昌因年歲已高而將雜誌託付後輩。

一九九二年八月間，陳其昌家裡電話改碼，於是給一些親朋好友與故舊們寄了一張明信片，問候告知，並寫了幾句對時局的感想謂：「中國之發展是以保衛中國包括臺灣之高科技武器，和發揮了對國際和平的影響力，臺灣的安全沒有問題了，此後臺灣當為農工小市民階級的利益更加努力。」不意，他這善意的問候竟觸怒了他向來「疼惜」並曾邀約在《遠望》發表過兩篇文章的晚輩李筱峰，九月三日在同是抗日志士吳三連創辦的《自立晚報》「本土副刊」發表〈人權與飛彈〉短文，以「併吞派」汙衊，並回以「敬祝貴我兩國共存共榮」的羞辱。

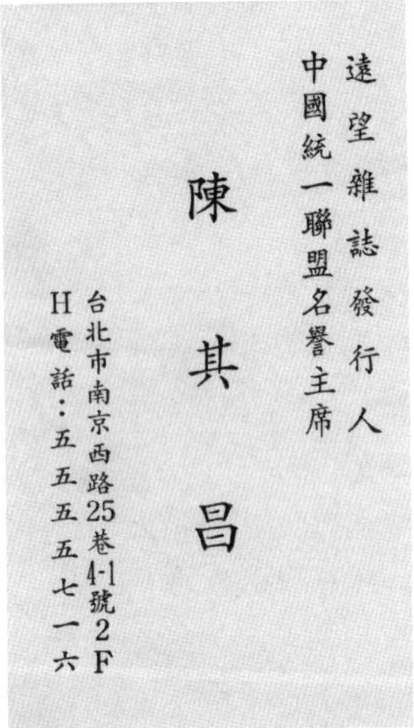

陳其昌的名片。

儘管如此，面對竊居主流霸權耀武揚威的臺獨法西斯，陳其昌仍持續為祖國統一運動奮鬥。一九九四年，他受邀擔任中國統一聯盟名譽主席。同年十月，他應邀參加中華人民共和國四十五週年國慶時激動地向現場的後輩說：「我從二十世紀頭走到世紀尾。回顧那些英勇鬥爭而壯烈犧牲的革命英烈，再看看那些貪生怕死無恥叛變的社會蛀蟲，我對自己走過的道路無怨無悔。今天我能看到祖國日益繁榮，五星紅旗隨風飄揚在陽光下，我死也瞑目了。但要實現兩岸統一還有很長的一段路要走，希望你們後生晚輩接好棒，勇敢地往前走！」

二〇二四年一月五～二十二日修訂

國家圖書館出版品預行編目資料

反殖民的左翼鬥士 / 藍博洲作. -- 初版.
-- 桃園市 : 人間出版社, 2025.06
340 面 ; 14.8×21 公分. -- (台灣人列傳 ; 1)

ISBN 978-626-99045-2-5（平裝）

1. 臺灣傳記　2. 政治運動

783.329　　114006455

台灣人列傳 1

反殖民的左翼鬥士

作　　者　藍博洲
創 辦 人　陳映真
榮譽發行人　呂正惠
發 行 人　藍博洲
社　　長　陳麗娜
發行人特助　林　靈
編 輯 部　曾莳筑
活 動 部　許孟祥、鄭明景
校　　對　曾莳筑、李俊傑、藍博洲
封面設計　翁竹崎
出　　版　人間出版社
桃園市桃園區民權路208號
（03）337-0115
郵政劃撥　11746473・人間出版社
電　　郵　renjianpublic@gmail.com
排版印刷　龍虎電腦排版股份有限公司
總 經 銷　聯合發行股份有限公司
新北市新店區寶橋路235巷6弄6號2樓
（02）2917-8022
初版一刷　2025年6月
I S B N　978-626-99045-2-5
定　　價　450元